Franz Furger
Christliche Sozialethik

Kohlhammer
Studienbücher Theologie

Herausgegeben von

Gottfried Bitter
Ernst Dassmann
Helmut Merklein
Herbert Vorgrimler
Erich Zenger

Band 20

Franz Furger

Christliche Sozialethik

Grundlagen und Zielsetzungen

Verlag W. Kohlhammer
Stuttgart Berlin Köln

Die Deutsche Bibliothek - CIP-Einheitsaufnahme

Furger, Franz:
Christliche Sozialethik : Grundlagen und Zielsetzungen /
Franz Furger. - Stuttgart ; Berlin ; Köln :
Kohlhammer, 1991
  (Kohlhammer-Studienbücher Theologie ; Bd. 20)
  ISBN 3-17-010305-9
NE:GT

Alle Rechte vorbehalten
© 1991 W. Kohlhammer GmbH
Stuttgart Berlin Köln
Verlagsort: Stuttgart
Gesamtherstellung:
W. Kohlhammer Druckerei GmbH + Co. Stuttgart
Printed in Germany

Inhalt

Vorwort 9

I. Einleitung 11
1. Mensch ist man nur in Gemeinschaft 11
2. Sozialethik – eine dynamische Theologie der gesellschaftlichen Belange 13
3. Übersicht und Schwerpunkte 14

II. Sozialethik – eine theologische Herausforderung 17
1. Der Anspruch der Botschaft Jesu 17
2. Mitmenschliche Initiativen und erste Institutionen 18
3. Der verpaßte Einstieg 19
4. Das sozio-kulturelle Umfeld im 19. Jahrhundert – eine Skizze 22

III. Christliche sozialethische Theorien 26
1. Die Katholische Soziallehre: ein Weg in Etappen und in geschichtlicher Vielfalt 26
1.1 Die Ansätze vor 1891 26
1.2 Die Enzyklika »Rerum novarum« und ihre unterschiedlichen Rezeptionen 31
1.3 »Quadragesimo anno« – ein Markstein für 30 Jahre 34
1.4 »Mater et magistra« – ein neuer Aufbruch 38
2. Der »Religiöse Sozialismus« 44
2.1 Erste Anfänge 44
2.2 Entfaltungen 47
2.3 Ökumenische Zusammenarbeit und neue Initiativen 50
3. Neue Impulse aus den jungen Kirchen und Wegmarken für eine sozialethische Synthese 54
3.1 Impulse aus der »Dritten Welt« und gegenseitige Rückfragen . . 54
3.2 Prospektiv-dynamische Elemente 58

IV. Das gesellschaftliche Umfeld 63
1. Das geistesgeschichtliche Klima in der heutigen Gesellschaft . . . 63
1.1 Vorbemerkung 63
1.2 Pragmatisch-utilitaristische Ansätze 65
1.3 Gerechtigkeitstheorien als Korrektiv 70
1.4 Die unbedingte (»kategorische«) Forderung nach Achtung menschlicher Würde 72
1.5 Wertethisches Verständnis 75

1.6 Marxistische Elemente 78
1.7 Weltgestaltendes Christentum 82
1.8 Gesellschaft mit pluralistischem Ethos
— ein Rückblick 86
2. Realpolitische Charakteristiken aktueller gesellschaftlicher
Wirklichkeit 88
1.2 Die spezifischen Eigenheiten der heutigen Weltgesellschaft 89
2.2 Aufbauelemente der Gesellschaft 93

V. Konzept und Voraussetzungen christlicher Sozialethik 98

1. Anthropologische Voraussetzungen – der Mensch
als »zoon politikon« 98
1.1 Das soziale Existential des Menschen 98
1.2 Die biblische Sicht 99
1.3 Der zweistufige Sozialbezug des Menschen 102
2. Methodologische Legitimation 104
2.1 Der theologische Ansatz in sozialphilosophischer Begründung
– das Grundkonzept 104
2.2 Konzeptuelle Vielfalt – eine historische Vorbedingung 108
2.3 Christliche Sozialethik als Moraltheologie der
gesellschaftlichen Belange 114
3. Der dynamisch-naturrechtliche Ansatz: das allgemein-ethische
Argument christlicher Sozialethik 119
3.1 Das theologische Motiv 119
3.2 Der historische Hintergrund 120
3.3 Das Grundkonzept 124
4. Theologische Sozialethik in philosophischer Legitimation 126

VI. Soziale Prinzipien, Leitsätze und Normen 129

1. Gerechtigkeit als Mittelpunkt christlicher Sozialordnung 129
1.1 Begriffliche Klärung 129
1.2 Begründungszusammenhänge 131
1.3 Die christliche Zuspitzung 133
2. Die Leitprinzipien der Sozialethik 134
2.1 Das Person- und Gemeinwohlprinzip 134
2.2 Das Subsidiaritäts- und Solidaritätsprinzip 138
3. Die normativen Grundsätze der Menschenrechte 140
3.1 Der grundsätzlich christliche Gehalt 141
3.2 Die verzögerte Rezeption 146
3.3 Übersicht der wichtigsten Inhalte 151
4. Die Frage nach dem spezifisch Christlichen 154

VII. Die menschenrechtliche Gestaltung heutiger Gesellschaft . . . 158

1. Der demokratische Aufbau 158
1.1 Die menschenrechtliche Grundlage 158
1.2 Machtkontrolle durch Gewaltentrennung 161

1.3 Menschenrechte und Verfassung 163
1.4 Dezentrale Organisation 164
2. Das Geflecht sozialer Subsysteme 166
2.1 Die Bedeutung von Subsystemen in der Gesellschaft 166
2.2 Die Träger der Meinungsbildung 167
2.3 Die politischen Parteien 169
2.4 Die Interessenverbände 171
2.5 Die Kirchen 174
2.6 Private Vereinigungen 177

VIII. Sozialethik – heute gefragt?
 Der sozialethische Dialog mit Politik, Wirtschaft
 und Wissenschaft 180

1. Personenbezogenes Gemeinwohl – Elemente
   sozialethischer Zielsetzung 180
2. Sicherung von Frieden in Gerechtigkeit –
   der politische Schwerpunkt 181
2.1 Friedenssicherung 183
2.2 Internationale Beziehungen 183
2.3 Rechtssicherheit und Rechtsschutz 184
2.4 Chancengleichheit dank Bildung 186
3. Gewährleistung von Lebensunterhalt und materieller Sicherheit . . . 188
3.1 Soziale Sicherheit 188
3.2 Wirtschaftsordnung 189
3.3 Verantwortung für die Umwelt 192
4. Grenzen der Machbarkeit in Technologie und Forschung 193
5. Sozialethik – heute gefragt? 195

Sachregister 197

Namenregister 202

Vorwort

Sozialethik fragt nach der dem Menschen angemessenen Gesellschaftsgestaltung; christliche Sozialethik stellt diese Frage zudem im Horizont der Wert- und Zielvorstellungen des Evangeliums. D.h., sie versteht sich als theologische Überlegung, die in der kirchlichen Gemeinschaft im Licht der im Glauben angenommenen, aber auch aus Einsicht der Vernunft bejahten Prinzipien von Mitmenschlichkeit in Gerechtigkeit und Liebe nach Richtlinien und Weisungen für einen vor den eigenen Grundsätzen verantwortbaren Aufbau der Gesellschaft sucht. Dabei basiert sie auf der das Menschsein als solches (also wesentlich und zeitübergreifend) bedingenden und von Gott dem Schöpfer für sein Ebenbild Mensch auch so gewollten Struktur der leib-geistig-persönlichen, aber nur in mitmenschlicher Gemeinschaft zu verwirklichenden Existenz des Menschen. Zugleich weiß sie stets auch darum, daß diese Struktur ebenso wesentlich nur in Zeit und Geschichte, also unter kulturell, örtlich wie epochal unterschiedlichen, sich ständig verändernden und gegenseitig bedingenden Umständen konkret wird. Entsprechend wird Sozialethik gerade auch im christlichen Verständnis nie zu einem festen System im Sinn eines überzeitlich geltenden Regelwerks erstarren dürfen. Dies hätte nämlich statt Sicherheit vor opportunistischem Zeitgeist nur ideologische Verhärtung zeitbedingter Ordnungen zur Folge.

Sozialethik hat sich die wesentliche Geschichtlichkeit alles Menschlichen stets neu bewußt zu machen. Dabei ist diese Geschichtlichkeit christlich gesehen immer in der heilsgeschichtlichen Dynamik des in Christus zwar angebrochenen, aber in seiner Vollendung noch ausstehenden Gottesreiches zu verstehen, was sich auch für eine christliche Sozialethik in dreifacher Hinsicht bemerkbar macht. Einmal zeigt es sich in ihrem eigenen Erkenntnisstand wie in ihrem Problembewußtsein, welches keineswegs zu allen Zeiten gleich war und erst in Anbetracht der zunehmenden Vernetzung und Komplexität der modernen Gesellschaft zu einer eigenen systematischen Theoriebildung mit zudem deutlich wechselnden Akzenten geführt hat. Da aber dieser je konkrete Erkenntnisstand mitbedingt wird durch die geistesgeschichtlichen Gegebenheiten der konkreten gesellschaftlichen Umstände, auf die Sozialethik einwirken soll, muß sie sich zweitens auch dieses konkreten, ebenfalls geschichtlich bedingten Umfeldes reflektierend versichern. Nur so kann sie es hinsichtlich seiner Chancen und Mängel im Licht der Wert- und Zielvorstellungen des Evangeliums beurteilen und angemessene Verbesserungen anregen.

Sosehr diese geschichtliche Selbstvergewisserung für eine auch sich selbst ideologiekritisch befragende Sozialethik unerläßlich ist und in dieser einführenden Darstellung ihrer Grundlagen auch einen gewichtigen Stellenwert einnimmt (Teile II - IV), sosehr bedarf sie für diese Beurteilung im

Blick auf ein - auch heilsgeschichtlich verstandenes - "Mehr" an Menschlichkeit zeitübergreifender Kriterien. Diese aus dem Menschsein als solchem im Licht der sich reflektierenden Selbsterkenntnis wie der im Glauben angenommenen Botschaft Jesu herauszuarbeiten und auf die für die gesellschaftliche Wirklichkeit brauchbaren Bemessungsgrößen hin weiterzudenken, ist nicht weniger Aufgabe von Sozialethik. Denn ohne solche Bemessungskriterien würde sie bald entweder einem opportunistischen Pragmatismus des Faktischen oder fundamentalistisch-partikulären Engführungen, allenfalls in christlicher Verbrämung, erliegen. Die Erarbeitung solcher Kriterien setzt damit den zweiten Schwerpunkt dieser Einführung (Teile V und VI).

Schließlich darf sich aber eine Sozialethik, wenn sie wirklich Ethik sein will, nicht mit der Feststellung der konkret-geschichtlichen Umstände und der Erarbeitung von Bemessenskriterien begnügen. Vielmehr muß sie sich - und hier wird sie zum dritten Mal mit der geschichtlichen Dimension konfrontiert - auch mit deren konkreter Anwendung, also mit der konkreten Gestaltung heutiger Gesellschaft, befassen und dabei die hinsichtlich der Gewährleistung von Menschlichkeit aktuell wichtigsten Problemfelder in den Blick zu nehmen versuchen. Daß dabei ein demokratisch-menschenrechtlicher Aufbau des Gemeinwesens im Vordergrund steht und daher gerade auch in Anbetracht der Wechselfälle der Geschichte zu seiner bestmöglichen Sicherung nach solider ethischer Begründung ruft (Teil VII), steht zu erwarten. Konkretere Problemfelder in den Bereichen der Politik, Wirtschaft und Wissenschaft können dagegen nur mehr im dialogischen Teamwork mit den einschlägigen Fachleuten aufgearbeitet werden. Eine allgemeine Einführung in die Grundlagen der Sozialethik muß sich daher mit skizzierenden Hinweisen darauf begnügen (Teil VIII).

Dank schuldet der Verfasser seinen Studenten in Luzern und Münster, vor allem aber seinen Mitarbeitern am Institut für Christliche Sozialwissenschaften in Münster, deren Anregungen und kritische Rückfragen die Entstehung dieser Einführung begleitet haben. Unter ihnen besonders genannt werden muß Frau Dipl. theol. U. Iken, welche die Betreuung des Manuskripts übernahm. Dank gebührt aber auch Prof. Dr. H. Vorgrimler, der die Bündelung mancher Vorarbeiten zu diesem Band der "Studienbücher" anregte und begleitete, sowie dem Kohlhammer Verlag für die gute Zusammenarbeit.

Münster, Pfingsten 1991 *Franz Furger*

I. Einleitung

1. Mensch ist man nur in Gemeinschaft

Schon den alten Griechen galt es als selbstverständlich, daß der Mensch als einzelner, als "Selbstling" (griech. "idiotes"), eigentlich nicht Mensch im Vollsinn des Wortes ist. Vielmehr ist er, wie Aristoteles bereits festhielt, ein "zoon politicon", ein gesellschaftliches Wesen. Entsprechend hat er auch der mitmenschlichen Gemeinschaft gegenüber Pflichten, die ethisch begründet und rechtlich festgelegt werden können. Zwar verstanden die alten Griechen unter dieser mitmenschlichen Gemeinschaft nur die eigenen hellenischen Völker, während heute in einer durch die technischen Möglichkeiten kleiner gewordenen Welt darunter die Menschheit als solche zu verstehen wäre. Nicht anders verstand jedoch auch schon das Alte Testament den Menschen in erster Linie nicht als einzelnen, sondern als Glied des auserwählten Volkes Gottes: Mit diesem Volk schließt Gott seinen Bund, ihm macht er seine Heilszusage, in der das Volk und darin der einzelne durch die Geschichte getragen wird. - Was die Griechen in eher abstrakten Begriffen theoretisch formulierten, sagen die biblischen Erzählungen nicht weniger deutlich: Der Mensch, das von Gott geschaffene Ebenbild Gottes, ist wesentlich gemeinschaftsbezogen, sozial: "Es ist nicht gut für ihn, daß er allein sei" (Gen 2,18).

Dabei ist gerade der biblische Mensch nicht bloß einem bestimmten Volk verbunden und verpflichtet, sondern der Menschheit überhaupt. Was bei Deuterojesaia schon aufleuchtet, tritt im Neuen Testament vollends hervor: Jeder Mensch ist in das neue Gottesvolk in Jesus Christus gerufen, und in diesem Volk sind alle Menschen solidarisch in letzter Liebesverpflichtung aufeinander verwiesen. Dies gilt so sehr, daß diese Solidarität, vor allem diejenige mit den Armen, Schwachen und Benachteiligten, letztentscheidend ist für das Heilsschicksal der Menschen. Denn was jemand dem geringsten seiner Mitmenschen tut oder versagt, ist Christus selber getan.[1]

Dieses christliche Grundverständnis von Menschsein hat eine christliche Sozialethik daher zu reflektieren, damit dieses Verständnis in die konkrete gesellschaftliche Wirklichkeit umgesetzt werden kann. Die Christen haben sich allerdings zu allen Zeiten mit dieser Solidaritätsverpflichtung nicht leichtgetan. Davon zeugen schon die harten Mahnungen, die Paulus in seinem 1. Korintherbrief an die junge Christengemeinde in dieser Stadt aussprechen mußte. Auch die Hinweise im Jakobusbrief, daß ein Glaube ohne Werke der Liebe ein toter Glaube sei (Jak 2,14f), oder die Ermahnungen in den Johannesbriefen sind eindeutige Belege dafür. In späteren Jahrhunderten geben die verschiedenen Glaubenskriege wie die stets neu drohende Ausbeutung der Schwächeren durch Stärkere auch in christlichen Gemein-

---

[1] Vgl. dazu die sog. "Gerichtsrede Jesu", Mt 25,31-46.

wesen belastendes Zeugnis von Egoismus und mangelnder Solidarität, was dann auch immer wieder zur Ermahnung seitens großer Verkündiger des Evangeliums führte.

Sozusagen aus der negativen Perspektive sind aber gerade diese Mahnungen ein Zeichen für die große Bedeutung, welche der sozialen Verpflichtung aus einem christlichen Verständnis zukommt. Tatsächlich haben sie die Christen trotz aller Rückschläge und Fehler denn auch immer wieder und vor allem in ihren herausragenden Gestalten sehr ernst genommen. So sind die meisten heute fast selbstverständlichen Sozialeinrichtungen aus einer solchen Glaubensverpflichtung herausgewachsen: Die mittelalterlichen Hospize der Klöster, die Spitäler von Bruderschaften, Behindertenheime oder zinsgünstige Sparkassen belegen, wie konkrete soziale Institutionen aus christlicher Selbstverpflichtung entstanden sind. Aber auch theoretisch wurde diese Verpflichtung, etwa in den sieben Werken der Barmherzigkeit, ausformuliert: Hungernde zu speisen, Dürstenden Trank zu reichen, Nackte zu bekleiden, Gefangene zu trösten, Kranke zu besuchen, Fremde zu beherbergen und Tote zu begraben, stehen auf dieser Liste als selbstverständliche Christenpflichten; nach der Meinung aller damaligen Moraltheologen galt dafür ein Aufwand von 10% des Einkommens als unbedingt geboten. Es versteht sich, daß mit all diesen Initiativen nicht nur Hilfsstrukturen für Einzelfälle aufgebaut wurden, sondern daß damit die Gemeinwesen als Ganze geprägt wurden.

Wer also meint, christliche Frömmigkeit sei früher neben einer übersteigerten Jenseitsbezogenheit bloß auf aktuelle mitmenschliche Nächstenhilfe beschränkt gewesen und so rein privatistisch verstanden worden, täuscht sich. Trotzdem können diese Ansätze, so beachtlich und prägend sie auch waren, noch nicht im vollen Sinn als "gesellschaftlich" bestimmte angesehen werden. Denn eine globale Sicht, die sich über Einzelfälle und lokale Begrenzungen hinaus für die eigentlichen sozialen und gesellschaftlichen Strukturen als solche interessiert hätte und nach deren Veränderung in Richtung größerer Gerechtigkeit zu fragen wagte, war damals noch nicht möglich. Erst mit der Entwicklung von Wissenschaft und Technik in der Neuzeit und damit mit der die lokalen Grenzen sprengenden Industrie und Wirtschaft erschienen auch diese sozialen Strukturen nicht mehr einfach als fest vorgegeben, sondern als prinzipiell ebenfalls gestaltbare, ja als angesichts der oft genug damit verbundenen Mißstände auch als unbedingt umzugestaltende.

Wo immer aber dieses Bewußtsein sich durchzusetzen begann, entstand aus christlicher Verantwortung auch Sozialethik. Dies war zunächst vor allem im westlichen Europa der Fall, von wo es sich in den nordamerikanischen und heute vermehrt auch in den lateinamerikanischen Raum ausdehnte und von dort die ganze Welt und Christenheit zu umfassen begann. Allerdings scheinen in der orthodoxen Theologie bis in die neueste Zeit soziale Verpflichtungen auf die direkten Werke der Caritas beschränkt geblieben zu sein, während man die Probleme der sozialen und politischen Strukturen, zum Teil aus politischer Zwangslage heraus, an den Staat zu delegieren neigte.²

Das bedeutet: Christliche Sozialethik gehört zwar wesentlich zu einer vom Geist des Evangeliums geprägten Sittenlehre, doch hat sie als solche eine Geschichte, deren Kenntnis zu ihrem Verständnis eine unerläßliche Voraussetzung darstellt. Sie bewußt zur Kenntnis zu nehmen dient daher in keiner Weise der bloßen Information, sondern geschieht in hermeneutischer Absicht. D.h., sie dient dem kritischen Verstehen des aktuellen Standes der eigenen theologischen Fachdisziplin und der damit verbundenen Herausforderung.³ Dennoch kann es eine systematische Sozialethik nicht bei diesem geschichtlichen Rückblick bewenden lassen. Vielmehr muß sie systematisch aus den Grundlagen des christlichen Verständnisses vom Menschen ihre eigene, auf die Bedürfnisse der Zeit bezogene normative Theorie entwickeln. Beides soll im folgenden skizziert werden.

2. Sozialethik - eine dynamische Theologie der gesellschaftlichen Belange

Papst Johannes Paul II. hat in seinem Rundschreiben "Sollicitudo rei socialis" (1987) die Katholische Soziallehre als einen Teil der Moraltheologie bezeichnet (Nr. 41). Damit verweist er diese Lehre eindeutig in den Bereich dessen, was man in den letzten Jahren zunehmend mit der Bezeichnung "christliche Sozialethik" umschrieb. Dieser Ausdruck hat sich seit dem II. Vatikanischen Konzil immer mehr durchgesetzt, weil damit, ohne vom theologischen Anspruch Abstriche zu machen, auch Gesichtspunkte einbezogen werden können, die außerhalb der katholischen Kirche, vor allem im Bereich der aus der Reformation des 16. Jahrhunderts hervorgegangenen Kirchen, von Bedeutung sind. Zudem wird die katholische Soziallehre so auch weniger als eine in sich geschlossene Doktrin oder gar als eine eigene Ideologie, sondern als ein "Gefüge offener Sätze" (H.J. Wallraff) verstanden.

Dennoch scheint man, besonders im deutschen Sprachgebiet, mit "Katholischer Soziallehre" noch immer häufig die Erwartung von geschlossener Einheitlichkeit und Unwandelbarkeit zu verbinden. Wo sich geschichtlich Einschnitte bemerkbar machen könnten, wie dies etwa anläßlich der Umlagerung von deutschen zu französisch-romanischen Fachberatern der Päpste um 1960 (nämlich beim Wechsel von Pius XII. zu Johannes XXIII.) oder etwas später beim Einbruch der befreiungstheologischen Idee aus Lateinamerika in die westeuropäische Tradition festgestellt werden kann, versucht man mit dem an sich berechtigten Verweis auf die größeren Gemeinsamkeiten die Unterschiede wegzuerklären oder sie sogar als Verfälschun-

---

2   Vgl. dazu J. Pryszmont, Zur sozialethischen Problematik in der Orthodoxie, in: Coll. Theol. 56 (1986) 129-139.

3   Vgl. dazu auch Kongregation für das Bildungswesen (Hrsg.), Leitlinien für das Studium und den Unterricht der Soziallehre der Kirche in der Priesterausbildung, Rom 1988 (bes. Nr. 18-28 zu Kontinuität und Veränderung).

gen auszuschließen. Ein Blick in die Entstehungsgeschichte der Auseinandersetzungen von engagierten Christen mit der im Zusammenhang mit der Industrialisierung entstandenen sog. "sozialen Frage" zeigt aber bald, daß es sich beim Bemühen um die Erarbeitung von sozialethischen Konzepten von Anfang an um sehr verschiedene Ansätze handelte. Allen gemeinsam erscheint es zwar im Licht des Evangeliums als völlig unzulässig, dem Proletarierelend einfach zuzusehen. Kulturell, politisch, aber auch konfessionell unterschiedliche Voraussetzungen zeitigten jedoch immer auch unterschiedliche Zugänge zum Problem. Nicht weniger spielten nationale wie persönlich-charakterliche Verschiedenheiten eine Rolle bei der Entwicklung erster sozialethischer Ideen. Daß eine christliche Sozialethik sich dieser vielfältigen Herkunft selbstkritisch bewußt bleiben muß, versteht sich damit von selbst.

Unter diesen Voraussetzungen ist es dann auch charakteristisch, daß nur im Raum der katholischen Theologie, wo das päpstliche Engagement in der sozialen Sache seit der Enzyklika "Rerum novarum" von Leo XIII. aus dem Jahre 1891 eine Vereinheitlichung der Stoßrichtung zu gewährleisten vermochte, sich eine gewisse Bündelung der Ideen und Ansätze durchsetzen konnte. Nur hier kann somit überhaupt von einer "Lehre" gesprochen werden, die bei allen Verlagerungen in den Schwerpunkten in den Jahrzehnten nach 1891 eine allerdings eher von außen induzierte Einheit gewährleistete. Zudem sollte man nie übersehen, daß das lateinische "doctrina" weniger "Lehre" als "Unterweisung" bedeutet und es die romanischen Sprachen daher zu Recht mit "insegnamento" u.ä. übersetzen.

Daher ist es für ein heutiges Verständnis des Denkansatzes und der Wirkweise christlicher Sozialethik unerläßlich, ihre Wurzeln im theologischen und kirchlichen Denken im Verlauf der Kirchen- und Theologiegeschichte, vor allem natürlich im 19. Jahrhundert, zu kennen. Dabei bleiben zwar auch die Entwicklungen und Auseinandersetzungen früherer Jahrhunderte nicht ohne Wirkung. Die Neuzeit der sozialen Frage im beginnenden Industriezeitalter bedeutet aber doch einen so tiefen Einschnitt, daß erst von dieser Zeit an von einer eigentlichen Sozialethik bzw. im katholischen Raum von dem Entstehen einer eigenen Soziallehre die Rede sein kann.

3. Übersicht und Schwerpunkte

Da Christen sich zu allen Zeiten mit den sozialen Problemen ihrer jeweiligen Epoche auseinandergesetzt haben, aber nicht immer in gleicher Weise auch deren gesellschaftlich-strukturalen Probleme zu erkennen vermochten, soll zunächst die Bewußtseinsentwicklung in diesem Feld in ihren wichtigsten Etappen und Strömungen nachgezeichnet werden. Von da aus wird es möglich, die theologische Reflexion über diese ethische Verpflichtung methodologisch-kritisch aufzugreifen und so die innere, theologisch-wissenschaftliche Legitimation einer christlichen Sozialethik herauszuarbeiten.

Dabei erweist sich diese als Reflexion eines grundsätzlich theologischen Anspruchs, der sich aber als philosophisch begründet und damit als über die eigene Glaubensgemeinschaft hinaus verstehbar präsentiert. Diese Begründung hat ihren Mittelpunkt in einem der biblischen Botschaft zwar voll entsprechenden, aber in seinen Haupt- oder Wesenseigenschaften zugleich allgemein zugänglichen Menschenbild. In der dem Menschen spezifisch eigenen Wesensnatur, sich nur in sozialen Zusammenhängen zur individuellen Persönlichkeit entfalten zu können (bzw. gerade als personales Individuum sozial zu sein), vollzieht sich menschliche Existenz. Dabei ist diese soziale Dimension sogar im doppelten Sinn zu verstehen, nämlich erstens und direkt in der zwischenmenschlichen Gemeinschaft wie auch zweitens in strukturellen gesellschaftlichen Zusammenhängen, die über einzelne staatliche Gemeinwesen hinaus schließlich die ganze Menschheit umfassen. Letzteres ist dann der eigentliche Gegenstand der sozialethischen Überlegung.

Dieser gesellschaftliche Zusammenhang erweist sich einerseits als ein ethisch zu gestaltender, andererseits aber auch als ein hier und jetzt vorgegebener, der jede weitere Gestaltung als Rahmenbedingung mitbestimmt. Daher muß eine auf je größere Menschlichkeit ausgerichtete Sozialethik diese Eigenheiten wie auch die spezifischen Aufbauelemente der Gesellschaft allgemein, und zwar in ihrer heutigen Ausformung, zur Kenntnis nehmen, noch bevor sie die gestalterischen Verantwortlichkeiten genauer zu umschreiben und normativ zu beeinflussen versucht. Sozialethik darf folglich niemals bloß auf die theologisch vorgefaßten Meinungen aufbauen, sondern muß stets die konkret gegebene Wirklichkeit miteinbeziehen.

Erst nach dieser umsichtigen Information wird sie ihre Handlungsnormen festmachen können und deren konkrete Anwendungsfelder genauer umreißen. Dabei darf sie freilich als ethische Reflexion nicht auf sich allein gestellt bleiben. Vielmehr muß sie im Team mit anderen humanwissenschaftlichen Disziplinen deren funktionale Erkenntnisse auf ihre ethisch relevanten "Knotenpunkte" hin absuchen und dann aus der christlichen Grundmotivation heraus sowohl "kritisch wie stimulativ" nach Verbesserungsmöglichkeiten zugunsten je größerer Mitmenschlichkeit wie auch nach latenten Ungerechtigkeiten forschen. Dabei hat sie die Eigenständigkeit irdischer Wirklichkeit bzw. deren Erkenntnis durch die Sozialwissenschaften zur Kenntnis zu nehmen und zu achten. Als theologische und philosophische Reflexion hat sie aber zugleich hinsichtlich letzter Zielsetzungen und der daraus sich ergebenden Werte im Werturteilsbereich ihre Mitsprachepflicht anzumelden.

Die grundsätzliche Überlegung hat so einer auf einzelne Problemfelder bezogenen, konkret-normativen Überlegung stets vorauszugehen. Je nach Epoche werden diese konkreten Felder verschieden sein. Heute dürften wirtschaftsethische Probleme auf nationaler wie auf globaler Ebene ebenso dringend sein wie etwa die Fragen der Friedensethik, deren Bearbeitung auch die Ergebnisse der sog. Konfliktforschung einzubeziehen hätte. Die sich in der Öko-Ethik und Bio-Ethik stellenden Probleme verlangen mit ihren möglichen Spätfolgen ebenfalls die besondere Aufmerksamkeit des Ethikers. Dazu gesellt sich die politische Ethik, welche sich vor allem mit den Fragen der gerechten Machtverteilung zu befassen hat, aber auch die Informationsethik, die sich mit den Möglichkeiten der modernen Kommunikationsmittel auseinandersetzen muß. Sicherung einer individuellen Privatsphäre, also Datenschutz und Kritik an grenzenloser Information, gehören nicht weniger dazu.

Es versteht sich, daß diese einzelnen Problemfelder nur in spezialisierten Einzeluntersuchungen aufgearbeitet werden können. Eine allgemeine Einführung in die Problematik einer christlichen Sozialethik wird solche Felder daher höchstens exemplarisch benennen können und erste Wege zu ihrer reflektierten Bewältigung aufzeigen müssen. Die Herausarbeitung von methodologisch sauberen und theologisch zu verantwortenden Vorgehensweisen sowie die Klärung der entsprechenden sozialethischen Grundhaltungen als Voraussetzung zu solch konkretem ethischem Diskurs wird daher die erste und eigentliche Aufgabe der folgenden Darlegungen sein, während sie für die weitere Überlegung nur erste Hinweise und Anstöße wird geben können.[4]

---

[4] Für eine allerdings auch nur summarische Konkretion vgl. F. Furger, Ethik der Lebensbereiche, Freiburg/Br. ²1988, 199-249.

II. Sozialethik -
eine theologische Herausforderung

1. Der Anspruch der Botschaft Jesu

Wie angedeutet, enthält schon die apostolische Mahnpredigt, die sog. "Paränese", viele sozialethische Elemente. Sowohl der alle Menschen und Völker übergreifende Universalitätsanspruch des Evangeliums wie auch seine Botschaft von dem in dieser Zeit schon beginnenden, aber sich erst in der Endzeit vollendenden Reich Gottes, an welchem der Mensch mitzugestalten berufen ist, motivieren zu einer solchen ethischen Verpflichtung. In ganz besonderer Weise aber trifft dies zu für das zentrale Gebot der Nächstenliebe, in dem Jesus für jede Nachfolge das Maß gesetzt hat. Denn dieses Gebot übersteigt alle menschlichen Grenzen und Unterschiede und schließt alle Menschen gleicherweise ein. Unabhängig von Herkunft, Stand, Rasse, Geschlecht, ja sogar von Feindschaften aller Art sind sie alle als Geschöpfe Ebenbilder Gottes und in Jesus, dem Christus, auch untereinander geschwisterlich verbunden.

Die grundsätzliche Gleichheit wie die uneingeschränkte Universalität, welche dieses Gebot der Nächstenliebe charakterisieren, relativieren so alle staatlichen und gesellschaftlichen Ab- und Ausgrenzungen. Zugleich bedingen sie notwendigerweise eine wenigstens latente gesellschaftskritische Kraft, die diese Botschaft Jesu um so mehr prägt, als sie sich stets in der Verheißung endzeitlicher Vollendung versteht. Ohne die innerweltlichen Belange aufzuheben - dem Kaiser soll loyal gegeben werden, was des Kaisers ist (Mk 13,13), und es gilt sogar, ihm Ehrfurcht zu erweisen (Tim 2,1-3, Tim 3,1-8) -, kommt der weltlich-politischen Autorität dennoch niemals eine letzte Bedeutung zu: Mehr als dem Kaiser gilt es Gott zu geben, was Gottes ist. Wo die staatliche Macht Opfer im Sinn einer göttlichen Verehrung fordert und sich damit selber absolut setzt, findet die sonst so große Loyalität der Christen ihre radikale Grenze, wie das Blutzeugnis der Märtyrer immer wieder belegt. Christlicher Glaube beinhaltet so, wie die Skepsis vor allem seitens totalitärer Staatsideologien dem Christentum gegenüber immer neu deutlich werden läßt, ein gesellschaftskritisches Moment. Dieses darf sich jedoch nicht allein mit der Kritik begnügen, sondern muß zugleich in ein aktives Eintreten für fundamentale Gleichheit münden und eigene Initiativen zur Gesellschaftsgestaltung im Geist der Brüderlichkeit in Gang setzen. Der Tadel des Paulus an störenden Ungleichheitsstrukturen in Korinth (1 Kor 11) oder das glaubensbedingte Unterlaufen der Sklaverei in der Fürsprache für den entlaufenen Sklaven Onesimus im Philemonbrief zeigen erste, freilich noch kaum entwickelte Ansätze in diese Richtung. Trotz dieser gesellschaftspolitischen Brisanz der Botschaft Jesu wirkt sich diese dennoch zunächst weniger in größeren sozialen Zusammenhängen als

vielmehr innerhalb der Gemeinden selber aus. So etwa, wo es gilt, das Zusammenleben zwischen ehemaligen Heiden und Juden in einer Gemeinde aufzubauen und zu sichern oder Sklaven und mittellose Arme im Gottes- und Liebesdienst ohne Diskriminierung zu integrieren.[1]
Allgemein-gesellschaftlich aber konnten diese kleinen Gemeinden noch kaum Wirkungen zeitigen. Ihre Loyalität dem Staat, auch dem verfolgenden römischen Staat gegenüber bleibt sogar erstaunlich groß: Dem Reich sollen die Steuern nicht verwehrt werden, und der entlaufene Sklave wird zu seinem Herrn zurückgeschickt. D.h.: Die potentiell gesellschaftsgestaltenden Grundzüge des christlichen Glaubens bleiben vorläufig in ihrer Wirkung auf die Primärgruppe der Gemeinde beschränkt. Die Kräfte einer oft verfolgten, kleinen Kirche reichten noch nicht weiter.

2. Mitmenschliche Initiativen und erste Institutionen

Auch die öffentliche Anerkennung durch Kaiser Konstantin im Jahr 312 bringt diesbezüglich noch keine grundsätzliche Wende. Zwar setzen sich die Christen punktuell für menschliche Verbesserungen ein, so etwa hinsichtlich der Abschaffung der unmenschlichen Gladiatorenspiele, einer Milderung der Sklaverei bzw. der Förderung des Loskaufs von Sklaven oder im Ausbau einer größeren caritativen Liebestätigkeit. Zum Aufbau eigener sozialer Institutionen oder gar zu strukturellen Veränderungen kommt es jedoch noch nicht. Einzig die aufkommende Mönchsbewegung mit ihrer Distanzierung von der Ordnung der damaligen Welt stellt ein institutionellkritisches Moment dar, das sich ausnahmsweise und punktuell sogar zu einer eigentlichen Gesellschaftskritik zu steigern vermag. So ist etwa vom Bischof von Konstantinopel, Johannes Chrysostomus (gest. 407), eine solche Kritik am Luxus des Kaiserhauses ausgegangen. Diese mußte er allerdings im Jahr 403 mit der Strafe des Exils büßen,[2] was zugleich auch schon die Gefährlichkeit dieser Dimension christlicher Sozialethik signalisiert.
Eine Gesellschaftskritik von erheblicher Breitenwirkung entsteht dagegen erst im Mittelalter. Drei Momente sind dabei von besonderer Bedeutung: Es ist einmal die Kritik an den kirchlichen wie weltlichen Machtträgern, wie sie sowohl von den Albigensern und Katharern wie von den sog. Mendikanten oder Bettelorden ausging. Diese Armutsbewegung erzeugt besonders in der Folge des Wirkens von Franz von Assisi in breiten Kreisen sozialkritischen Zündstoff, der hier allerdings kirchlich wie gesellschaftlich integriert zu werden und gewisse institutionalisierte Verbesserungen hinsichtlich Gerechtigkeit und Menschlichkeit zu erbringen vermochte. Dies zeigt sich zum Beispiel daran, daß in den italienischen Städten Toten- und

---

[1] Vgl. dazu die zahlreichen Konflikt-Beispiele in der Apostelgeschichte, die schließlich im sog. Apostelkonzil (Apg 15,1-35) einen Ausgleich finden, sowie die schon genannten Weisungen des Paulus in 1 Kor 11,17-34.
[2] Vgl. Ch. Baur, Der Heilige Johannes Chrysostomos und seine Zeit, 2 Bde., München 1929-30.

Krankendienst-Bruderschaften Basisbedürfnisse Mitteloser zu befriedigen begannen oder daß gegen den Zinswucher der Franziskaner Bernhardin von Feltre (gest. 1494) die Institution der Pfandleihanstalten einführte und förderte. Es ist sodann die schon genannte ethische Theorie von den sieben Werken der leiblichen Barmherzigkeit, die dem Aufbau erster sozialer Institutionen zugrunde lag und somit erste Ansätze zu einer eigentlichen Sozialethik aufweist. Schließlich ist es auf der politischen Ebene die Lehre vom Tyrannenmord, welche ungerechte Machtausübung im Sinne einer Notwehr zu bekämpfen nicht nur erlaubt, sondern gelegentlich sogar gebietet. Allerdings vermögen all diese Ansätze sich noch nicht zu einer geschlossenen systematischen Theorie zu verbinden und zu ordnen.

Dies trifft schon eher zu für die im 16. und 17. Jahrhundert einsetzenden Überlegungen zu einem weltweiten Völkerrecht bzw. zu einem naturrechtlich begründeten, allgemeinen Menschenrecht. Im angelsächsischen Raum handelt es sich dabei vor allem um die im Zug der sog. "glorious revolution" des 17. Jahrhunderts aufgestellten Forderungen von Freiheits- und politischen Rechten der Adeligen und Bürger gegenüber dem König, die auf der "Magna charta libertatum" des 13. Jahrhunderts aufbauen. In Spanien sind es die Völkerrechtstheologen des 16. Jahrhunderts, welche für die Indios im neuentdeckten Amerika menschliche Rechte als unbedingt zu beachtende - und zwar unabhängig von jeder faktischen Gesetzgebung - einfordern. Allerdings vermögen diese Theorien ebenfalls noch nicht zu einer eigenen christlich-kirchlichen Sozialethik heranzureifen. Die politische Intrige privilegierter Machtträger an den Höfen und danach die antiklerikale Wende im Verlauf der Französischen Revolution bringen diese Ansätze im Gegenteil im innerkirchlichen Bereich fast vollständig zum Erliegen. Statt durch konkrete Initiativen wie vor allem durch eine konstruktiv-kritische theoretische Begleitung den politischen wie geistigen Aufbruch der Aufklärung mitzugestalten, bleiben die Christen in der Praxis bei einem allerdings oft bewundernswürdig großherzigen Einsatz für caritative Hilfe und gehen für die geistig-politischen Belange auf Abwehr, statt eine wohl säkulare Chance der gesellschaftlichen und politischen Umgestaltung im Geist des Evangeliums zu nutzen.

3. Der verpaßte Einstieg

In einer zunehmend komplexer werdenden Gesellschaft vermag der Appell an die zwischenmenschliche Verantwortung, wie er sich in den Werken der leiblichen Barmherzigkeit manifestierte, zur Gewährleistung des Gemeinwohls nicht mehr zu genügen. Dies wurde schon zu Beginn der Neuzeit, vor allem mit den großen Entdeckungen der iberischen Seefahrer im 16. Jahrhundert, deutlich. Neben den schon früher entstandenen gemeinnützigen Institutionen von Stiftungen und Bruderschaften entstand so auch das Be-

dürfnis nach einer normativen Theorie, die über Rechtssetzung und Rechtsprechung Menschlichkeit zu garantieren vermochte.
Pionierarbeit in dieser Richtung leistete die angedeutete englische Rechtsentwicklung, die aus den Anfängen im 13. Jahrhundert in einem weitgehend pragmatischen Vorgehen Rechtssicherheit vor Gericht wie hinsichtlich steuerlicher Belastungen aufzubauen vermochte. So begann man die Krone als Machtträger weniger als autoritäre Hoheit denn als Dienstfunktion am Gemeinwohl zu verstehen. Was in der "Magna charta libertatum" 1215 seinen Anfang genommen hatte, fand 1689 in einer keineswegs geradlinigen Entwicklung (man denke an die totalitäre Machtausübung eines Heinrich VIII. oder einer Elisabeth I., aber auch an die damals unerhörte Hinrichtung Karls I. von 1649) einen gewissen Abschluß mit der Gewährleistung der "Bill of rights" durch Wilhelm III. von Oranien. Nicht weniger bedeutsam als diese realpolitische Entwicklung dürfte die parallel dazu verlaufene theoretische Reflexion sein, wie sie vor allem in den Staatsvertragstheorien eines T. Hobbes (gest. 1679) und eines J. Locke (gest. 1704) ihren Ausdruck fand. Nach diesen Philosophen ist das Gemeinwesen als menschliche Gründung zur Gewährleistung von Gerechtigkeit zu verstehen, in dem durch mitmenschliche Ordnung die Achtung von allen Völkern gemeinsamen Grundrechten gesichert wird. Es steht so grundsätzlich im Dienst von Menschlichkeit und Gemeinwohl, eine Einsicht, die als Idee sozialethisch an Relevanz kaum etwas eingebüßt hat.[3]
Was die erwähnten spanischen Völkerrechtler aus einem neuen Bedenken der scholastischen Naturrechtslehre hinsichtlich der Rechtsordnung im spanischen Weltreich trotz kurzfristiger Erfolge[4] politisch zunächst wenig wirksam erarbeiteten, war im angelsächsischen Bereich zugleich auch praktisch wie theoretisch von expansiver Tragweite: so etwa in den Büchern über das Natur- und Völkerrecht des Holländers H. de Groot (gest. 1645), vor allem aber in der ersten Menschenrechtsdeklaration von 1776, die durch die vom Mutterland sich unabhängig erklärenden amerikanischen Staaten als Gesetzesgrundlage erarbeitet wurde.
Diese Erklärung versteht sich als ein aus praktischer Erfahrung wie aus theoretischer Reflexion resultierendes, ethisch verantwortetes und im Selbstverständnis ihrer Verfasser, G. Mason (gest. 1792) und T. Jefferson (gest. 1826), gerade auch aus christlicher Glaubensüberzeugung vertretenes Gesellschaftskonzept. Damit dürfte diese Liste eines der ersten Grundlagendokumente einer eigentlichen christlichen Sozialethik darstellen. So sehr dieses Konzept zunächst implizit und unabhängig von den konfessionellen Unterschieden von den Christen in den USA auch als solches empfunden wurde, so wenig vermochte sich diese Einschätzung jedoch allge-

---

[3] Vgl. dazu J. Rawls, Eine Theorie der Gerechtigkeit, Frankfurt 1975; O. Höffe, Politische Gerechtigkeit, Frankfurt 1987.
[4] Die zum Schutz der Indios auf deren Initiative 1542 durchgesetzten sog. "Leyes nuevas" wurden schon 5 Jahre später als den "spanischen Interessen abträglich" wieder abgeschafft. Vgl. im einzelnen J. Höffner, Kolonialismus und Evangelium, Trier ²1969. - Vgl. zum Ganzen auch Abschnitt VI.3.2.

mein und schon gar nicht im katholisch-kirchlichen, moraltheologischen Umfeld durchzusetzen. Der Grund dafür liegt allerdings weniger in der Tatsache, daß angelsächsische Entwicklungen seit der Kirchenspaltung im 16. Jahrhundert ohnehin kaum Rückwirkungen auf die katholische Welt zu zeigen vermochten, als vielmehr in der Wende, welche die Menschenrechtsidee in der Französischen Revolution von 1789 nahm.

Zwar hatten sich dort in der auf den revolutionären Druck hin zusammengetretenen Nationalversammlung die Vertreter des Klerus der Menschenrechtsidee gegenüber (und zwar einschließlich der Religionsfreiheit) zunächst keineswegs verschlossen.[5] Als aber diese Versammlung darüber hinaus die sog. Zivilkonstitution von 1790 beschloß, welche die Kirche ihrer inneren Freiheit beraubte und zugleich die Geistlichen so zum Eid auf diese Konstitution zwang, daß für die Eidesverweigerer eine regelrechte Verfolgung einsetzte, entstand ein Bruch. Die ursprünglich in keiner Weise den Menschenrechtsideen, sondern altem Gallikanismus verpflichtete Radikalisierung riß die Menschenrechte in einer Weise mit, daß sie - und hier vor allem das Postulat der Religionsfreiheit - bei den Gläubigen in Mißkredit gerieten, ja sich die scharfe Verurteilung durch die Päpste Gregor XVI. und Pius IX. als "Irrtum und Wahnwitz"[6] zuzogen.

Sosehr diese Ablehnung durch die Kirche aus den gegebenen Umständen somit ein gewisses Verständnis verdienen kann, der Sache nach bedeutet sie nicht nur ein Fehlurteil hinsichtlich einer letztlich sich gerade auch christlichen Quellen verdankenden ethischen Entwicklung, sondern auch eine Isolierung der Kirche von der Möglichkeit, ihre eigene sozialethische Kompetenz in die sich gestaltende moderne Welt einzubringen. Obwohl Papst Johannes Paul II. anläßlich seines Frankreichbesuches im Jahr 1980 die Leitworte der Französischen Revolution von "Freiheit, Gleichheit, Brüderlichkeit" ganz selbstverständlich als im Grunde christliche Gedanken bezeichnete, war sogar noch bei der Ausarbeitung der UNO-Menschenrechtscharta von 1948 die Kirche als solche abwesend. Zwar wurde die Mitarbeit der beiden persönlich in die Vorbereitung berufenen Christen, J. Maritain (gest. 1973) und P. Teilhard de Chardin (gest. 1955), geduldet. Eine offizielle Anerkennung der Menschenrechte erfolgte dennoch erst im Horizont des II. Vatikanischen Konzils durch die Enzyklika Johannes XXIII. "Pacem in terris" von 1963, während sich die "traditionelle Distanz des deutschen (bzw. des nicht-angelsächsischen, d. Vf.) Protestantismus zu

---

[5] Die trotz seiner Aufhebung durch Ludwig XIV. im Jahre 1685 unterschwellig bewußt gebliebene Tradition des Toleranzediktes von Nantes, das 1598 durch Heinrich IV. ausgesprochen wurde, bzw. die mit dessen Aufhebung verbundenen negativen wirtschaftlichen Folgen dürften dabei eine nicht unwesentliche Rolle gespielt haben. Zum ganzen vgl. R. Aubert, Die katholische Kirche und die Revolution in: Hdb. der Kirchengeschichte VI, 1, Freiburg/Br. 1971, 3-104, sowie: F. Furger/C. Strobel-Nepple, Menschenrechte und Katholische Soziallehre, Freiburg/Schweiz 1985.

[6] Vgl. dazu die Enzyklika "Mirari vos" von Papst Gregor XVI. von 1832, deren Verurteilung von Pius IX. 1864 auch in den "Syllabus" der zeitgenössischen Irrtümer übernommen wurde.

den Menschenrechten"[7] schon in den 1950er Jahren abzubauen begonnen hatte.
Dies alles bedeutet freilich nicht, daß die Kirche sich damit aus der sozialethischen Verantwortung einfach zurückgezogen hätte. Die Entwicklung einer eigenen Katholischen Soziallehre, die vor allem im Aufbau der deutschen Bundesrepublik nach dem Zusammenbruch von 1945 erheblichen politischen Realeinfluß ausübte, belegt ebenso das Gegenteil wie zahlreiche andere Initiativen in den Verbänden, durch die Arbeiterpriester, durch die Schaffung eigener Institutionen usw. Dennoch überschritt manches davon trotz bewundernswerten Einsatzes den Bereich der zwischenmenschlich-caritativen Hilfe nur wenig und wurde so auch kaum strukturgestaltend relevant. Das christlich-sozialethische Engagement blieb entsprechend oft nur marginal. Die Möglichkeiten zu grundlegender Mitgestaltung der modernen Gesellschaft von ihrer menschenrechtlich- verfassungsmäßigen Basis her wurde entsprechend über gute 150 Jahre zu wenig genutzt.
Die beginnende Industrialisierung und das damit wachsende Proletarierelend hatten allerdings schon früher neue Impulse gebracht, sich der sozialen Frage zu stellen und so die vorher verpaßte sozialethische Chance in etwa aufzuarbeiten. Erst von da an gelang es, die neuen Probleme aufzugreifen, sie im Licht des Evangeliums zu bedenken und neue Forderungen hinsichtlich der Gestaltung von Gesellschaft und Staat aus christlicher Verpflichtung und Einsicht heraus zu erheben. Hier liegt denn auch der eigentliche Beginn der heutigen, modernen christlichen Sozialethik, die es nun in ihrer Entstehung näher zu bedenken bzw. zunächst in ihrem kulturellen Umfeld zu situieren gilt.

4. Das sozio-kulturelle Umfeld im 19. Jahrhundert - eine Skizze

Die Beschäftigung engagierter Christen mit der sozialen Frage steht nie außerhalb der konkreten geschichtlichen Umfelder. Gerade als christliche ist sie nie bloß außerweltlich-religiös oder rein jenseitig, sondern stets in den jeweiligen sozio-kulturellen Kontext integriert. Daraus erwächst im Licht des Glaubens die sozialethische Herausforderung, und darin muß sie sich auch konkret bewähren. Obwohl in der modernen Welt mit ihren umfassenden Technologien, deren Folgen rasch globale Ausmaße erreichen, die geistesgeschichtlichen, kulturellen und konfessionellen Unterschiede der Ansätze einer Auseinandersetzung mit der sozialen Frage geringer werden, so sind sie dennoch auch heute noch deutlich spürbar.[8] Für die Zeit des Beginns der Beschäftigung mit den sozialen Problemen im 19. Jahrhundert lassen sich aber noch viel stärkere Unterschiede beobachten,

---
[7] Vgl. dazu W. Huber, H.E. Tödt, Menschenrechte, Stuttgart 1977, 45-55.
[8] So weist selbst die starke befreiungstheologische Bewegung, wie die verschiedenen Kongresse der Drittwelt-Theologen (EATWOD) deutlich werden lassen, erhebliche Differenzen auf, je nachdem, ob Vertreter aus dem asiatischen, afrikanischen oder lateinamerikanischen Umfeld die Aussagen bestimmen.

so daß zum Verständnis der breiteren Entwicklungen wenigstens auf folgende Momente hingewiesen werden muß.

Die Tatsache, daß im deutschen Kaiserreich die Katholiken mit den Belastungen des von Bismarck ausgelösten Kulturkampfes konfrontiert waren, ist dabei ebenso in Rechnung zu stellen, wie es auf der anderen Seite zu beachten gilt, daß die enge Bindung der protestantischen Landeskirchen an den Staat gesellschaftliche Kritik ganz allgemein erschwerte und so die ersten Initiativen zur Auseinandersetzung mit der sozialen Frage im freikirchlichen Raum entstanden. Die in manchem kirchenkritische Bewegung des "Religiösen Sozialismus", die in diesen Initiativen ihre Wurzeln hat, wird so anders geprägt sein als die katholischen Ansätze im einen und gleichen Deutschland. Denn hier bedrohte der Kulturkampf die Kirche als Institution und bewirkte so einen Schulterschluß der Gläubigen zum sog. "Katholizismus", der bald auch politisch relevante Kräfte freizumachen vermochte, während sich im protestantischen Bereich eher punktuelle Wirkzentren bemerkbar machten.

In Italien dagegen hatte die Einheitsbewegung der Nation unter dem savoyischen Königshaus in zwei Anläufen, nämlich 1860 und 1871, zur Aufhebung des Kirchenstaates geführt. Die Reaktion der Päpste auf dieses politische Ereignis war die Weisung an die Katholiken, sich von diesem neuen Staatsgebilde politisch fernzuhalten. Es galt die Devise "Ne eletti, ne elettori", die unter dem Stichwort "Non expedit"[9] von den Päpsten Pius IX. und Leo XIII. eingeschärft und erst unter Pius X. bzw. Benedikt XV. (1905 bzw. 1919) gelockert wurde. Ein ursprünglich ähnlicher politischer Anlaß führte so bei den Katholiken in Deutschland und Italien zu einer gegensätzlichen Reaktion: zu politisch sozialem Engagement auf der einen Seite, zu einer politischen Abstinenz auf der anderen, wo zudem in Anbetracht des fast völligen Fehlens anderer christlicher Gruppierungen sozialpolitisches Engagement auf Randgruppen im Schatten der offiziellen katholischen Kirche beschränkt blieb.

Ganz allgemein darf für das katholische Problembewußtsein außerdem nicht übersehen werden, daß in Europa die traditionell katholischen Gebiete von der Industrialisierungswelle nur verzögert erfaßt wurden und so ein eigentliches Problembewußtsein für die soziale Frage sich dort überhaupt erst in der zweiten Hälfte des 19. Jahrhunderts entwickeln konnte. Zudem entstand diese Sorge um die soziale Not der Arbeiter vor allem unter Menschen, die mit der Aufklärung und den Entwicklungen seit der Französischen Revolution von ihrer Herkunft und ihrer gesellschaftlichen Stellung her Schwierigkeiten hatten. So fällt auf, wieviele Adelige sich unter den Pionieren der sozialen Frage fanden. Insofern erstaunt es auch wenig, daß die vorgeschlagenen Maßnahmen zunächst eher caritativ-patriarchalisch ausgerichtet waren und weniger innovativ auf neue soziale Strukturen hin tendierten. Die grundsätzliche Veränderung wurde noch nicht als

---

[9] Das will sagen: Es ist nicht von Nutzen, daß Katholiken Wähler sind ("elettori"), noch, daß sie sich wählen lassen ("Eletti").

solche erkannt, man blickte zurück auf frühere, scheinbar bessere Tage und reagierte ethisch konservativ. Selbst die Wende, die sich 1891 mit der ersten päpstlichen Sozialenzyklika "Rerum novarum" anzubahnen begann, vermochte nur sehr langsam diese grundsätzliche Ausrichtung zu überwinden; die mehr freikirchlich geprägten Ansätze im protestantischen Raum waren dagegen neuen, auch revolutionären Ideen gegenüber offener und zeigten auch im "Religiösen Sozialismus" marxistischem Ideengut gegenüber wenig Berührungsängste.[10]

Ferner sind auch im katholischen Raum selber erhebliche Ungleichzeitigkeiten hinsichtlich der Industrialisierung festzustellen: Während das 1830 gerade als katholischer Teil von den protestantischen Niederlanden sich abtrennende Belgien zu den alten Industriegebieten Europas gehört, kommt der mediterrane Süden eigentlich erst nach dem Zweiten Weltkrieg, also in der zweiten Hälfte des 20. Jahrhunderts, ganz in den Sog der Industrialisierung. Daneben erschweren weitere politische Umwälzungen, wie etwa die laizistische Bewegung in Frankreich, welche die Kirche in die Privatheit verdrängt und so ein institutionelles Vorgehen der Katholiken weitgehend verunmöglicht, ein einheitliches Vorgehen. In Frankreich steigt so der pastorale Einsatz, während der beginnende Faschismus und Nationalsozialismus in anderen Ländern nonkonforme kritische Äußerungen und Initiativen totalitär zu verunmöglichen sucht.

Darüber hinaus sind aber auch die Gemeinwesen mit demokratischen Mehrparteien-Regierungen zu beachten, die einen direkten Einfluß zwar ermöglichen, aber die eigenen Ziel- und Idealvorstellungen im weltanschaulich-pluralistischen Umfeld immer nur in der Form von Kompromissen in die gesetzgeberische Ordnung einzubringen vermögen. Dort kommt wegen alter konfessioneller Gegensätze die damit eigentlich naheliegende und erforderliche ökumenische Zusammenarbeit nur sehr verzögert in Gang, und es werden sogar, wie etwa in der Schweiz, trotz analoger Sorge um die soziale Not durch gegensätzliche parteipolitische Bindungen neue Gräben aufgerissen. Wo schließlich die politischen Umstände (wie in den kommunistischen Volksdemokratien oder teilweise in südamerikanischen Militärdiktaturen) die Kirche und die theologische Reflexion vollends in den Untergrund treiben, wird zwar die sozialethische Überlegung von Christen nicht etwa aufgehoben, aber ihr Vorgehen und ihre Schwerpunkte verschieben sich doch sehr deutlich. Die aktuellen Beispiele aus Polen oder aus Mexiko und Chile sind dafür nur allzu deutliches Zeugnis. Das heißt zusammengenommen aber nichts anderes, als daß die Entstehung eines sozialethischen Verantwortungsbewußtseins sowohl hinsichtlich der Inhalte wie in der Art und Weise des Vorgehens nach den verschiedenen kulturellen und geschichtlichen Lagen unterschiedlich ist und sich so schwerlich in einem Zug zu einer einheitlichen theologisch-ethischen Doktrin zu bündeln vermag.

---

10 Vgl. A. Pfeiffer (Hrsg.), Religiöse Sozialisten, Olten - Freiburg/Br. 1976.

Dies gilt zunächst für die Auseinandersetzung mit den jeweils konkret anstehenden sozialen Problemen selber. Es trifft weiterhin zu für die Ausarbeitung der kirchlichen Dokumente auf allen Stufen, die trotz des Bemühens um allgemeine Gültigkeit bei den Verfassern der jeweiligen Entwürfe wie bei den Endredakteuren notwendigerweise den Stempel von Mentalität und soziokulturellem Hintergrund tragen. Es gilt schließlich nicht weniger für die Art und Weise, wie an sich einheitliche gesamtkirchliche Dokumente und Stellungnahmen gelesen und rezipiert werden.

Natürlich hat das Gesagte zunächst und besonders Geltung für Dokumente aus konfessionell unterschiedlichen Kirchen; es betrifft aber auch die Stellungnahmen des Weltrates der Kirchen, und es gilt sogar für den innerkatholischen Bereich. Denn von diesen Grundmustern sind auch die einzelnen Bischöfe und die Päpste nicht ausgenommen. So ist etwa die Mentalität des römischen Adeligen Eugenio Pacelli = Pius XII. eine andere als diejenige des aus der norditalienischen liberalen Familie Montini stammenden Paul VI., und der aus Polen stammende Johannes Paul II. geht noch einmal von einem anderen Blickwinkel aus. Nimmt man diese vielfältigen kulturellen Voraussetzungen zusammen, wird es wenig erstaunen, wenn auch in der Katholischen Soziallehre - bei aller Übereinstimmung im Anliegen für die konkrete Umsetzung der evangelischen Botschaft Jesu in die soziale Wirklichkeit unserer Zeit wie in den von der einen Glaubensüberzeugung getragenen Grundprinzipien - unterschiedliche Schattierungen festzustellen sind.

Weiterführende Literatur

R. Aubert, Die Katholische Kirche und die Revolution, Handbuch der Kirchengeschichte VI/1, Freiburg 1971, 3-104.
F. Furger, Politische Theologie erst heute? Freiburg/Schweiz 1972.
F. Furger, Weltgestaltung aus Glauben, Münster 1989, Teil III.
D. Hollenbach, Justice, Peace and Human Rights, New York 1988.
H. Maier, Revolution und Kirche, München ²1988.

III. Christliche sozialethische Theorien

1. Die Katholische Soziallehre: ein Weg in Etappen und in geschichtlicher Vielfalt

1.1 Die Ansätze vor 1891

In Anbetracht des eben skizzierten soziokulturellen Umfeldes im 19. Jahrhundert konnten die darin gewachsenen frühen Ansätze zu einer Katholischen Soziallehre, die ohne das einigende Band des kirchlichen Lehramtes entstanden, keine einheitliche Struktur aufweisen. Da deren Ideen aber noch immer nachwirken, muß schon aus hermeneutischem Interesse die sozialethische Aufmerksamkeit zuerst darauf gerichtet werden.
Entsprechend der frühen Industrialisierung in England erstaunt es wenig, daß unter den von der Proletarisierung besonders betroffenen, oft irischstämmigen Katholiken sich eine beachtliche Sensibilität für die "soziale Frage" entwickelte. Der von der anglikanischen zur katholischen Kirche konvertierte spätere Erzbischof von London, Kardinal H.E. Manning (gest. 1892), erwarb sich mit seinem missionarischen Einsatz für die Arbeiter in ihren Elendsvierteln (und auch mit seinem Kampf gegen den Alkoholismus) besondere Verdienste. Kompromißloser Infallibilist auf dem I. Vatikanum, vertrat er ebenso kämpferisch die Rechte der Arbeiter und vermochte 1889 im ruinösen Streik der Dockarbeiter einzugreifen. Im eigentlichen Sinn sozialethisch, d.h. strukturbezogen, war aber dieser eher punktuelle Einsatz noch nicht, ebensowenig übrigens wie die auch auf dem Kontinent aufkommenden Bemühungen zur Auseinandersetzung mit der "sozialen Frage". Auffälligerweise entstammen hier die Christen, die sich als erste aus innerer Glaubensverpflichtung mit der Misere des Industrieproletariats zu befassen begannen, zu einem guten Teil aus jenen Schichten, die dem seit der französischen Revolution dominierenden liberal-antiklerikalen Bürgertum und damit auch dessen kapitalistischer Wirtschaftskonzeption ablehnend gegenüberstanden. Anders als etwa K. Marx, der selber diesem Bürgertum entstammte, gehörten die katholischen Kritiker eher ländlichen, vor allem auch adeligen Familien an. Dementsprechend vertraten sie eine weitgehend konservative Grundhaltung, die oft dazu neigte, die vergangene Gesellschaft romantisch verklärt als eine gute, weil patriarchalische Ordnung zu verstehen. "Während Marx trotz der Reaktionswelle, die der Krise von 1848 folgte, 1864 die Erste Internationale aufzustellen und bald das Industrieproletariat mit einer gemeinsamen Hoffnung zu beleben vermochte, weigerten sich bis ums Ende des Jahrhunderts die meisten Katholiken und kirchlichen Autoritäten, die Notwendigkeit einer Strukturreform ins Auge zu fassen", schreibt der belgische Historiker R. Aubert zu Recht.[1]

---

1 Vgl. R. Aubert, Vom Kirchenstaat zur Weltkirche (1848-1965), in: L.J. Rogier u.a. (Hrsg.), Geschichte der Kirche V/1, Zürich 1976, 125.

Was hier also fehlte, war nicht die Sorge für die "Misérables" (so der Romantitel von Victor Hugos Buch von 1862 zum Proletarierelend), sondern der Sinn dafür, daß nur durch sozialstrukturale Reformen diese Entwicklung in einem menschlich-ethischen Sinn in den Griff zu bekommen sei.

In *Italien* wird dies besonders deutlich, wo die sog. "opera dei congressi" bzw. die vom Pisaner Professor G. Toniolo (gest. 1918) ins Leben gerufene "Unione cattolica per gli studi sociali in Italia" sich zwar mit den Verarmungserscheinungen in der damaligen Gesellschaft intensiv beschäftigte, gleichzeitig aber im Gegensatz zum liberalen Staat und damit auch zu dessen wirtschaftlicher Ordnung stand.[2] Restaurative Ideen, wie z.B. der Rückgriff auf das mittelalterliche Zunftwesen, sollten die Gegensätze zwischen Kapital und Arbeit im Sinn einer christlichen Ethik überwinden helfen, ohne daß man dabei die nur dank der Industrialisierung möglichen Fortschritte und Befreiungen aus den feudalen Abhängigkeiten der vorangegangenen Jahrhunderte weiter bedacht hätte. Insofern Toniolo aber bei Papst Leo XIII. Beraterfunktionen ausübte, kommt gerade dieser allerdings von großer pastoraler Verantwortung getragenen Bewegung ein erheblicher Einfluß zu.

Ebenfalls restaurativ-patriarchalisch geprägt waren die *französischen* Ansätze. Auch hier machte man sich zwar Gedanken *für* die Arbeiter, um ihr Los zu erleichtern, aber man plante keineswegs *mit* den Arbeitern. Dennoch waren die Akzente anders gesetzt als in Italien. In Frankreich hatte nämlich die Auseinandersetzung mit der sozialen Frage die Gemüter schon wesentlich früher erregt und 1848 sogar revolutionäre Formen angenommen. Auch Katholiken wie etwa F. de Lamennais (gest. 1854), der trotz seiner Konflikte mit der Kirche das soziale Gewissen der Katholiken weckte und sogar den deutschen F. von Baader (gest. 1841) beeinflußte, fühlten sich betroffen; sie griffen die schon vorher entwickelten frühsozialistischen Ideen, etwa eines C.H. de Saint Simon (gest. 1825), auf und entwickelten eigene christlich-katholisch geprägte Sozialideen und -initiativen. Dazu gehören die von A.F. Ozanam (gest. 1853) gegründeten Vinzenz-Konferenzen oder das von A. de Mun (gest. 1913) ins Leben gerufene "Œuvre des cercles catholiques ouvriers", das aber trotz seines Namens die Verantwortung für die Sozialwerke nicht direkt den Arbeitern selber zu übertragen wagte. Die Bedeutung all dieser Ansätze liegt somit in der Bewußtseinsbildung für die soziale Verantwortlichkeit, nicht aber in den konkreten Vorschlägen zur Gesellschaftsgestaltung. Wo solche gemacht wurden, sind sie durchweg und fast nostalgisch von früheren Formen her geprägt und daher wenig hilfreich für eine prospektive Bewältigung der anstehenden Probleme.

Wichtig bei diesem eher romantischen Zurückblicken war aber, daß man die mittelalterliche Scholastik neu zu studieren begann und deren Lehre vom Eigentum bzw. dessen naturrechtliche Begrenzung durch das Ge-

---

[2] Dieser Bewegung stand auch der sozial engagierte Bischof G. Radini-Tedeschi (gest. 1914) nahe, bei dem der spätere Papst Johannes XXIII. als junger Priester Sekretär war.

meinwohl von neuem aufgriff. Schon Thomas von Aquin (gest. 1274) hatte nämlich in seiner "Summa theologica" festgehalten, daß die Güter dieser Welt zunächst einer Gemeinwidmung unterstehen. Erst sekundär, d.h. wegen der größeren Sorgfalt im Umgang mit materiellem Besitz, der klareren Zuständigkeiten und der damit verminderten Konfliktgefahr, aus praktischen Gründen also, gehen sie ins Privateigentum über.[3] Dieses Verständnis konnte nun gesellschaftskritisch neu wirksam werden und etwa das Recht des Staates zum Eingriff in das Privateigentum um des größeren Gemeinwohls willen legitimieren. Damit war ein theoretisches Schlüsselproblem der sozialen Frage aufgeworfen, ohne daß sofort eine Abschaffung des Privateigentums im sozialistischen oder marxistischen Sinn postuliert werden mußte. Die Überzeugung, daß Ethik, d.h. das sittliche Gesetz, die Wirtschaft lenken müsse und diese sich nicht vollständig aus sich selber, "wie von unsichtbarer Hand geleitet" (A. Smith) reguliere, wurde so mehr und mehr zum Gemeingut der ethischen Überzeugung christlich engagierter Kreise.

Über die Art und Weise aber, wie dieses Sittengesetz in die konkreten wirtschaftlichen Abläufe einzugreifen hätte, gingen die Meinungen weiterhin deutlich auseinander. So vertrat etwa die sog. "Schule von Lüttich" (so nach dem Ort ihrer Sozialkongresse von 1886, 1887 und 1890 genannt) einen Staatsinterventionismus, während die sog. "Schule von Angers" mehr auf eine sittlich motivierte Privatinitiative abstellte. Zur ersten Schule ist dann vor allem der Österreicher K. von Vogelsang (gest. 1890) zu zählen, des weiteren F. Hitze (gest. 1921), der in frühen Jahren zwar zunächst kritisch gegenüber staatlichen Maßnahmen eingestellt war, sich später jedoch direkt sozialpolitisch engagierte und im deutschen Reichstag erheblichen Einfluß auf die Sozialgesetzgebung ausübte. Auf ihn geht schließlich die Gründung des ersten Lehrstuhls für die kirchliche Soziallehre in Münster/ Westf. und damit deren akademisch-universitäre Institutionalisierung zurück. In etwa gehören auch die allerdings wenig beachteten Ansätze des schon genannten hierher.

Führend in der Schule von Angers war dagegen der Belgier Ch. Périn (gest. 1905), der in seinem Hauptwerk über den "Reichtum in den christlichen Gesellschaften"[4] von 1871 staatliche Eingriffe ausdrücklich ablehnt. Daß der aus der "holländischen Erinnerung" staatsskeptische Belgier, wie übrigens auch über längere Zeit der vom Bismarckschen Kulturkampf geprägte Bischof Wilhelm von Ketteler (gest. 1877), einer solchen staatskritischen Sicht zuneigte, erstaunt wenig. Es zeigt aber einmal mehr, wie sehr die theoretischen Positionen von ihren konkreten Umfeldern und geschichtlichen Wurzeln abhängen.

Wie die eben genannten Namen des Mainzer Bischofs Ketteler oder Hitze schon andeuten, erfolgte die Entwicklung der sozialen Gedanken auch im sich etwas verzögert industrialisierenden *Deutschland* nicht einheitlich. Auf

---

[3] Vgl. S.th. II II 66,2.
[4] Der französische Titel lautet: "De la richesse des nations chrétiennes".

Forderungen nach staatsfreien Lösungen folgte in späteren Jahren der Ruf nach Einrichtung von Sozialhilfe über Versicherungen und Gesetze. Deutlich wird dabei auch, daß man sich hier keineswegs mehr mit bloß restaurativ-caritativen Lösungen zufrieden gab. So hat Bischof Ketteler schon 1848, also im Jahr der Pariser Wirren, aber auch im Erscheinungsjahr von Marx' Kommunistischem Manifest, mit seinen bekannten, noch im gleichen Jahr veröffentlichten Predigten zu den "großen sozialen Fragen der Gegenwart" die soziale Dimension angesprochen und sie 1864 in seiner Schrift über "Die Arbeiterfrage und das Christentum" nochmals herausgestellt. Nicht punktuelle Hilfsmaßnahmen, sondern staatsrechtliche Reformen, die zudem neben dem Industriearbeiter auch die Bauern und Handwerker berücksichtigen sollten, wurden hier ins Auge gefaßt. Die um die Mitte des Jahrhunderts entstehenden und von Bischof Ketteler kräftig geförderten katholischen Arbeitervereine wie auch die gleichzeitig von A. Kolping (gest. 1865) ins Leben gerufenen Vereinigungen katholischer Handwerker, die sog. "Gesellenvereine", ermöglichten bald auch eine breitere Abstützung der sozialreformerischen Ideen im Katholizismus und legten so den Grund für eine Gesamtkonzeption mit entsprechender Bewußtseinsbildung. Auf Initiative des Präsidenten des "Zentralkomitees der katholischen Vereine Deutschlands", K. zu Löwenstein (gest. 1921), war es auf diese Weise sogar möglich, in den sog. "Heider Thesen" von 1883 eigene Vorschläge zur Lösung der sozialen Frage vorzulegen.

Zwar waren diese Thesen noch immer am mittelalterlichen ständestaatlichen Modell ausgerichtet und sahen sogar eigentliche Zwangskörperschaften vor, die den Bedürfnissen einer modernen und mobilen Industriegesellschaft nicht mehr angemessen sein konnten. Aber sie bildeten dennoch den Ansatz zu einer eigenen strukturalen und damit sozialethischen Theorie, die später durch die breite Bildungsarbeit des von F. Brandt, L. Windthorst und F. Hitze 1890 gegründeten "Volksvereins für das katholische Deutschland" und dessen Zentrale in Mönchengladbach prägend weitervermittelt zu werden vermochte. Allerdings blieb auch die Idee der ständestaatlichen Ordnung, zunächst vor allem von K. von Vogelsang vertreten, weiter wirksam: Eine zunftähnliche Ordnung jenseits des Gegensatzes von Kapital und Arbeit sollte in einer sog. "berufsständischen Ordnung" die Gesellschaft prägen und entgegen der grundsätzlich auf dem Klassenkonflikt aufgebauten marxistischen Vorstellungen ein gesellschaftliches Harmoniemodell vorstellen. Diese Grundidee bleibt bedenkenswert, auch wenn konkrete Verwirklichungsversuche in nationalistischem Romantizismus in Österreich in den 1930er Jahren zum Scheitern verurteilt waren. Die fast gleichzeitig (1937) in der Schweiz sozialpartnerschaftlich abgeschlossenen, ersten sog. "Friedensabkommen" zwischen Unternehmern und Gewerkschaften sind nämlich, wenn auch in völlig anderer Weise, ein Beleg dafür, daß die Suche nach solchen Harmoniemodellen durchaus einen realistischen Weg zur Verbesserung der sozialen Gerechtigkeit darstellen kann und ohne Nostalgie prospektive und gerade unter christlichem Vorzeichen bedenkenswerte sozialethische Vorstellungen beizubringen vermag.

Tatsächlich haben sich in der spät industrialisierten *Schweiz* sehr früh neben den noch zu erwähnenden Initiativen im protestantischen Umfeld auch unter den Katholiken eigenständige und zukunftsweisende Modelle entwickelt. Zwar hatten die sozialreformerischen Experimente des Kapuziners Theodosius Florentini (gest. 1865) mit seinen als christlich-humanen Produktivgenossenschaften organisierten Fabriken keinen Erfolg. Wohl aber vermochte der Einsatz von Sozialpolitikern wie C. Decurtins (gest. 1916) oder E. Feigenwinter (gest. 1919) zusammen mit dem Pastoraltheologen J. Beck (gest. 1953) eine christlich-soziale Bewegung ins Leben zu rufen, die sozialreformerische Ideen wirksam in die katholischen Gruppierungen und deren "Katholisch-Konservative" Partei einzubringen vermochte. Noch bedeutsamer aber war, daß in Freiburg/Schweiz dank dieser Voraussetzungen ein Zusammenschluß sozialethisch Engagierter entstehen konnte, der unter dem Namen "Union de Fribourg" 1885 eine "katholische Vereinigung für soziale und wirtschaftliche Studien" ins Leben rief. Der damalige Bischof und spätere Kardinal G. Mermillod (gest. 1892) hatte diese Vereinigung nicht nur inspiriert, sondern ihr auch Teilnehmer aus verschiedenen europäischen Gruppierungen zugeführt. Vertreter der Studienkommission der französischen Arbeitervereine, der italienischen Studienzirkel für wirtschaftliche und soziale Fragen, aber auch spätere Mitglieder der auf Initiative Vogelsangs 1893 gegründeten deutsch-österreichischen "Freien Vereinigung katholischer Sozialpolitiker" trafen sich mit den schweizerischen Freunden und entwickelten gemeinsam ihre Ideen. Darüber wurde öffentlich nicht berichtet, doch unterrichtete Kardinal Mermillod regelmäßig den interessierten Papst Leo XIII. (gest. 1903) über den Fortgang dieser Arbeiten. Das auf seinen Wunsch hin 1889 nach Rom eingereichte Memorandum der "Union de Fribourg" bildete dann eine wesentliche Grundlage für die erste päpstliche Sozialenzyklika, die 1891 unter dem Titelwort "Rerum novarum" erschien.

Der praktische Realismus der Gespräche in der "Union", in der die theoretischen Unterschiede unter den Teilnehmern freilich nicht völlig auszugleichen waren, vor allem aber der Wille zu sozialen Lösungen, die sich nicht mit bloßen caritativen Maßnahmen begnügten, flossen dabei deutlich in den Text der Enzyklika ein. Daß dieses Rundschreiben damit sozusagen "von unten", d.h. aus an der kirchlichen Basis gewachsenen Ideen und Auseinandersetzungen entwickelt und nicht einfach von kirchlichen Experten "von oben" her konzipiert wurde,[5] dürfte gerade heute besondere Beachtung finden. Nicht weniger bedeutsam ist jedoch, daß sie trotz aller geschichtlich bedingten Unterschiede eine auf breitem theologischem Konsens basierende Bündelung sozialer Verantwortlichkeit der Christen er-

---

[5] Vgl. dazu auch L. Roos, Politische Theologie und Katholische Soziallehre - Versuch einer historisch vergleichenden Analyse im Interesse eines besseren gegenseitigen Verständnisses, in: Internat. kath. Zeitschrift "Communio" 10 (1981) 130-145.

möglichte, die das kurz darauf vom deutschen Kaiser Wilhelm II. geäußerte Wort von vornherein falsifizierte: "Die Herren Pastoren sollen sich um die Seelen ihrer Gemeinde kümmern, die Nächstenliebe pflegen, aber die Politik aus dem Spiel lassen, dieweil sie das gar nichts angeht."[6]

1.2 Die Enzyklika "Rerum novarum" und ihre unterschiedlichen Rezeptionen

Der ersten päpstlichen Enzyklika zur sozialen Frage kommt zunächst das Verdienst zu, als "Magna Charta" in der Arbeiterfrage (G. Gundlach) dieses Problem zentral in die Überlegungen zur christlichen Glaubensverwirklichung gerückt zu haben, ohne damit - und darin anders als die christlichen, adeligen Sozialromantiker der vorangehenden Jahrzehnte des 19. Jahrhunderts, aber auch anders als Karl Marx in seiner dialektisch-materialistischen Sicht - eine gesellschaftliche Entwicklung als gewollte Veränderung der sozialen Verhältnisse radikal abzulehnen. Weder Revolution noch Reversion in die Vergangenheit, sondern echte Evolution unter christlichen Idealen sollte angestrebt werden. Es geht um eine Reformpolitik, im Sinne etwa des deutschen Sozialwissenschaftlers G. Hertling (gest. 1919), welche die "kooperative Idee" voranbringen will und den Schutz der Rechte des Schwächeren, hier also des Arbeiters, als grundlegende Verpflichtung herausstellt. Nicht das Verhältnis zwischen Kapital und Arbeit nach den Bedingungen des Marktes, aber auch nicht ein naturrechtlicher Gesellschaftsvertrag stehen im Zentrum des Interesses, weil in solchen Vorstellungen menschliche Arbeit immer zur Ware herabgewürdigt würde. Im Mittelpunkt steht vielmehr der Mensch als solcher, der diese Arbeit leistet, sowie die Verteidigung seiner wesentlichen menschlichen Rechte.
Dazu wird als strukturelle Maßnahme das Recht auf den Zusammenschluß zur besseren Interessenvertretung gefordert, wobei diese Verbände eher gemischt aus Arbeitgebern und Arbeitnehmern vorgestellt werden. Aber auch eindeutige Interessenverbände wie Gewerkschaften werden, ohne daß das Wort selber verwendet wird, keineswegs ausgeschlossen. Ja, zu den Mitteln, die eigenen Interessen gegen Mächtigere durchzusetzen, gehört berechtigterweise als letzte Möglichkeit sogar die Kampfmaßnahme des Streiks. Zur Sicherung der eigenen Unabhängigkeit wird außerdem die Bildung von Eigentum in Arbeiterhand verlangt, wobei die Frage offenbleibt, welche Rolle dem Staat und seiner Gesetzgebung in dieser Sache zukommen soll. In jedem Fall aber geht es hier nicht mehr um zwischenmenschlich-ethische Forderungen, sondern erstmals um echt sozialethische Postulate, die Veränderungen in den gesellschaftlichen Strukturen anstreben.
Weitergehende Reformideen eines "christlichen Sozialismus" oder einer "berufsständischen Ordnung" fanden dagegen als Modellvorstellungen in

---

6   Zitiert nach W. Heierle, Kirchliche Stellungnahmen zu politischen und sozialen Fragen, Bern 1975, 29.

diesem Lehrschreiben keine direkte Unterstützung. Die Enzyklika vertritt eine mittlere Linie, eine Art päpstliche Pragmatik, welche die Divergenzen zwar nicht aufhebt, aber doch in den Hintergrund drängt. Unterschwellig bleiben sie weiterhin spürbar. So gab das päpstliche Lehrschreiben dem sozialen Anliegen in der Kirche eine gewisse und dringend nötige Einheit, zumal die päpstliche Autorität seit dem I. Vatikanischen Konzil von 1870 kritische Stimmen jeweils rasch verstummen ließ. Es wirkte unter den divergierenden Strömungen wie ein ausgleichender Schiedsspruch. Darüber hinaus aber hat die Enzyklika bei aller vordergründigen Pragmatik in ihrer naturrechtsethischen Relativierung des unbedingten Rechts auf Privateigentum an Produktionsmitteln zugunsten des Gemeinwohls der gesamten Katholischen Soziallehre eine ontologisch-schöpfungstheologische Grundlage gegeben, die künftig Reformideen kritisch zu bündeln vermochte.

Damit eröffnete die Enzyklika den "Einsichtigen den Weg der christlichen sozialen Demokratie"[7], in welche schrittweise die Arbeiterschaft integriert werden sollte. Die Wege einer solchen Integration ließ sie allerdings noch weitgehend offen: Ob Gesellschaft und Staat über christliche, möglichst klerikal geführte Parteien und Verbände christlich geprägt werden sollten, wie es der Meinung der von manchen Bischöfen, aber auch von Papst Pius X. favorisierten sog. "Berliner Richtung" in Deutschland entsprochen hätte, oder ob dies über das Mitwirken der Katholiken in entklerikalisierten, überkonfessionellen Verbänden geschehen sollte - so die Ansicht der gegenläufigen "Kölner Richtung" -, wurde nicht endgültig entschieden. Die von den Päpsten von Pius X. bis Pius XII. geförderte sog. "Katholische Aktion" zeigte zwar klar in die erste Richtung, ohne daß dadurch die "sozialen Katholiken" oder die "ligue démocratique belge" (auch nicht in der Enzyklika "Pascendi" von 1907) als kirchlich unzulässig oder modernistisch verurteilt worden wären. In Deutschland entstanden damals sogar sog. "christliche", d.h. konfessionell gemischte Gewerkschaften, die teilweise auch bischöfliche Unterstützung fanden. Daß heute, vor allem nach den Entwicklungen nach dem II. Vatikanischen Konzil, manche Katholiken wieder mehr nach dem "Kölner Modell" zu denken scheinen, ist in dieser Tradition somit keineswegs ein Bruch in der eigenen Lehre, sondern entspricht einer nie ganz aufgegebenen Vielfalt in der einen grundlegenden Ausrichtung: Die Form der Einflußnahme kann über geschlossene katholische "Pressure Groups" oder über eine sauerteigähnliche Durchdringung angestrebt werden, je nach den verschiedenen gesellschaftlichen Situationen, in denen die christlichen Ideale gesellschaftlich vermittelt werden müssen.

Trotzdem blieben diese verschiedenen Formen gegenseitig nicht unbestritten. So entwickelte sich etwa in Nordfrankreich unter den sog. "Abbés démocrates" eine eigenverantwortliche Interessenwahrnehmung durch die Arbeiter und ihre Verbände, die im Blick auf eine auch ethisch verantwortete, christlich-soziale Demokratie hin arbeiteten und dafür auch Unter-

---

[7] Aubert, a.a.O., 132.

stützung seitens der Hierarchie fanden, während sie von Kreisen der "Integralisten" des Modernismus verdächtigt wurden und gewisse Radikalisierungen schließlich sogar Verurteilungen nach sich zogen. Nicht zuletzt dank der seit 1904 eingeführten Weiterbildungsveranstaltungen der sog. "Semaines sociales de France" gelang es jedoch, eine eigene, sozial sehr aufgeschlossene und aktive Ausprägung der Katholischen Aktion aufzubauen, welche die Katholische Soziallehre praxiswirksam in die Gesellschaftsgestaltung einfließen ließ. Dies wiederum zog neuerliche Anfechtungen seitens der traditionalistisch eingestellten politisch-katholischen Kreise wie vor allem der sog. "Action Francaise"[8] nach sich. Die in den 1950er Jahren aus diesen sozialen Bewegungen entstandene, zwar umstrittene, aber nichtsdestoweniger bis heute weiter wirkende Arbeiterpriesterbewegung zeigt dennoch, welche Dynamik innerhalb dieser Katholischen Soziallehre und der von ihr inspirierten Bewegungen immer wieder möglich wurde.

Auch in Italien, wo die patriarchalisch-antiliberale "opera dei congressi" weiter existierte, entstanden im Anschluß an die Enzyklika "Rerum novarum" neue soziale Strömungen. In Anbetracht des unter Pius X. starken sog. "Antimodernismus" und einer weitgehenden Skepsis gegenüber demokratischen Ansätzen blieb das Schicksal dieser Aufbrüche allerdings recht wechselhaft. Ein Teil ihrer Anliegen, besonders hinsichtlich einer sozialen Gesetzgebung, vermochte auch hier in die "Katholische Aktion" eingebracht zu werden, von wo es nach der Aussöhnung zwischen dem italienischen Staat und dem Heiligen Stuhl und vor allem nach dem Zweiten Weltkrieg bzw. nach dem Aufbau des neuen Italien durch die Partei der "Democrazia cristiana" praktisch politisch relevant zu werden vermochte.[9]

Nimmt man diese Beobachtungen zusammen, so läßt sich für die Enzyklika "Rerum novarum" als besonders wichtige Eigenheit die Bündelung der Ansätze aus der ihr vorangegangenen Zeit leicht festhalten. Es geht dabei erstens um die Akzeptanz der christlichen sozialen Anliegen sowie deren Integration in die demokratisch-liberalen Formen der staatlichen Organisation, wobei dieser Prozeß allerdings unter kirchlicher Kontrolle bleiben sollte. Gesichert werden zweitens die gerechtfertigten Ansprüche der Arbeiter durch eine naturrechtliche Begründung, während die verschiedenen Formen des Verständnisses in ihrer Divergenz durch die päpstliche Autori-

---

[8] Typisch dafür ist die - allerdings erfolglose - Denunziation des aktiven Arbeiterseelsorgers und später für die Reformen des II. Vatikanischen Konzils bedeutsamen Bischofs und Kardinals Achille Liénard aus Lille (gest. 1973) durch solche integralistischen Kreise, zu denen damals auch noch die Familie des dann traditionalistisch dissidenten Bischofs Marcel Lefèbvre gehörte.

[9] Typisch dürfte hier die Situation der Familie Montini in Brascia sein: Im Haus des Vaters, Redakteur des "Sitadino di Brascia", verkehrte der aufgeschlossene, vom Verdacht des Modernismus nicht freie Bergamaskerbischof G.M. Radini-Tedeschi (gest. 1914) und sein Sekretär A.G. Roncalli (gest. 1963). Das sozialen Belangen gegenüber aufgeschlossene Klima brachte dann nicht nur den für die soziale Wende der 1960er Jahre in Italien bedeutenden Senator Montini hervor, sondern prägte auch die beiden sich später nachfolgenden und stets freundschaftlich verbundenen Päpste Johannes XXIII. (Roncalli) und Paul VI. (Montini), deren entscheidender Einfluß auf die Entfaltung der Katholischen Soziallehre ohne diesen Hintergrund kaum denkbar ist.

tät in eine gewisse Einheit gebracht werden. Diese Einheit ergibt drittens den Ansatz zu einer eigenen "Lehre", die vor allem in den deutschsprachigen Ländern weitergeführt wurde und durch die Errichtung eigener Lehrstühle für "Christliche Sozialwissenschaften" an den Universitäten besondere Förderung erhielten.

Daneben aber gibt es nach wie vor erhebliche Unterschiede vor allem hinsichtlich der Autonomie der Laien in der politischen Wirklichkeit wie hinsichtlich der Rolle des Staates bei der Sicherung von sozialen Forderungen. Allerdings bleiben diese Unterschiede bis 1958, d.h. bis zum Ende des Pontifikats von Pius XII., einigermaßen latent, was nicht heißt, ohne jede Wirkung. Mit dem Beginn der Vorbereitungen auf das II. Vatikanische Konzil und der unter Johannes XXIII. einsetzenden Erneuerung der Kirche sollten sie dann erneut deutlich spürbar werden. Vorerst aber dominiert der Eindruck einer Einheit, welcher durch die Enzyklika "Quadragesimo anno" Pius' XI. (1931), die eindeutig systematische Züge aufweist, noch deutlich verstärkt wird.

1.3 "Quadragesimo anno" - ein Markstein für 30 Jahre

In Anbetracht der eben skizzierten Entwicklung erstaunt es nicht, wenn die Katholische Soziallehre nicht als System, sondern eher als ein "Gefüge offener Sätze" (H.J. Wallraff) bezeichnet wird. Besser als eine geschlossene Idee vermag ein solches Gefüge mit einer flexiblen Dynamik auf die Bedürfnisse der verschiedenen konkreten Gesellschaften und deren Entwicklungen Rücksicht zu nehmen. Dennoch wurde diese Chance zunächst eher als eine Belastung empfunden. Seit den 1920er Jahren, angesichts der kollektivistisch-totalitären Ideologien des Marxismus als Kommunismus und des Nationalsozialismus, wurde eine geschlossen-systematische Begründung der eigenen Position immer wichtiger. So waren es denn weniger die direkten sozialen Veränderungen als die ideologischen geistesgeschichtlichen Gegebenheiten, welche 40 Jahre nach dem Erscheinen von "Rerum novarum" das Bedürfnis nach einer neuen päpstlichen Stellungnahme wach werden ließen. Auf Anregung des damaligen Jesuitengenerals, V. Ledochowski, ließ Papst Pius XI. daher den Entwurf zu einem neuen Rundschreiben erarbeiten. Über den Jesuitengeneral wurde damit der deutsche Jesuit O. von Nell-Breuning beauftragt. Anders als bei der Entstehung von "Rerum novarum", wo sich über die "Union de Fribourg" eine breite Palette von Initiativen im Bereich des Sozialen einzubringen vermochte, war hier schon von der Wahl des Bearbeiters her die Tendenz zu Einheit und Systematik vorgegeben. Die divergierenden Linien der verschiedenen Schulen blieben so im Hintergrund.

Von Nell-Breuning hat allerdings nicht völlig allein gearbeitet. Vielmehr gehörte er persönlich dem sog. "Königswinterer Kreis" an, in welchem sozial interessierte Vertreter der katholisch-sozialen Bewegung über eine

"Reorganisation von Gesellschaft und Wirtschaft nach berufsständischen und leistungsgemeinschaftlichen Grundsätzen" nachdachten.[10] Hier konnte von Nell-Breuning mit fachlich qualifizierten und engagierten Partnern unter Wahrung der unbedingten Diskretion die anstehenden Fragen neutral diskutieren und Anregungen und Kritik einholen. Der führende Kopf in dieser "Inkognito-Expertengruppe" war, wie von Nell-Breuning später selber bekannt hat, G. Gundlach (gest. 1963), "der nicht nur in allen sozialphilosophischen, sondern auch in allen gesellschaftspolitischen Grundsatzfragen die Haltung des Kreises maßgeblich bestimmt hat"[11].

Dabei brachte Gundlach das philosophisch-theologische Moment in einer neuscholastischen Prägung als systematische Grundlage in die Diskussion ein. Von der Philosophie und Theologie herkommend, hatte er zudem als Mitarbeiter des Sozialwissenschaftlers H. Pesch SJ (gest. 1926) in Berlin beim berühmten W. Sombart (gest. 1941) noch in Volkswirtschaft promoviert und dabei im sog. "Werturteilsstreit" im Sinne Peschs gelernt, ein rein positivistisches Verständnis der Sozialwissenschaften abzulehnen. Sein Anliegen war es vor allem, der Katholischen Soziallehre eine metaphysisch-seinsphilosophische Grundlage zu geben und sie auf einem personalistischen Verständnis aufzubauen. Diese Sicht vertrat er im "Königswinterer Kreis" und vermochte sie auch in die Gespräche mit von Nell-Breuning für die zukünftige Enzyklika einzubringen. Die Enzyklika "Quadragesimo anno", die 1931 zum 40. Jubiläum von "Rerum novarum" erschien, ist so zwar von O. von Nell-Breuning entworfen. Geistig trägt sie aber die systematischen Züge des Denkens Gundlachs. Folgende Züge sind dabei besonders herauszuheben:

Schon "Rerum novarum" hatte in der Gemeindebestimmung der Güter dieser Welt und in der damit verbundenen Forderung der Eigentumsbildung in Arbeiterhand wie bei der Hervorhebung der Selbsthilfe des Arbeiters und einer entsprechenden Sozialpolitik des Staates die menschliche Person vor das Funktionieren der Wirtschaft gestellt und eine entsprechende mitmenschliche Solidarität gefordert. Nur waren diese Postulate wie angedeutet teils in Anbetracht der Neuheit der Fragestellung, teils wegen des zwischen den verschiedenen Ansätzen gesuchten Ausgleichs noch wenig systematisch ineinander komponiert. Nun lag das Ziel bei der Erarbeitung einer grundsätzlichen Gesellschaftsform und Gesellschaftstheorie, und zwar unter Wahrung des freilich sozialpflichtigen Privateigentums und der subsidiär zu stützenden Einzelperson bzw. ihrer kleineren Gruppe. Im Vordergrund stand damit das "Subsidiaritätsprinzip" als Gegengewicht zum "Solidaritätsprinzip". Es galt, sowohl die sozial-gemeinschaftliche wie die personal-individuelle Verfaßtheit des Menschen zum Tragen zu bringen. Die da-

---

[10] Vgl. dazu J. Schwarte, Gustav Gundlach (1892-1963), Paderborn 1975, 38 (unter Verweis auf Zeugnisse von F.H. Müller).

[11] Ebd. 39. Ein ursprünglich geplanter pastoraler Teil aus französischer Hand scheint schon vor der Endredaktion "eingearbeitet" worden zu sein (Auskunft von D. Mangenes, im Zusammenhang mit dessen Buch Le mouvement social catholique en France an XXe siècle [Paris 1990]).

für stipulierte "berufsständische Ordnung" zeichnete sich zwar nicht durch die romantische Nostalgie einiger der Vordenker aus (wie etwa eines K. von Vogelsang); es geht nicht um die Wiederherstellung einer ständischen Ordnung von Zünften, wie sie im Mittelalter bestanden hatte. Dennoch sollte jenseits der Klassengegensätze und vor allem jenseits des von den Marxisten geforderten Klassenkampfes die vertikale Gliederung der einzelnen Unternehmungen als Produktionsgemeinschaften zum sozialen Ordnungsprinzip gemacht werden. Diese Untergruppierungen als selbständige soziale und wirtschaftliche Einheiten sollten tunlichst ohne staatliche Intervention und ohne staatliche Regelungen ethische Verantwortung in eigener Kompetenz wahrnehmen - ein Gesichtspunkt, der in neuester Zeit vor allem in der US-amerikanischen sog. "corporate ethics" als Ethik von Unternehmen neue Beachtung findet.[12]

In Anbetracht der gerade zu jener Zeit machtvoll vordrängenden Kollektivismen (des marxistischen Kommunismus wie des Nationalsozialismus), deren Gefahren besonders Gundlach von Anfang an klarsichtig hervorgehoben hatte, war diese grundsätzliche Ausrichtung ein gesellschaftsgeschichtlich gesehen nötiges Gegengewicht. Innerhalb der Katholischen Soziallehre wurde es zudem um so deutlicher betont, als Gundlach, seit 1938 ganzzeitlich Professor an der Päpstlichen Universität Gregoriana in Rom, von 1939 an zu dem in sozialen Belangen entscheidenden Berater des neuen Papstes, Pius XII., wurde. Die Formel, die Pius XII. (noch als Nuntius Eugenio Pacelli in Berlin) schon 1929 auf dem Freiburger Katholikentag geprägt hatte, nämlich "aus der Auseinandersetzung zwischen den Klassen zur einträchtigen Zusammenarbeit der Stände zu kommen", atmet schon den Geist Gundlachs und wird typisch für die weitere Entwicklung der Katholischen Soziallehre. Freilich hat diese damit eine ihrer Ausprägungen, nämlich die deutsche Richtung der Auseinandersetzung, deutlich in den Vordergrund geschoben. Andere Auffassungen, die solidarische Zusammenschlüsse über alle weltanschaulichen Grenzen hinweg befürworteten und damit die säkulare und pluralistische Gesellschaft wohl besser berücksichtigten, traten in den Hintergrund. Diese insbesondere im romanischen und französischen Bereich gepflegten Ansichten, wie sie etwa in der Zeitschrift "Témoignages chrétiens" oder dann vor allem in der Arbeiterpriesterbewegung zur Geltung kamen, haben damit in der Katholischen Soziallehre jener Jahre keine Beachtung gefunden, wenn sie nicht gar, wie etwa die Arbeiterpriester unter Pius XII., abgelehnt und verboten wurden.

Die Folge dieser Entwicklung war einerseits, daß nun eine auf der neuscholastischen, philosophischen Grundlage und ihrer Naturrechtslehre aufbauende, geschlossene Systematik die Katholische Soziallehre auszuzeichnen begann. Diese Systematik beeindruckte in ihrer Geschlossenheit und prägte das Sozialverständnis vor allem der Katholiken im deutschsprachigen Raum. Insofern dort die Klassengegensätze ohnehin geringer waren

---

[12] Vgl. dazu die Übersicht von K.W. Dahm, Unternehmensbezogene Ethikvermittlung, in: ZEE 33 (1989), 121-147.

und ein starkes Verbandswesen den Katholizismus strukturierte, waren die Voraussetzungen dafür sogar besonders günstig, zumindest solange der Nationalsozialismus dieses Gesellschaftsverständnis in der Praxis nicht ohnehin zerstörte. Um so stärker konnte dann der Einfluß des Katholizismus nach dem Zusammenbruch von 1945 im westlichen Teil Deutschlands werden, zumal die atheistische kommunistische "Gefahr aus dem Osten" die Meinung aller Gläubigen noch zusätzlich in diese Richtung wies. Daß in anderen Teilen Europas, vorab in Frankreich, aber auch in Italien, andere, dem Sozialismus gegenüber freundlichere Tendenzen wirksam geblieben waren, entging weitgehend der Aufmerksamkeit. Die Arbeiterpriesterbewegung in Frankreich, die aus der Widerstandsbewegung gegen die deutsche Besatzung, der "Résistance", herausgewachsen war und mit marxistischen, ja sogar kommunistischen Ansätzen wenig Berührungsängste zeigte, ist dafür ein typisches Beispiel. Das lehramtliche Unverständnis für diese Form von Zeugnis christlicher Ideale in der modernen Industriegesellschaft, das 1954 sogar zum Verbot der Arbeiterpriester führte, zeigt aber auch, wie wenig man diese Form kirchenoffiziell als genuin christliche zu verstehen vermochte. Dieses Mißtrauen gegenüber sozialem Engagement zeigt, wie sehr eine solche Engführung schon in der Katholischen Soziallehre Platz zu greifen begonnen hatte. (Man denke an die Kritik, die diesbezüglich der spätere Papst Paul VI. als Substitut am Staatssekretariat bis zu seiner Ernennung zum Erzbischof von Mailand im Jahr 1954 erfuhr, oder die Skepsis gegenüber den neuen, gemäßigten Programmen der sich nun ausdrücklich sozialdemokratisch verstehenden Parteien wie etwa der SPD in der Bundesrepublik Deutschland mit ihrem sog. "Godesberger Programm" von 1959.)

Daß diese geistigen Strömungen damit allerdings nicht einfach verschwanden, sondern weiter wirkten (u.a. weil sie nie eigentlich aufgearbeitet worden waren), steht damit geistesgeschichtlich zu erwarten. Ihre erneute Virulenz war eigentlich nur eine Frage der Zeit, deren Augenblick mit dem Tod Pius' XII. allerdings besonders unerwartet und heftig einsetzte. Mit der Wahl des weitgehend unbekannten, damals schon älteren Angelo Guiseppe Roncalli, der vorher Patriarch von Venedig und davor Nuntius in Sofia/Istanbul und Paris gewesen war, hatte ein sozial aufgeschlossener und aus der italienischen Sozialkritik stammender Mann das Amt des Papstes übernommen. Die Einberufung eines Erneuerungskonzils, aber auch die Veröffentlichung einer Sozialenzyklika im Jahr 1961 - also 70 Jahre nach "Rerum novarum" - zeigten bald, daß hier ein neuer Zug in die Katholische Soziallehre kam. So wenig dieser Umschwung in den Kreisen des nach 1945 vor allem in der Bundesrepublik Deutschland gewachsenen traditionellen Katholizismus und seiner Rezeption der Katholischen Soziallehre zunächst bemerkt wurde, so sehr begann diese Wende die Folgezeit bis heute zu prägen.

1.4 "Mater et magistra" - ein neuer Aufbruch

Wenn schon die Ankündigung eines Konzils im Jahr 1959 durch Papst Johannes XXIII. in seinem ersten Pontifikatsjahr im Zeichen des "Aggiornamento" der Kirche stand und die Welt aufhorchen ließ, so bestätigte seine erste Sozialenzyklika mit dem Titel "Mater et magistra" erneut diesen bei aller grundsätzlichen Einheit der Soziallehre doch als Trendwende empfundenen neuen Stil in Auseinandersetzung und Verkündigung. Für dieses Jubiläumsrundschreiben war ein erster Entwurf noch von den bisherigen Beratern, vorab von Gundlach, konzipiert worden. Er vermochte aber nicht mehr voll zu befriedigen und wurde unter Beizug vor allem auch französischsprachiger Experten (die Namen der Dominikaner M.D. Chenu, gest. 1990, und L.J. Lebret, gest. 1966, sowie P. Bigo und P. Pavan, geb. 1903, werden dabei am meisten genannt) so grundlegend überarbeitet, daß der Eindruck einer Wende sogar seitens der bisherigen Experten benannt wurde.

Tatsächlich akzeptierte dieses neue Lehrschreiben Elemente als erwägenswert, die bisher für die praktische Politik durchwegs abgelehnt wurden. Sogar Prozesse einer Vergesellschaftung von Produktionsmitteln, d.h. eine "Sozialisierung", bzw. deren Einfluß auf das wirtschaftliche Geschehen wurden bedacht. Wesentlich deutlicher als bisher wurde damit der Stellenwert des naturrechtlich gesicherten Privateigentums relativiert, während bei aller Betonung der Sozialpflichtigkeit des Eigentums bis dahin doch die naturrechtlich begründete freie Verfügung über die Kapitalmittel im Vordergrund stand. Die Schwerpunkte hatten sich verschoben: Statt der in Eigenständigkeit des einzelnen hervorhebenden Subsidiarität rückte eine betont weltweit verstandene und über den Industriebereich hinaus auch die landwirtschaftlichen Belange berücksichtigende, also wirklich umfassende Solidarität in den Vordergrund des Interesses. Mitbestimmung bei allen Entscheidungsprozessen, die sog. "Cogestion", und die Beteiligung an Besitz und am Gewinn produktiver Tätigkeiten wurden unter dem Stichwort der "Partizipation" zu selbstverständlichen, in der personalen Würde des Menschen begründeten ethischen Forderungen. Obwohl nie ausdrücklich verwendet, stand in der öffentlichen Diskussion damit das ursprünglich marxistische und oft als bloßer Laborismus mißverstandene Schlagwort von "Arbeit vor Kapital" erneut und kontrovers zur Debatte. Die Enzyklika darf zwar keinesfalls im Sinn solchen klassenkämpferischen Laborismus interpretiert werden. Aber die Persönlichkeit des arbeitenden Menschen und seine Rechte und Ansprüche stehen doch so eindeutig im Mittelpunkt, daß die Sachwerte trotz des Einsatzes und des Risikos ihrer Eigner und auch trotz deren persönlicher Rechte erst relativ auf die im Arbeitsprozeß stehenden Menschen bedacht werden.

Neben dieser sich in den Grundbegriffen der Enzyklika schon ankündigenden inhaltlichen Wende ist auch im Stil ein deutlicher Wandel festzustellen. Es herrscht nicht mehr das abstrakte, neuscholastisch-naturrechtliche Argument vor, sondern die soziologische Analyse bestimmt die Gedankenführung. Der Dialog mit den humanwissenschaftlichen (nicht bloß wirtschaftswissenschaftlichen) Erkenntnissen hat Vorrang vor der Belehrung, so wie es der französisch/italienischen Sozialtradition und ihrem Bemühen um eine soziale Gewissensbildung immer schon eigen war. Die Bemerkung eines seit langem aufmerksamen Beobachters der deutschen wie der französischen Szene, des Zürcher Sozialethikers J. David, trifft die Situation genau, wenn er schreibt: "So sehr manche die Präzisierung der Formulierung und die Stringenz der Beweisführung früherer Verlautbarungen vermissen, so hörbar haben andere aufgeatmet, daß nun endlich die Bahn frei sei zu echten Diskussionen über die Sache, statt über Texte."[13]

Vor allem aber hat die Betonung der Solidarität als Leitprinzip in Anbetracht der mit dem Ende des Zweiten Weltkriegs einsetzenden weltweiten Entkolonialisierung und der dabei ins Bewußtsein rückenden Problematik der sog. "Dritten Welt" und ihrer Entwicklungsprobleme eine für die Soziallehre unerläßliche Verlagerung des Schwerpunktes mit sich gebracht. Die weltweit zunehmende Verflechtung der Wirtschaft und damit der Machteinfluß von multinationalen Konzernen konnte und mußte in die Diskussion eingebracht werden. Man begann Fragen nach den Kosten wirtschaftlicher Entwicklung oder nach Macht- und Herrschaftsbeziehungen, die oft direkte Unterdrückung bewirkten, offen zu stellen. Die Betonung entsprechender Verantwortlichkeit und ethischer Inpflichtnahme mußte allerdings dort als ungerechte Kritik empfunden werden, wo die marktwirtschaftlichen Mechanismen in sozialer Rahmenordnung zu wahren Wirtschaftswundern geführt hatten und die sog. "soziale Marktwirtschaft" daher als eine ethische Erfüllung der Soziallehre der Kirche empfunden wurde. Was aber, wie etwa in der Bundesrepublik Deutschland, auf ein Land allein bezogen (also nationalökonomisch verstanden) weitgehend zutreffen kann, braucht deswegen global-ökonomisch noch keine auch sozialethisch zu verantwortende Ordnung zu bedingen. Die Akzentverschiebung von der "liberalen" Subsidiarität auf die "sozialere" Solidarität trägt vor allem diesen globalen Zusammenhängen und den mit ihnen verbundenen ethischen Problemen Rechnung. Daß sie sich in der Folge noch deutlich verstärkte, ist daher sozialethisch zu begrüßen.

Die zweite mit sozialer Problematik befaßte Enzyklika Johannes' XXIII., "Pacem in terris" (1963), die im Rahmen der Friedensproblematik erstmals auch positiv zu den Menschenrechten Stellung nahm,[14] wies in die gleiche Richtung. Hier hatte der schon seit der Überarbeitung von "Mater et magistra" aktive Pavan die Federführung inne und akzentuierte deren Schwerpunkte. Aufgegriffen wurde diese Thematik aber vor allem auch von der der französisch/belgischen Tradition und der darin besonders herausgehobenen Dritte-Welt-Verantwortung verpflichteten Vorlage für eine Pastoral-

---

13 Vgl. Orien. 25 (1961) 202.
14 Vgl. dazu F. Furger, Weltgestaltung aus Glauben, Münster 1989, 74-109: Menschenrechte als Gestaltungsprinzip.

konstitution des II. Vatikanischen Konzils über "die Kirche in der Welt von heute", die als sog. "Schema XIII" bezeichnenderweise vom Brüsseler Kardinal Josef Suenens in die Konzilsdebatte eingebracht worden war.
Wie von seiner Familientradition her kaum anders zu erwarten, fand dieses Anliegen sogleich die deutliche Unterstützung von Kardinal Giovanni Battista Montini (gest. 1978), der seinerseits noch 1963 zum Papst gewählt wurde und als Papst Paul VI. das Konzil und damit auch dessen Pastoralkonstitution verabschieden sollte. Unter dem Titel "Gaudium et spes" begründete dieser Konzilserlaß seit 1965 einen wirklichen Aufbruch der Kirche in weltsolidarischer Verantwortung, der seither in den Aktivitäten zahlreicher christlicher Hilfswerke für die Entwicklung der Völker finanziell wie vor allem auch im persönlichen Einsatz eine konkrete Verwirklichung gefunden hat. Auf der theologischen Ebene greifen dieses Anliegen vor allem die befreiungstheologischen Aufbrüche in Lateinamerika auf, die sich, ausgehend von der Reflexion über die Solidarität und Eigenverantwortung (verstanden vor allem als sog. "Self-reliance"), zu einer eigenständigen sozialen Theologie zu verbinden begannen und sich dafür auch bald auf bischöflich erarbeitete Grundlagenpapiere stützen konnten. Die Erlasse der vereinigten lateinamerikanischen Bischofskonferenzen (CELAM) in ihren Versammlungen von Medellín (1968) und Puebla (1979) sind Marksteine für diese allerdings innerkirchlich und in der Katholischen Soziallehre kontrovers diskutierte Entwicklung.
Wenn "Rerum novarum" von 1891 als die "Magna charta der Arbeiterfrage" bezeichnet worden ist, insofern sie die "soziale Frage" des 19. Jahrhunderts, nämlich die Not des Industrieproletariates aufgriff, so muß das nächste, die weltweite Not der Unterentwicklung thematisierende sozialethische Rundschreiben Pauls VI., "Populorum progressio" von 1967, wohl als die "Magna charta christlicher Weltsolidarität" in die Geschichte eingehen. Jedenfalls ist diese Enzyklika, die fast wörtlich den Entwurf des kurz vor ihrem Erscheinen verstorbenen L.J. Lebret (gest. 1966) übernimmt, sozusagen das Scharnier für diesen solidarisch-partizipativen Aufbruch. Dieser prägt seit dem Konzilsende von 1965 die Katholische Soziallehre und sichert ihr ein zwar nicht immer von den wirtschaftswissenschaftlichen Fachleuten geteiltes, aber doch breites Interesse der christlichen Ökumene wie vor allem auch der säkularen Weltöffentlichkeit. Die Würdigung der Enzyklika "Populorum progressio" durch Papst Johannes Paul II. in seiner anläßlich des 20jährigen Jubiläums erschienenen Enzyklika, "Sollicitudo rei socialis" (1987), zeigt, wie sehr diese Enzyklika in ihrer Bedeutung für die Katholische Soziallehre derjenigen von "Rerum novarum" auch offiziell angenähert ist.
Das apostolische Schreiben "Octogesima adveniens", das Paul VI. 1971 zum 80. Geburtstag der Enzyklika "Rerum novarum" veröffentlicht hat, wie das Jubiläumsschreiben "Laborem exercens" von Johannes Paul II. zum 90. Jubiläum bestätigen ebenfalls diese mit dem Konzil begonnene Tendenz der Betonung der globalen Solidarität aus christlichem Weltauftrag. Dabei ist

- nun allerdings nicht mehr auf nationale Bereiche begrenzt, sondern weltweit verstanden - hinsichtlich des klassischen Problems der Beziehung von Kapital und Arbeit der letzteren eindeutig die vorrangige Sorge zugeordnet. Ohne deshalb in einen simplen Laborismus zu fallen, werden hier die Rechte und Interessen des arbeitenden Subjekts in materieller wie vor allem auch in immaterieller Hinsicht (Forderung nach Mitbestimmung, nach einer weitgehenden Sicherung des Arbeitsplatzes u.ä.) vor diejenige für die objektiven Werte gestellt. Vom Unternehmer als dem, wie es in "Laborem exercens" heißt, direkten Arbeitgeber wie vor allem von den staatlichen und internationalen Ordnungen als den "indirekten Arbeitgebern" werden die entsprechenden konkreten Prioritäten als Gebot christlicher Sittlichkeit gefordert. Mit diesen Forderungen, die sich an eine Sozial- und Wirtschaftsordnung als Ganzes richten, hat die Katholische Soziallehre gleichzeitig aber auch definitiv den Stand einer eigentlichen Sozialethik gefunden: Es geht, allerdings begründet in den Entscheidungen einzelner Menschen, um die Ordnungsprobleme gesellschaftlicher Gestaltung und nicht mehr nur um direkte Aktionen in den zwischenmenschlichen Beziehungen.

Die eben genannte Enzyklika "Sollicitudo rei socialis" bestätigt diesen Kurs noch zusätzlich, indem sie nicht unkritisch, aber auf das Ganze gesehen und nach einer längeren Diskussionsphase doch durchaus positiv die Anliegen der lateinamerikanischen Befreiungstheologen in den Bereich der Katholischen Soziallehre einbezieht und diese gleichzeitig als einen integrierenden Bestandteil der Moraltheologie als Ganzes versteht (Nr. 41). Auch ist der Stil dieser neueren Lehrschreiben nicht mehr derjenige der Theorie, sondern derjenige der paränetischen Verkündigung, die aus christlicher Verantwortung, wo nötig kritisch warnend, vor allem aber ermunternd und zu einem dem Liebesgebot verpflichteten Engagement aufrufen will: Die Sorge um das Gemeinwesen, also politische Verantwortung, gehört zu den wesentlichen Verpflichtungen, die sich dem Christen vom Evangelium her aufdrängen. Dies herauszustellen und konkret anzumahnen, wird damit zur eindeutigen Aufgabe der Katholischen Soziallehre.

Es versteht sich von selbst, daß dies alles keine Leugnung des in der ersten Entwicklungsphase der christlichen Soziallehre (also in den Jahren 1891-1961) Entfalteten bedeutet. Denn die grundlegende Zielsetzung der personalen Entfaltung des Menschen im sozialen Zusammenhang, also unter dem Anspruch des Gemeinwohls, ist ebenso konstant geblieben wie die Ablehnung rein individualistisch-liberaler oder kollektiv-sozialistischer Gesellschaftsordnungen. Beide vermögen dem Wesen des Menschen als einer nur in und dank mitmenschlicher Gemeinschaft und Gesellschaft individuellen Persönlichkeit nicht zu entsprechen. Damit gehört aber auch das stets neu nötige Bemühen um ein Gleichgewicht zwischen dem Subsidiaritäts- und den Solidaritätsprinzip als eine konstante sozialethische Herausforderung zum integrierenden Bestand einer echten christlichen Soziallehre. Denn die Eigenständigkeit der einzelnen Persönlichkeit (bzw. ihrer kleineren Gruppierungen) muß stets neu in den mitmenschlichen Zusammenhang eingebracht werden. Gerade diese Herausforderung aber ist nicht abstrakt zu denken und zeit- und raumlos gültig, sondern nur in je anderen und wechselnden epochalen wie kulturellen Veränderungen verwirklicht und auch nur darin denkbar.

Dies bedeutet dann aber auch, daß jede echte Sozialethik, gerade um der Treue zu ihren eigenen Prinzipien willen, ihre Akzentsetzungen und Schwerpunkte epochal verlagern muß, daß sie sich besonderer Zuspitzungen in Kritik wie in neuerschlossenen Möglichkeiten bewußt zu werden hat und auch gleichzeitig in einer gewissen Bandbreite mit unterschiedlichen Lösungen wird rechnen müssen. Das Beispiel für die Forderung nach Privateigentum in Sozialpflichtigkeit ist dafür typisch, zeigt doch gerade die fast 100jährige Entwicklung der Soziallehre, wie die konkrete Verwirklichung eines verantworteten Umgangs mit Eigentum von einer Ordnung der sozialen Marktwirtschaft bis hin zu gewissen Formen der Sozialisierung einzelner Berufs- und Produktionszweige reichen kann. Über die zu treffenden Lösungen entscheiden so nicht apriorisch die Prinzipien, sondern die freilich in "ihrem Licht" zu suchende, den konkreten Umständen entsprechende Effektivität und Durchführbarkeit. Dabei rückt offensichtlich die einst so zentrale Frage nach der Form der Einflußnahme der Christen auf die gesellschaftspolitische Gestaltung in den Hintergrund. Ob sie direkt über kirchliche Interessenverbände unter geistlicher Leitung geschieht oder eher säkular-indirekt durch das allerdings bewußt dem Evangelium verpflichtete Engagement einzelner Christen in den verschiedenen Interessenverbänden der Gesellschaft, spielt für die Fragen der Sozialethik keine grundsätzliche Rolle. Vielmehr geht es immer neu darum, unter der kritischen Kontrolle wie auch unter der dynamischen Anregung der Grundprinzipien, zur Verwirklichung der menschlichen Person im Gemeinwohl (d.h. durch Berücksichtigung von Subsidiarität wie von Solidarität) nach bester Möglichkeit und Voraussicht das konkret Kulturell-Gesellschaftliche der Dynamik des Evangeliums und seines Liebesgebotes zu unterstellen. Gerade so vermag der christliche Impuls in einem pluralistischen und säkularisierten Kontext, wie ihn unsere modernen Gesellschaften darstellen, als Sauerteig der Mitmenschlichkeit im Sinne des Evangeliums wirksam zu werden. Dies gilt selbst dann, wenn in der konkreten Auseinandersetzung auch unter Christen verschiedene Ansichten und Gewichtungen nicht unbedingt problemlos und konfliktfrei nebeneinanderstehen. Nicht eine vorgegebene, prästabilisierte Harmonie, wohl aber eine faire Auseinandersetzung der einzelnen stets begrenzten und damit ergänzungsbedürftigen, aber auch gegenseitig ergänzungsfähigen Meinungen ist daher eine entscheidende sozialethische Forderung und muß unter Christen verstärkt eingeübt werden. Die Instruktionen der römischen Glaubenskongregation zur Befreiungstheologie von 1984 bzw. von 1986, aber auch die eigenständigen, auf breiter innerkirchlicher Verlautbarung fußenden - also in ganz neuer Weise auf den "Sensus fidelium" achtenden - Hirtenschreiben der US-amerikanischen Bischöfe zum Friedensproblem im Jahr 1983 und zur wirt-

schaftlichen Gerechtigkeit 1986 sowie die von den österreichischen Bischöfen eingeleitete Diskussion eines "Grundtextes" im Blick auf einen für das Jahr 1990 geplanten Sozialhirtenbrief zeigen konkret, wie eine solche Wahrheitsfindung in konkreter ethischer Verantwortung vor sich gehen könnte. Gerade diese sich ergänzenden und korrigierenden Schreiben haben mehr oder weniger direkten Einfluß auf das Lehrschreiben "Sollicitudo rei socialis" von Johannes Paul II. bekommen (dem übrigens ebenfalls eine breitabgestützte weltweite Umfrage bei den Bischofskonferenzen vorausgegangen war). Sie zeigen damit, wie sehr diese Sicht auch in der zentralen sozialethischen Verkündigung der Kirche Eingang zu finden begonnen hat.
Die Dynamik der kirchlichen Sozialverkündigung, die schon 1891 die damaligen Menschen aufhorchen ließ, scheint also trotz mancher seither in der kirchlichen akademischen Diskussion über diese Lehre festzustellenden Engführungen und Verhärtungen erhalten geblieben zu sein. Aktuelle Verunsicherungen, die derzeit infolge unterschiedlicher und teilweise noch wenig gesicherter sozialer Ansichten spürbar sind, sind damit nicht Zeichen zur Beunruhigung, sondern viel eher Zeichen einer aktuellen und lebendigen Auseinandersetzung, die für eine gesellschaftsrelevante Lehre unerläßlich ist. Nur so vermag die christliche Sozialethik in der Weltöffentlichkeit Beachtung zu finden, wofür es im zunehmenden Interesse breiter Kreise für sozialethische Fragen wie in den Fachveröffentlichungen von Kommissionen und Forschungsgremien zahlreiche und deutliche Anzeichen gibt. Sofern nämlich die eigene Wertvorstellung einerseits klar benannt ist und zugleich eine exakte wissenschaftliche Information zusammen mit sauberer ethischer Argumentation in die Diskussion eingebracht wird, stößt christliche Sozialethik verstärkt auf offenes Gehör.
Eine solche Auffassung von christlicher Sozialethik und deren gesellschaftlich relevanter Wirkung ist freilich in der pluralistischen modernen Gesellschaft nur denkbar, wenn sie sich im umfassenden Sinn als ökumenische versteht und nicht auf eine der christlichen Konfessionen allein begrenzt bleibt. Dabei muß auch die Katholische Soziallehre sich trotz ihrer inneren Systematik und Geschlossenheit mit den verschiedenen, unabhängig von ihr entstandenen sozialethischen Ansätzen in den anderen Kirchen und Religionen auseinandersetzen. Vor allem gilt es, mit den unter den gleichen sozialen Voraussetzungen der beginnenden Industrialisierung entstandenen sozialethischen Impulsen im Bereich der evangelisch-reformierten Kirchen in einen Dialog zu kommen und gegenseitig Anregung wie Kritik auszutauschen. Seit dem Ende des Zweiten Weltkrieges und insbesondere im Anschluß an das II. Vatikanische Konzil hat dieser Prozeß denn auch schon deutlich eingesetzt. Unerläßlich dafür ist es allerdings, die Eigengeschichte dieser Ansätze zunächst ebenfalls zur Kenntnis zu nehmen.

Weiterführende Literatur

A. Amstad, Das Werk von Götz Briefs, Berlin 1985
R. Aubert, Der Katholizismus und die soziale Frage, in: L.J. Rigier u.a. (Hrsg.), Geschichte der Kirche V/1, Zürich 1976, 125-142.
J. Bruhin, Christliche Soziallehre und Politik heute, in: Civitas (Schweiz) 43 (1988) 281-287.
R. Henning, Christliche Gesellschaftslehre im 20. Jahrhundert, in: H. Vorgrimler, R. v.d. Gucht (Hrsg.), Bilanz der Theologie im 20. Jahrhundert, Freiburg 1970, 361-370.
O. Köhler, Die Ausbildung der Katholizismen in der modernen Gesellschaft - Die Gesellschaftstheorien, Handbuch der Kirchengeschichte VI/2, Freiburg 1973, 207-216.
N. Monzel, J. Stegmann, Die Katholische Kirche in der Sozialgeschichte, 2 Bde., München 1980 u. 1983.
C. Ruhnau, Der Katholizismus in der sozialen Bewährung, Paderborn 1980.
J. Schwarte, Gustav Gundlach SJ (1892-1963), Paderborn 1975.

2. Der "Religiöse Sozialismus"

2.1 Erste Anfänge

Im wesentlichen nicht anders als im katholischen Bereich, hauptsächlich aber auf den deutschen und angelsächsischen Raum konzentriert, gab es auch bei evangelischen Christen im 19. Jahrhundert eine wachsende Aufmerksamkeit für die zunehmende Verelendung des Industrieproletariats. Dabei waren es allerdings kaum die mit dem unternehmerisch/liberalen Großbürgertum politisch eng verbundenen Landeskirchen, welche die Initiativen ergriffen, sondern pietistisch geprägte Freikirchen: etwa die Methodisten oder die aus ihnen herausgewachsene, 1878 von W. Booth (gest. 1912) gegründete Heilsarmee und dann vor allem die von Bad Boll in Süddeutschland unter Johann Christoph Blumhardt (gest. 1880) ausgehende Erweckungsbewegung.
Parallel zu anderen aus diesen Kreisen stammenden Initiativen, in denen christliche Nächstenhilfe mit sozialpolitischen Konsequenzen verbunden war, verstand man sich als Christ mitverantwortlich für die Not der Proletarier. Das diakonische Werk der in mancher Hinsicht wegweisenden Behindertenbetreuung von Vater und Sohn Bodelschwingh in Bethel oder die in der völkerverständigenden Kulturvermittlung aktive sowie für die wirtschaftliche und soziale Entwicklung bedeutsame "Basler Mission" in Asien, aber auch die Initiativen zur Auswandererbetreuung durch eine geeignete Schiffsseelsorge wirkten in diese Richtung. Hier lag der erste Ansatz zunächst und zumeist bei einer direkten Hilfe im Sinne fürsorgender Caritas, die sich aber bald in den politischen Raum auszuwirken begann. Vor allem war es Christoph Blumhardt, der Sohn J. Christoph Blumhardts, der, sensibilisiert für sozialstrukturelle Probleme, als Reichstagsabgeordneter aktiv in die Politik einstieg. Daß die soziale Dimension als zunehmend wichtig empfunden wurde, war allerdings eher Resultat spontanen Engagements als Folge einer sozialethisch überlegten Theorie. Der Grund dafür liegt

wohl vor allem in der lutherischen Tradition, in der einerseits jede Werkgerechtigkeit abgelehnt und daher eine normative, auf die einzelnen Taten des Menschen hin reflektierende Moraltheologie kaum entwickelt wurde und die andererseits im Sinne der Zwei-Reiche-Theorie die weltlichen Belange der staatlichen Autorität zur Regelung überließ.

Während es in der katholischen Tradition eine lange Entwicklung sozialethischer Normfindung (Naturrecht, Völkerrecht) gab, herrschte im protestantischen - vorab im lutherischen - Raum diesbezüglich eine Art Leerstelle. Die hier entstehenden Konzepte sahen sich daher auch schneller auf die sich im staatlichen Bereich entwickelnden kritischen Bewegungen verwiesen. Die Nähe zu den sozialistischen Ansätzen war somit vorgegeben, die spätere Bezeichnung für die Vertreter sozialen Einsatzes aus evangelischer Verantwortung als "Religiöse Sozialisten" folglich naheliegend: "Ein wirklicher Christ muß Sozialist sein, wenn er mit der Reformation des Christentums ernst machen will ... und ein wirklicher Sozialist muß Christ sein, wenn ihm an der Reformation des Sozialismus gelegen ist", meint in diesem Sinn im Jahr 1915 K. Barth (gest. 1968).[15]

Dieses Wort Barths macht aber zugleich deutlich, daß es sich hier um einen differenzierten Sozialismus handelt, der sich zwar durchaus seiner geistesgeschichtlichen Verbindung zu marxistischen Ursprüngen bewußt ist, der diese aber auf gesellschaftliche Organisationsmodelle oder Teilbereiche davon beschränkt und der sich dementsprechend in keiner Weise global und weltanschaulich verstanden wissen will. Trotz dieses Vorbehalts sind in der protestantischen Sozialethik deutlich geringere Berührungsängste zu sozialistischen Gesellschaftsvorstellungen vorhanden, als dies, wenigstens zeitweilig, für die Katholische Soziallehre festzustellen ist, ja es bestehen traditionell sogar oft enge Beziehungen zu den sozialdemokratischen Bewegungen. Diese prägen teilweise bis heute offizielle sozialethische Studienstellen von Kirchen wie von evangelisch-theologischen Fakultäten.

Diese Ausrichtung steht zudem in einer recht langen und kontinuierlichen Tradition. So hat bereits der böhmische Pfarrer R. Todt (gest. 1887) in seinem 1877 erschienenen Werk "Der radikale deutsche Sozialismus und die christliche Gesellschaft" unter klarer Ablehnung des Atheismus und eines sündenfreien Fortschrittsoptimismus die Konvergenz von Sozialismus und Christentum herausgestellt und damit das Argumentationsmuster für die Religiösen Sozialisten schon früh in manchem bestimmt. Es ging dabei vor allem darum, eine falsche Jenseitsbezogenheit der Religion abzubauen und dafür auch die lutherische Aufteilung der menschlichen Wirklichkeit in die "zwei Reiche" zu überwinden. Weil Religion und Kirche in diesem Verständnis leicht von den gesellschaftlichen Wirklichkeiten, ihren Problemen und Nöten abgetrennt werden, verkommen sie leicht, wie Marx es im Anschluß an den "Kommunistenrabbi" Moses Hess (gest. 1875) formulierte,

---

[15] So unmittelbar nach seinem Eintritt in die SPS in seinem Vortrag "Krieg, Sozialismus und Christentum" im Jahr 1915, der aus der damals engen Beziehung Barths zu Blumhardt zu verstehen ist.

zum "Opium des Volkes". Dies gilt es, und zwar gerade um der Botschaft Jesu willen, unbedingt zu vermeiden. Gleichzeitig ermöglichte die historische Bibelkritik, gewisse traditionelle Formen der Kirchenordnung anzugreifen und als theoretischen Privilegienschutz darzustellen und zugleich den "Kommunismus" der Urgemeinde wie vor allem das umfassende Liebesgebot als unumstößlichen harten Inhalt der evangelischen Botschaft herauszustellen. Schließlich besann man sich auf die eigene reformatorische Tradition, die seit den Aufständen des Thomas Müntzer (gest. 1525) schon immer praktisch-sozialkritische Momente beinhaltet hatte. Auf allgemeinere Ebene hatte zudem die Theologiekritik der Aufklärung von Spinoza (gest. 1677) bis I. Kant (gest. 1804) das Religiöse schlechthin in den Bereich des Sittlichen gerückt, was nun seinerseits eine Offenheit für sozialethische Fragen und darin auch für sozialistische Lösungsvorschläge auslöste. Das Werk des katholischen Moraltheologen T. Steinbüchel (gest. 1949) zeigt übrigens, daß diese Elemente auch innerhalb der katholischen Kirche nicht völlig unbeachtet geblieben waren.[16]

Praktisch dagegen hat der Religiöse Sozialismus vor allem in der angelsächsischen Welt seine Wurzel; ja sogar dieser Name leitet sich vom englischen "Christian socialists" her. Als herausragenden Namen aus der frühen Zeit ist dabei auf R. Owen (gest. 1858) hinzuweisen, der - übrigens wirtschaftlich durchaus erfolgreich - in seinem Betrieb schon in der ersten Hälfte des 19. Jahrhunderts soziale Reformen einführte. So reduzierte er die Kinderarbeit für noch nicht Zehnjährige, führte Kranken- und Alterskassen ein, forderte einen 10½-Stundentag oder suchte durch Konsumläden die Bedürfnisse der Arbeiter besser zu befriedigen. Einen Teil dieser Maßnahmen versuchte Owen über Gesetze zu sichern. Er wurde damit nicht nur zum Pionier für die englische Sozial- und Fabrikgesetzgebung, sondern führte seine Ideen auch über punktuelle Maßnahmen hinaus in eine eigentliche sozialethische Bedeutsamkeit. Zwar scheiterten weitergehende Versuche, wie z.B. "kommunistische" Siedlungen in den USA, doch stießen diese Ansätze unter Führung von W. Rauschenbusch (gest. 1918) schließlich eine soziale Aufbruchbewegung an, die unter dem Stichwort des "Social-Gospel" (= "Soziales Evangelium") in die Geschichte eingegangen ist. Dieser Bewegung liegt die Auffassung zugrunde, daß der Mensch im vollen Sinn erst dann erlöst ist, wenn er auch gesellschaftlich erlöst ist. Entsprechende Initiativen auf sozialer und politischer Ebene zur Bekämpfung des Unrechts bis hin zum Kampf gegen den Rassismus ergeben sich daraus als eindeutig christlich-sozialethische Forderung. Die Bewegung für die rechtliche und soziale Gleichstellung der Schwarzen, angeführt durch M. Luther King (gest. 1968), bezeugt das dynamisch-praktische Weiterwirken dieser Ansätze bis weit in die zweite Hälfte des 20. Jahrhunderts hinein.

---

[16] Vgl. T. Steinbüchel, Der Sozialismus als sittliche Idee. Ein Beitrag zur christlichen Sozialethik, Düsseldorf 1921; eine Studie, die die Beurteilung des in elf Sprachen übersetzten und 1923 in 16. Aufl. erschienenen katholischen Standardwerks von V. Cathrein, Der Sozialismus, Freiburg 1901, relativiert.

Theologisch bedeutet dies, daß die rein jenseitige Eschatologie des kommenden Gottesreiches sozusagen auf die Erde zurückgeholt wurde. Dabei wurde sie aber - ganz anders als bei Marx - nicht einfach innerweltlich säkularisiert, sondern, wie man später sagen sollte, "unter eschatologischem Vorbehalt" sowohl jenseits-bezogen wie diesseits-wirksam verstanden. Im Sinne der jesuanischen Verkündigung von dem schon angebrochenen, in seiner Fülle aber doch noch ausstehenden Gottesreich sollte der Mensch sich für mehr Gerechtigkeit und Menschlichkeit auch in den sozialen und politischen Belangen bis hin zur konkreten Gesetzgebung einsetzen. Denn eben darin wirkt er mit am Aufbau des Gottesreiches, ohne sich allerdings je einbilden zu dürfen, dieses aus eigener Kraft selber aufbauen zu können. Das Reich Gottes ist Gottes Werk, in der Zusage seiner Gnade aber ist der Mensch zum Mitbauen berufen und ethisch eingefordert. Diese Dimensionen waren vor allem dem süddeutschen Pietismus und damit auch der Bewegung von Bad Boll für die zwischenmenschlichen Bereiche seit je durchaus vertraut. So konnten diese neuartigen, sich nun immer deutlicher sozialethisch artikulierenden Ansätze hier auch recht leicht Fuß fassen. Der o.g. Christoph Blumhardt als Theologe wie als Parlamentarier ist dafür ein besonders herausragendes Beispiel.

2.2 Entfaltungen

Von den Voraussetzungen her näher als der lutherischen Ausprägung der Reformation standen diese Ideen der zwinglianischen Tradition, wie sie in der reformierten deutschen Schweiz dominierte. Die hier seit jeher sozialpolitisch relevante theologische Tradition wie das ausgesprochen deutliche Gemeindeprinzip, das dem einzelnen Pfarrer sehr viel mehr Freiheit ließ als eine straff obrigkeitlich organisierte Landeskirche, erleichterten zusätzlich das Eingehen auf neue sozialethische Bedürfnisse, so daß die genannten Ideen aus Deutschland rasch auf ein reges Echo stießen. Ohne selber Sozialist zu werden und direkt in die Politik einzugreifen, engagierte sich unter dem Leitwort "Politik soll der Laie machen, der Pfarrer ist ein Wecker" der Zürcher Neumünster-Pfarrer H. Kutter (gest. 1931) kritisch gegen den "kirchlichen Schlendrian" gegenüber den Arbeitern und ihren Problemen. Ursprünglich den liberaltheologischen Ansätzen verpflichtet, aber durch Blumhardt auf die sozialen Probleme hingewiesen, war es dann in besonderem Maße L. Ragaz (gest. 1949), der zur prägenden Gestalt des religiösen Sozialismus in der Schweiz wurde. Schon als Pfarrer im graubündnerischen Reichenau, dann aber besonders als Professor für Praktische Theologie in Zürich befaßte er sich aktiv mit der sozialen Frage wie mit derjenigen des Weltfriedens, um sich schließlich nach vielfältigen Spannungen zu Kutter und unter Aufgabe seiner Professur ganz der Arbeiterseelsorge in einem Zürcher Industriequartier zu widmen. Von da aus wirkte er vor allem praktisch-prophetisch auf die weitere kirchlich-sozialethische

Entwicklung. Direkt politisch aus christlicher Verantwortung verstand sich dagegen der Zeit seines Lebens eng mit Blumhardt verbundene sog. "Weberpfarrer" H. Eugster-Züst (gest. 1932), der sein Pfarramt aufgab, sozialistischer Gewerkschafter wurde und als Regierungsmitglied in einem schweizerischen Kanton und als Parlamentarier die Sozialpolitik seines Landes nach der Jahrhundertwende wesentlich mitbestimmte.[17]
Geistig aus dieser Schule hervorgegangen sind in der Schweiz der Sozialethiker A. Rich (geb. 1910), wie auch K. Barth und seine Schüler. Die Entwicklung verlief hier mit Ausnahme des Generalstreiks von 1918 einigermaßen kontinuierlich, die Verbindungen zur schweizerischen Sozialdemokratie blieben eng. Zudem hat diese geistige Richtung auch auf die Theologie des Ökumenischen Rates der Kirchen mit seinem Sitz in Genf Einfluß ausgeübt.
Wesentlich anders dagegen war die Entwicklung in Deutschland, wo die "nationale Katastrophe" der Niederlage von 1918 zu einer kirchlichen Besinnung führte. Bedeutende Theologen wie der ehemalige Militärpfarrer P. Tillich (gest. 1965) oder H. Schafft (gest. 1959) hatten sich nach der Niederlage im Ersten Weltkrieg nicht nur für die Völkerverständigung eingesetzt, sondern sich auch aktiv mit der damals besonders akut gewordenen sozialen Frage befaßt. Daneben gab es die Initiative des "Bundes religiöser Sozialisten", die durch G.K. Dehm (gest. 1970) ins Leben gerufen wurde, oder diejenigen des 1920 entstandenen "Bundes evangelischer Proletarier" des Pforzheimer Pfarrers E. Eckert. Diese verschiedenen Ansätze wirkten trotz erheblicher innerer Widersprüchlichkeiten in die gleiche Richtung einer gesellschaftspolitischen Bewältigung der Proletarierprobleme und führten sogar 1924/26 zur Gründung der Arbeitsgemeinschaft bzw. etwas später des "Bundes religiöser Sozialisten Deutschlands". Immer ging es dabei um das "Wissen um die Jenseitigkeit der endgültigen Wahrheit und die Werkzeughaftigkeit des Sozialismus"[18], was als Grundthese die deutliche Ablehnung des Kapitalismus verlange, der den christlichen Grundsätzen von Liebe und Gerechtigkeit entgegenstehe. Darum fordere - wie Ragaz es formulierte - das rechte Verständnis der ganzen Wahrheit des Christentums einen religiösen Sozialismus, der nicht so sehr Wissenschaft als Glaube zu sein hätte, und zwar ein Glaube an die gesellschaftliche Veränderung, die mehr als bloße Reformen wolle.
Allerdings eignete all diesen Aufbrüchen mehr humaner idealistischer Impuls als humanwissenschaftliche, vor allem nationalökonomisch exakte Kenntnis, was die politisch-praktische Auswirkung erheblich einschränkte. Das Fehlen einer auch theologisch relevanten Erkenntnislehre für die Weltwirklichkeiten stellte zudem ein Defizit dar, das sich allerdings mehr in der lutherisch-protestantischen Theologie als bei den eher pragmatisch denkenden Schweizer Zwinglianern bemerkbar machte, und markierte gleichzeitig einen fundamentalen Unterschied zur sich damals gerade sy-

---

[17] Vgl. L. Specker (Hrsg.), Politik aus der Nachfolge, Zürich 1984.
[18] So der Schweizer Pfarrer E. Blum (zitiert nach Pfeiffer, a.a.O., 251).

stematisch artikulierenden Katholischen Soziallehre. Schließlich hat der Nationalsozialismus nach seiner Machtergreifung 1933 mit seiner scharfen Ablehnung jeder "anderen" Form von Sozialismus auch alle irgendwie damit sympathisierenden Vertreter verfolgt, vertrieben oder zerstört.

Auf katholischer Seite hielt zudem die Enzyklika "Quadragesimo anno" von 1931 solchen Verbindungen von Christentum und Sozialismus, die eher bekenntnishaft als rational in Auseinandersetzung mit marxistischen Ansätzen auftraten, ausdrücklich entgegen: "Religiöser Sozialismus, christlicher Sozialismus sind Widersprüche in sich; es ist unmöglich, gleichzeitig guter Katholik und wirklicher Sozialist zu sein" (Nr. 120), denn "der Gegensatz zwischen sozialistischer und christlicher Gesellschaftsauffassung ist unüberbrückbar" (Nr. 117).

Damit war gerade zu Beginn der Machtergreifung durch die Nationalsozialisten und der damit einsetzenden Unterdrückung nicht nur des Sozialismus und seiner religiösen Spielform, sondern der christlichen Gesellschaftsgestaltung schlechthin ein ökumenisches Zusammengehen von vornherein unmöglich. Die Folge war, daß in dieser totalitären Herrschaft christlich-sozialethische Verantwortung nicht mehr öffentlich, sondern allenfalls noch im Untergrund und unter der Belastung der Verfolgung verwirklicht werden konnte.

Wie unerläßlich wichtig das ökumenische Gespräch unter christlichen Sozialethikern ist, müßte daher diese Negativerfahrung für die späteren Zeiten mit aller Deutlichkeit zeigen. Ein solches Zusammengehen ist jedoch - das veranschaulichen die neueren Entwicklungen - wesentlich mehr als bloße Taktik. Die Unterschiede in den gegenseitigen Positionen sind nämlich eher in überspitzten Formulierungen als in der Sache selber zu suchen. Um so mehr gilt es, sie genauer zu fassen und als scheinbare im gegenseitigen Gespräch aufzuarbeiten. Hinsichtlich der Bezugnahme auf marxistisch-sozialistische Elemente ist dazu, wie schon Tillich betonte, zwischen der Weltanschauung des Marxismus und seiner Gesellschaftsanalyse zu unterscheiden. Selbst wo krasse soziale Gegensätze den Klassenkampf für Gerechtigkeit aus Liebe stipulieren, braucht solche Notwehr nicht in Klassenhaß auszuarten. Aber auch die Forderung nach einer Sozialisierung von Eigentum an Produktionsmitteln braucht noch längst nicht einen kollektivistischen Kommunismus und damit die Negation der einzelpersonalen Würde zu bedeuten. Was in neuester Zeit vor allem von lateinamerikanischen Befreiungstheologen erneut und wiederum alles andere als unumstritten vorgebracht wird, hätte folglich auch damals schon bedacht werden müssen. Allerdings wäre dann gleichzeitig zu beachten, daß solche theoretischen Einsichten nicht vorschnell mit real existierenden, sog. "sozialistischen" Gesellschaftssystemen weltfern-naiv identifiziert werden dürfen. Was schlichter Totalitarismus unter den Stichworten von Sozialismus und Marxismus bzw. einer "Diktatur des Proletariats" an Unterdrückung von Menschenrechten und Gerechtigkeit mit sich brachte und z.T. immer noch leistet, braucht nicht zwangsläufig mit dem Sozialismus als solchem identi-

fiziert zu werden, sosehr es umgekehrt die Gefahr zu autoritären Gesellschaftsformen (etwa durch ein Einparteiensystem und dessen Funktionäre) zu beachten gilt.
Die Entwicklungen in der Sozialdemokratie, wie sie etwa im "Godesberger Programm" der SPD zum Ausdruck kommen, oder die Forderungen des Zürcher Sozialethikers und SPS-Mitglieds A. Rich sind dagegen typische Beispiele für ein umsichtiges Eingehen auf sozialistische Vorstellungen,[19] während die in Anbetracht krasser sozialer Mißstände erhobenen Forderungen nach Sozialismus seitens der Befreiungstheologen in manchem undifferenziert sind und nach einer gründlicheren sozialwissenschaftlichen Begründung rufen. Im Vergleich zu der zeitbedingt ebenfalls verständlichen starren Formulierung der Ablehnung in "Quadragesimo anno" sind aber auch die Aussagen neuerer päpstlicher Lehrschreiben wesentlich differenzierter und würden den sozialdemokratischen Reformideen in keiner Weise entgegenstehen. In jedem Fall aber ist zwischen den Erben der "Religiösen Sozialisten" aus der protestantischen Tradition und der Katholischen Soziallehre ein ökumenischer Dialog dringlicher denn je, zur gegenseitigen Ergänzung wie zum gemeinsamen Zeugnis aus dem Geist des Evangeliums in einer pluralen säkularisierten Gesellschaft.[20]

2.3 Ökumenische Zusammenarbeit und neue Initiativen

Die ersten Versuche der Religiösen Sozialisten, zu einer geschlossenen Organisation zusammenzufinden, sind seinerzeit gescheitert. Die Ursache lag in den äußeren Bedrängnissen durch den Nationalsozialismus, aber auch im inneren Zerwürfnis und Mangel an geschlossener Theorie. Typisch für das Scheitern dieser Versuche dürfte das Schicksal von E. Fuchs (gest. 1971) sein. Als religiöser Sozialist ging er in der nationalsozialistischen Zeit seines Lehrstuhls verlustig und mußte die Zeit verfolgt überleben. In der DDR erhielt er 1949 in Leipzig erneut einen Lehrstuhl; entgegen seinen sozialistischen Hoffnungen blieb er aber als Theologe ohne größeren Einfluß. Den Staatsgratulanten zu seinem 85. Geburtstag gab er dann jedem einzelnen ostentativ als Antwort auf die Glückwünsche: "Es geht nicht ohne Jesus."[21] Diese feine, aber doch deutliche Kritik am realexistierenden Sozialismus ist nach der Verfolgung durch die Nationalsozialisten zugleich ein Zeugnis für das realpolitische Scheitern der ersten Bewegung religiöser So-

---

19 Vgl. A. Rich, Wirtschaftsethik, Bd. 1, Gütersloh 1984, (Bd. 2 in Vorbereitung).
20 Diesem Dialog widmet sich vor allem die 1964 in Basel gegründete interkonfessionelle und internationale "Societas ethica"; über den Stand des in diesem Dialog Erreichten orientiert wohl am besten das von A. Hertz, W. Korff, T. Rendtorff u. H. Ringeling herausgegebene, dreibändige Handbuch christlicher Ethik, Freiburg - Gütersloh 1978-82, wobei allein schon die Tatsache, daß ein solches Handbuch in ökumenischer Zusammenarbeit erscheinen konnte, einen Markstein darstellt.
21 Bezeugt bei Pfeiffer, a.a.O., 293. Für eine allgemeine Übersicht zur gesamten Entwicklung im protestantischen Raum vgl. C. Frey, Die Ethik des Protestantismus von der Reformation bis zur Gegenwart, Gütersloh 1989.

zialisten. Geistig-theologisch aber hat diese Bewegung einen vielleicht nicht immer genau zu erhebenden, aber doch bedeutsamen Einfluß ausgeübt. Die Sozialethiker der meisten evangelisch-theologischen Fakultäten - D. von Oppen, H.D. Wendland, M. Honecker, T. Rendtorff und andere - sind ohne die Bewegung der religiösen Sozialisten kaum denkbar.

So ist es weiter nicht erstaunlich, daß eine Erneuerung dieses alten "Bundes religiöser Sozialisten" 1976 wiederum gewagt wurde. Vorläufige Leitsätze wurden dazu ausgearbeitet und ein Schulterschluß mit den in Chile entstandenen "Christen für den Sozialismus" versucht, die sich nach dem Sturz von Salvador Allende im Jahr 1972 auch in Europa ausbreiteten. Dennoch scheint die Zeit für solche Bewegungen vorbei zu sein; die Versuche kamen über erste Ansätze nicht mehr hinaus. Selbst so qualifizierte Köpfe wie die in den 1960er Jahren im Anschluß an das II. Vatikanische Konzil aktiven sozialkritischen Theologen, etwa Don Mazzi mit seiner Isolotto-Bewegung in Florenz oder der Abt von St. Paul vor den Mauern in Rom, Franzoni, oder auch der römische Salesianer G. Girardi, vermochten das Rad der Zeit nicht mehr zurückzudrehen: Es blieb bei den wirksamen kritischen Anregungen; eine Bewegung oder eine Schule von Gewicht konnte nicht mehr entstehen. Das utopische Moment einer Neugestaltung der Gesellschaft, das einst kämpferisch prägend war, wich, von einzelnen Ausnahmen abgesehen (man denke an D. Sölle und ihre politischen Nachtgebete oder die Revolutionstheologie eines R. Shaull), dem Einsatz für die Reformen im Sozialstaat im Blick auf mehr Gerechtigkeit und Ausgleich.

Dabei ist nicht nur eine äußere Organisation mit einheitlicher Stoßrichtung offenbar unmöglich geworden; die theoretischen Ansätze sind - hierin ein Spiegelbild der evangelischen Theologie im allgemeinen - nicht weniger verschiedenartig: Gebotstheologische, manchmal fast fundamentalistische Ansätze stehen neben schöpfungstheologischen bzw. philosophischen Begründungen, die sich kommunikationstheoretischen Entwürfen verdanken. Theologische Versuche, die von der Reich-Gottes-Idee her unter eschatologischem Vorbehalt die gesellschaftliche Wirklichkeit verstehen und dynamischer gestalten wollen, stehen neben heilsgeschichtlich modellhaften Interpretationen oder auch neben einem Neuverständnis der Zwei-Reiche-Lehre Luthers, die sich freilich in manchem mit einem kritischen naturrechtlichen Verständnis im Sinne einer Schöpfungstheologie decken kann.[22] In all diesen Ansätzen ist ein Bemühen um Einbezug der human- und sozialwissenschaftlichen Erkenntnisse festzustellen. Ein gewisser Realismus und die Bereitschaft, soziale Wirklichkeit nüchtern aufzunehmen und sich

---

[22] Vgl. für diese Systematik das grundlegende Einführungswerk von T. Rendtorff, Ethik I, Stuttgart 1980, wobei für die gebotstheologische Richtung an Namen wie G. Altner oder J. Hübner, für den schöpfungs- und kommunikationstheoretischen Einstieg aber an T. Rendtorff bzw. für die eschatologische Dynamisierung an H.D. Wendland und A. Rich oder auch - nunmehr heilsgeschichtlich - D. Ritschl und B. Pannenberg zu denken wäre. Die kritische "Relecture" der Zwei-Reiche-Lehre muß vor allem bei M. Honecker geortet werden. Vgl. genauer dazu auch M. Honecker, Begründungsmodelle evangelischer Sozialethik. In: G. Baadte, A. Rauscher (Hrsg.), Christliche Gesellschaftslehre, Graz 1989, 83-106.

damit auch im Rahmen des Möglichen pragmatisch auseinanderzusetzen, ist nicht zu verkennen.

Eine Rückbindung dieser Ansätze an die Kriterien der Schöpfungstheologie wie die dynamische Ausrichtung im Sinne eines eschatologischen Vorbehalts wirken zusammen und ermöglichen damit auch ein entsprechendes ökumenisches Gespräch, das die Zusammenführung von traditionell protestantischen Ansätzen einer Zwei-Reiche-Lehre mit den naturrechtlichen Ansätzen in der Katholischen Soziallehre nicht mehr völlig unrealistisch erscheinen läßt. Die Anfragen an christliche Ethik, vor welche die christlichen Kirchen und ihre Theologen seitens einer in ihrer Sinngewißheit verunsicherten Gesellschaft in Anbetracht der existentiell drängenden, doch technologisch bedingten und so meist selbstverschuldeten Probleme mehr oder weniger explizit gestellt werden, zwingen außerdem dazu, gemeinsam und über alle konfessionellen Grenzen und Unterschiede hinweg nach Lösung und Antwort zu suchen.

Die innertheologische Entwicklung wie die Bedürfnisse der Zeit fördern so zunehmend ein ökumenisches Zusammengehen in der Sozialethik, wenigstens zwischen der katholischen Tradition und den aus der Reformation des 16. Jahrhunderts hervorgegangenen theologischen Formen, während die Orthodoxie bis heute noch weitgehend abseits steht.[23] Dabei wird es vor allem darum gehen, auf katholischer Seite eine stark rationalistisch-neuscholastisch geprägte Naturrechtssystematik abzubauen bzw. schöpfungstheologische verständlich zu machen und in einer den methodologischen Ansprüchen metaethisch genügenden Form darzustellen. Ebenso müssen naive oder romantische Vorstellungen von Sozialismus bzw. eine unkritische Annäherung an konkret existierende marxistische Formen des Sozialismus kritisch untersucht und ideologisch abgebaut werden. Dazu kommt im spezifischen Bereich der lutherischen Theologie die Notwendigkeit, den gegenüber anderen Christen wohl noch immer vorhandenen Verdacht auf Werkgerechtigkeit abzulegen und gleichzeitig innerweltlich-konkreten normativen Forderungen ihr verbindliches Gewicht ohne starren Legalismus zuzuerkennen. Denn eine situationsethische Unverbindlichkeit bzw. ein subjektiv-individualistisch unverbindlicher, je neuer Rekurs auf das einzelne Gewissen verunmöglichen die sozialethisch bindende und damit allein politisch prägende ethische Aussage. "Evangelische Unzuverlässigkeit" oder "katholische Machtansprüche", die als gegenseitige Verdächtigungen noch immer nicht völlig aus der Welt geschafft sind, gilt es entsprechend definitiv abzubauen, um auf die drängenden sozialethischen Fragen der heutigen Zeit gemeinsam christliche Weisung für die Gestaltung des Gemeinwesens in die öffentliche Meinung einbringen zu können.

---

23 Vgl. als erfreuliches Beispiel für diese Richtung in der BRD die ökumenisch erarbeitete Stellungnahme des "Forums für Gerechtigkeit, Friede und Bewahrung der Schöpfung", Frankfurt - Bonn 1988, vor allem auch die allgemeine theologische Begründung zu den einzelnen sozialethischen Forderungen. Vgl. weiter F. Furger, Gerechtigkeit, Frieden, Bewahrung der Schöpfung, in: JCSW 31 (1990).

Die vielen Beispiele von geglückter ökumenischer Zusammenarbeit in sozialethischen Belangen (etwa rechtzeitig koordinierte Stellungnahmen in politischen Anhörungen oder Vernehmlassungen seitens staatlicher Regierungen oder gesetzgebender Organe) zeigen, daß dies konkret möglich ist, obwohl natürlich lokale Vorgegebenheiten das Vorgehen erschweren oder erleichtern können. Direkt-demokratische Organisationsformen, kleine, überschaubare, also im Sinne des Subsidiaritätsprinzips gestaltete Einheiten einer größeren Gesellschaft, die erprobte und bewährte Herausforderung, sozialethische Aufgaben ohnehin kirchlich nur gemeinsam angehen zu können, u.a.m. sind diesbezüglich günstige Voraussetzungen, die es entsprechend zu fördern gilt. Vor allem aber vermag die wissenschaftstheoretisch saubere Argumentation, wie sie allgemein methodologisch durch die sog. "Metaethik" auch in den theologischen Diskurs zu Fragen der Sittlichkeit Eingang gefunden hat, Glaubenssätze rein geschichtlicher Art abzubauen und ein objektives, sachlich bestimmtes Diskussionsklima ohne den Verdacht von Machtgelüsten, aber auch ohne Ideologieverdacht herzustellen. Der Zwang zum strikten Argument trennt dann Prinzipielles von geschichtlich-kulturell Gewordenem und damit auch von konfessionellen Vereinzelungen. Die gründliche Sachinformation aus den Humanwissenschaften ermöglicht zudem eine solide gemeinsame Ausgangsposition, von welcher aus auch kontroverse moralische Wertungen nüchtern und begründet diskutiert werden können. Wo in dieser Weise Christen im Licht des Evangeliums und seiner moralischen Prinzipien über die sozialethischen Probleme der Zeit nachdenken und das Ergebnis in den allgemeinen sozialen und politischen Diskurs über die Gesellschaftsgestaltung einzubringen versuchen, werden ihre Dienste als um Sachlichkeit wie um Ideale gleicherweise bemühte sittliche Wächter auch in einer säkularen Gesellschaft ernst genomen.

Eben diese richtungweisende Funktion in der Gesellschaft wahrzunehmen, ist die Aufgabe einer christlichen Sozialethik, die es heute in ökumenischer Verantwortung wahrzunehmen gilt. Aus ihrer Tradition hat die Katholische Soziallehre Möglichkeit und Voraussetzung, aktiv an diesem Prozeß teilzuhaben. Es gilt daher, ihre unveräußerlichen Grundsätze und Prinzipien, aber auch die Methoden ihrer sachgerechten Anwendung und die daraus auf konkrete, kulturell gewordene Probleme bezogene Weisung zu bedenken und zur Kenntnis zu nehmen. Nicht weniger gilt es, die ökumenischen Erfahrungen, aber auch Neuaufbrüche zur Kenntnis zu nehmen und einzubringen, selbst dort, wo sie theoretisch noch nicht in jeder Hinsicht ausgegoren zu einer Systematik zu finden vermocht haben. Aus all diesen Anregungen heraus muß eine systematische christliche Soziallehre dann immer neu versuchen, eine kohärente Zusammenschau zu erstellen, um sozusagen ein Koordinatennetz zur konkreten Gestaltung des Gemeinwesens aus christlicher Verantwortung ermöglichen zu helfen.

Weiterführende Literatur

C. Frey, Die Ethik des Protestantismus von der Reformation bis zur Gegenwart, Gütersloh 1989.
U. Jäger, Ethik und Eschatologie bei L. Ragaz, Zürich 1971.
A. Pfeiffer (Hrsg.), Religiöse Sozialisten - Dokumente der Weltrevolution IV, Olten 1976.
T. Rendtorff, Ethik I, Stuttgart 1980.
A. Rich, Wirtschaftsethik I, Gütersloh ³1987; II, Gütersloh 1990.
H. Schulze, Theologische Sozialethik, Gütersloh 1979.
H.G. Ulrich, Grundlinien ethischer Diskussion. Ein Literaturbericht, in: VF 20 (1975) 53-99.
E. Wolf, Sozialethik, Göttingen 1975.

3. Neue Impulse aus den jungen Kirchen und Wegmarken für eine sozialethische Synthese

3.1 Impulse aus der "Dritten Welt" und gegenseitige Rückfragen

Die Katholische Soziallehre steht in den letzten Jahren zunehmend vor der Herausforderung der neuen, eigenständigen theologischen Ansätze der jungen Kirchen in der sog. "Dritten Welt", die unter dem Stichwort "Theologie der Befreiung" in Lateinamerika ihren Ausgang nahm, seither aber längst auch in anderen Weltgegenden, so in Asien und Afrika, Fuß zu fassen begonnen hat.[24] Sind diese Ansätze in sich sowohl nach kulturellem Herkommen als auch im Blick auf anstehende Probleme unterschiedlich und wird infolgedessen die ethische Argumentation von der jeweils eigenen Kultur und deren Denkweisen her geführt, so ist ihnen allen doch gemeinsam, daß sie von der konkreten kirchlichen Gemeindeerfahrung, der "Glaubenspraxis an der Basis", ausgehend die theologische Reflexion aufbauen wollen. Daß damit eine Distanzierung von der abendländischen philosophisch-theologischen Tradition einhergeht, die zudem für die meisten Länder der "Dritten Welt" als Teil der mit der christlichen Mission oft eng verbundenen Kolonialmacht und damit auch als Teil von deren (selbst bei gutem Willen als unterdrückend empfundener) Bevormundung erlebt wurde, steht zu erwarten. Für die vom Denkstil her wie in der ursprünglichen Problematik lange Zeit stark neuscholastisch-europäisch geprägte Katholische Soziallehre dürfte dies dann noch besonders zutreffen.[25]
Kritisch-ablehnende Reaktionen gegenüber den befreiungstheologischen Ansätzen vor allem seitens der in der deutschsprachigen Tradition stehenden Vertreter der Katholischen Soziallehre sind dementsprechend nicht ausgeblieben.[26] Die Kritik reicht vom Einwand einer mangelhaften Berück-

---

[24] Vgl. F. Furger, Inkulturation - Eine Herausforderung an die Moraltheologie. Bestandsaufnahme und methodologische Rückfragen, in: NZM 40, (1984) 177-193 u. 241-258.
[25] Vgl. W. Kroh, Kirche in gesellschaftlichem Widerspruch, München 1982.
[26] Vgl. dazu L. Roos, Politische Theologie und Katholische Soziallehre, a.a.O.; A. Rauscher (Hrsg.), Soziale Verantwortung in der Dritten Welt, Köln 1983; L. Roos, J. Veléz-

sichtigung humanwissenschaftlicher, insbesondere wirtschaftswissenschaftlicher Erkenntnisse, eines zu wenig differenzierten, teilweise aprioristischen Umgangs mit marxistisch-ideologischen Denkmodellen im Bemühen um das Verstehen sozialer und ökonomischer Zusammenhänge, einer ungenügenden Überprüfung der Zielvorstellungen an den Gegebenheiten der konkreten sozialen Wirklichkeiten bis hin zur Kritik von Mängeln in der logischen Stringenz ethisch-normativer Argumente. In manchen Punkten hätten diese kritischen Einwände es durchaus verdient, ernst genommen zu werden. Da sie aber oft mehr belehrend als gesprächsbereit empfunden werden und so leicht in den Verdacht geraten, die Sache der herrschenden und privilegierten Schichten zu besorgen, anstatt die nur allzu berechtigte Sozialkritik an strukturellen Ungerechtigkeiten wirklich aufzuarbeiten, ist es bisher lediglich zu einem offenen Bezug von Standpunkten gekommen; der unerläßliche, sich gegenseitig befruchtende, weil ergänzende Dialog steht dagegen noch in den Anfängen, während der Austausch zwischen den verschieden gelagerten, im weitesten Sinn befreiungstheologischen Ansätzen im Rahmen der "EATWOT"[27] schon recht weit gediehen ist.

In neuester Zeit schenken aber auch päpstliche Lehraussagen befreiungstheologischem Denken ihre zwar nicht unkritische, aber letztlich doch positive Aufmerksamkeit und drängen damit auf das gegenseitig sich ergänzende Gespräch, freilich unter der Betonung einer Integration der neuen Ansätze in das Gesamt der Soziallehre der Kirche.[28] In Anbetracht der oben geschilderten Entwicklung dieser Lehre seit der Enzyklika "Mater et magistra" (1961) scheint dieses Gespräch sachlich durchaus möglich. Es ist zugleich auch eine innere Notwendigkeit,[29] wenn die Katholische Soziallehre nicht opportunistisch selektiv zur Selbstbestätigung eigener gesellschaftspolitischer Positionen mißbraucht werden oder nur zur Quelle für kasuistische Textinterpretation und -anwendung absinken soll. Die gleiche Notwendigkeit des Austausches besteht aus ideologiekritischen Gründen freilich ebenso für die Befreiungstheologie selber, was den innertheologischen Dialog nur noch dringlicher erscheinen läßt.

Carrea (Hrsg.), Befreiende Evangelisierung und Katholische Soziallehre, München - Mainz 1987, wo z.T. sehr verschiedene Gesichtspunkte zur Sprache kommen.

27 Die Abkürzung steht für "Ecumenical Association of Third World Theologians", wobei es nach dem Zeugnis mancher Betroffener erst auf der fünften Versammlung von 1981 gelungen sei, die lateinamerikanische (und damit von der iberischen Tradition her noch immer stark abendländisch geprägte) Sicht für das asiatische und afrikanische Eigengut wirklich zu öffnen.

28 Vgl. "Sollicitudo rei socialis" (1987) Nr. 46, wo unter Verweis auf die zwei einschlägigen Instruktionen der Glaubenskongregation von 1984 (diese eher kritisch) und 1986 zur Befreiungstheologie "das Streben nach Befreiung von jeder Form der Knechtschaft von Mensch und Gesellschaft ein edles und berechtigtes Anliegen" genannt wird. Vgl. analog auch Kongregation für das Bildungswesen, Leitlinien für das Studium und den Unterricht der Soziallehre der Kirche in der Priesterausbildung, Rom 1988.

29 Vgl. F. Furger, Christliche Sozialwissenschaft - Eine normative Gesellschaftstheorie in ordnungsethischen und dynamisch evolutiven Ansätzen, in: JCSW 29 (1988) 17-28, sowie P. Hünermann, M. Eckholt (Hrsg.), Katholische Soziallehre - Wirtschaft - Demokratie, ein lateinamerikanisch-deutsches Dialogprogramm, Bd. 1, München - Mainz 1987 (weitere Bde. sind geplant).

Die traditionelle, vor allem universitär etablierte kirchliche Soziallehre wird sich dabei der Frage stellen müssen, wie weit sie zwar ihre Grundprinzipien der Achtung von Gemeinwohl und personaler Würde, von Solidarität und Subsidiarität[30] (etwa unter dem Stichwort einer "sozialen Marktwirtschaft" oder dem "Sozialstaat") in die gesellschaftspolitisch konkrete Gestaltung vom Gemeinwesen umgesetzt hatte,[31] dabei aber noch zu sehr in der nationalen Dimension steckengeblieben ist. D.h., sie wird sich zu fragen haben, ob sie entgegen ihrem "katholischen" Anspruch den globalen wirtschaftlichen wie politischen Ungleichgewichten nicht zu wenig Beachtung schenkte. Dabei wird sie sich weiterhin auch dem Verdacht stellen müssen, ob sie nicht die für ihren kulturellen Horizont brauchbaren, dem Wesen des in diesem Horizont denkenden Menschen, also in diesem Kontext naturrechtlich angemessene Organisationsmodelle (wie etwa die Ordnung für den Privatbesitz an Produktionseigentum) vorschnell als schlechthin naturrechtliche Forderung ausgab. Auch wird zu fragen sein, wie weit in solchen Verallgemeinerungen nicht nur methodologisch sog. "naturalistische Trugschlüsse" unterliefen, sondern auch, wie damit ideologisch eine Stabilisierung eigener, global alles andere als gerechter Vorrangstellungen Vorschub geleistet wurde. Daß dabei im Wort des Lehramts dessen unterschiedliche Nuance (besonders mit dem genannten Übergang vom Pontifikat Pius' XII. zu dem Johannes' XXIII.) wenn nicht bestritten, so doch oft heruntergespielt oder in einer meist ungewollt selektiven Lektüre aus vorgefaßter Erwartung einfach überlesen wurden, ist dabei nicht von vornherein von der Hand zu weisen.
Jedenfalls müßte es diesbezüglich zu denken geben, daß Theologen aus der "Dritten Welt" von der Soziallehre-Systematik wenig Hilfe für ihre brennenden sozialen Probleme zu erwarten scheinen, selbst wenn sie ihre Ausbildung in Europa erhielten und offensichtlich manche Anregungen für den Umgang mit sozialen Problemen vor allem aus dem französischen Sprachraum mitnahmen. Nicht weniger bedenklich scheint überdies die Tatsache, daß die mit dieser globalen Sozialproblematik besonders befaßten Hilfswerke der Kirchen in Europa ihre Bildungsarbeit bei den Gläubigen der "Ersten Welt" ebenfalls zwar unter Einbeziehung der neueren Päpstlichen Rundschreiben und angeregt von den Erlassen des II. Vatikanums, aber doch weitgehend ohne Rekurs auf die Systematik der kirchlichen Soziallehre gestalten. Wenn deren Bedeutung daher vom Lehramt eigens angemahnt werden muß, ist dies auf jeden Fall zugleich Aufforderung zur kritischen Überprüfung der eigenen Systematik, zwar nicht hinsichtlich der Prinzipien, wohl aber in bezug auf die Stringenz der Konkretionen.

---

[30] Näheres systematisch s. unten Teil VI.
[31] Für den Aufbau der BRD und deren Verfassung, das Grundgesetz von 1949, der nach dem Zusammenbruch von 1945 unter deutlichem Einfluß dieser Soziallehre vor sich ging, dürfte dies besonders deutlich zutreffen, obwohl Spuren davon über die Aktivitäten der "C"-Parteien hinaus besonders in Europa nach der Mitte des 20. Jhs. auch anderswo auszumachen sind.

Wie bereits erwähnt, ist es aber ebenso nötig, analoge Rückfragen an die neuen, meist befreiungstheologischen Ansätze selber zu stellen. Dabei ist als erstes auf die von Vertretern dieses theologischen Aufbruchs selber angemahnte Tatsache einzugehen, daß die Befreiungstheologie zwar eine feine soziale Problemsensibilität, aber für eine theologisch-ethisch zu verantwortende Gesellschaftsgestaltung bisher noch wenig präzisere Normativvorstellungen entwickelt hat.[32] Denn außer einer mit einer allgemeinen Kapitalismuskritik verbundenen, sehr pauschalen Forderung nach "Sozialismus" als politischem wie wirtschaftlichem Grundmuster fehlen realisierbare Konzepte noch weitgehend. Des weiteren steht die Beantwortung der Frage aus, wie die Nachteile aller bekannten "real existierenden Sozialismen" (geringe wirtschaftliche Effektivität, Lähmung von persönlicher Initiative, Versorgermentalität bis hin zu Freiheitsverlusten zugunsten einer meist privilegierten Schicht von Funktionären usw.) zu vermeiden wäre.

Daran knüpft als zweites die Frage an, ob die der marxistischen Gesellschaftsanalyse entliehenen Elemente, wie sie etwa in der sog. "Dependenztheorie" auszumachen sind,[33] zur Erklärung der gesellschaftlichen Ungerechtigkeiten erfahrungsbezogen genügend verifiziert wie auch theoretisch hinreichend differenziert sind, um den komplexen Problemvernetzungen der heutigen Weltwirtschaft entsprechen zu können. Erste Ansätze zu einer systematischen Aufarbeitung dieser Desiderate zeigen allerdings, daß gerade für solche Rückfragen eine intensive Suche nach Antworten eingesetzt hat und weiterführende Wege bald aufgezeigt werden dürften.[34] Die Rückfragen kritisch zu stellen, ist dann zu verstehen als ein stimulierender Beitrag zur weiteren Diskussion. Dies gilt auch, wenn man den Vorwurf nicht teilt, daß jede auch nur human- und gesellschaftswissenschaftliche Anleihe beim Marxismus auch dessen philosophisch-weltanschauliche Grundlage, also den atheistischen dialektischen Materialismus so nach sich ziehe, daß jede Theologie sich darin selber aufhebe. Die schon genannte Ablehnung einer Verbindung von Christentum und Sozialismus dürfte sich nämlich bei näherer Prüfung als eine zeitbedingte und nicht als eine grundsätzliche Beurteilung erweisen.[35] Mögen dann eine neomarxistische Gesellschaftstheo-

---

[32] Vgl. A. Moser, Die Vorstellung Gottes in der Ethik der Befreiung, in: Conc 20 (1984) 121-126. Unter Bezugnahme auf die frühe Beachtung sozialistischer Ansätze durch T. Steinbüchel (vgl. Anm. 16) s.a. B. Haunhorst, Der Sozialismus als sittliche Idee, eine Ethik der Gesellschaft, in: Orien. 53 (1989) 39-44 u. 53-56.

[33] Denn die neomarxistische sog. "Dependenztheorie" trägt zwar der bestimmenden Abhängigkeit der "Peripherie" von den wirtschaftlichen Zentren und ihren ausbeuterisch-ungerechten Folgen Rechnung, vermag damit aber die interne feudale Korruption der Führungsschicht auch dann nicht ausreichend zu erklären, wenn diese Eliten als auch im Interesse der Zentren von dort her gestützte entlarvt werden. Vgl. dazu selbstkritisch aus befreiungstheologischer Sicht F. Castillo, Theologie der Befreiung und Sozialwissenschaften. Bemerkungen zu einer kritischen Bilanz, in: E. Schillebeeckx (Hrsg.), Mystik und Politik. FS J.B. Metz, Mainz 1988, 143-157.

[34] Vgl. dazu die ethischen Übersichten in der "Bibliothek der Befreiung" von A. Antoncich, J.M. Munarriz, Die Soziallehre der Kirche, Düsseldorf 1988, sowie E. Dussel, Ethik der Gemeinschaft, Düsseldorf 1988, und B. Leers, A. Moser, Moraltheologie - Engpässe und Auswege, Düsseldorf 1989.

[35] Vgl. "Quadragesimo anno" Nr. 120 (s.a. oben, Abschnitt III.2.2).

rie und die in ihr postulierten sozialphilosophischen Erklärungshypothesen soziale Unrechtszusammenhänge auch (und vielleicht sogar besser als andere Theorien) plausibel machen, so ist in Anbetracht der gelegentlich ungenügend kritischen Überprüfung der möglichen Folgen sozialpolitischer Vorschläge wie das Unterlassen weiterer kritischer Rückfragen oder gar die Festschreibung als sicherer Beschreibung wirklicher Kausalitäten als Ideologiegefahr anzumahnen. Dies darf aber nicht im Blick auf eine ablehnende Verurteilung geschehen, die übrigens nicht weniger ideologieverdächtig wäre, sondern um des eigentlichen sozialethischen Anliegens willen.

Zwar können solche Rückfragen an die Befreiungstheologie in Anbetracht der konkreten Bedürfnisse der Unterdrückten als theoretischer Luxus erscheinen, der zudem noch dazu neigt, von apriorischen Prinzipien her deduktiv nach sozialethischer Lösung zu suchen, anstatt das praktische Ethos der Engagierten vor Ort zu reflektieren.[36] Da jedoch gerade Ideologisierungen, wie die Geschichte lehrt, nur allzu leicht Machtstrukturen einmal mehr zuungunsten der ohnehin Benachteiligten aufbauen, erscheinen auch solche Rückfragen unerläßlich. Ansätze zu ihrer Aufarbeitung liegen denn auch zunehmend vor.[37]

3.2 Prospektiv-dynamische Elemente

Es dürfte schwierig sein, aus befreiungstheologischen Ansätzen eine einheitliche Beschreibung ihres Ethikverständnisses herauszuarbeiten, überhaupt fehlt eine gemeinsame Definition. Gleichwohl läßt sich festhalten, daß diese theologische Sichtweisen wie wohl keine vor ihnen von ihren innersten Anliegen her sozialethisch geprägt sind: Angestoßen von gesellschaftlichen Unrechtssituationen und herrührend aus der konkreten befreienden Glaubenspraxis engagierter Christen und deren "Gemeinden an der Basis", die auf eine neue, gerechtere Gesellschaft hinwirken wollen, sind sie derart sozialethisch eingefärbt, daß "Gemeinschaftsethik" die "Fundamentaltheologie der Theologie der Befreiung" genannt werden kann, weil diese "deren Voraussetzungen, die Bedingungen der Möglichkeit des theologischen Diskurses überhaupt und insgesamt"[38] prägt. Dieses verbindende Element eines gemeinsamen theologischen Verständnisses in den verschiedenen Arten der Befreiungstheologie gilt es daher als sozialethisch prospektiv-dynamisches Element eigens festzuhalten.

---

[36] Vgl. dazu D. Mieth, Autonomie oder Befreiung - zwei Paradigmen christlicher Ethik, Conc. 20 (1984) 160-166, sowie F.M. Rejón, Auf der Suche nach dem Reich und seiner Gerechtigkeit, ebd. 115-120.

[37] Vgl. dazu den Literaturbericht A. Lienkamp, Der sozialethische Ansatz der christlichen Befreiungsethik Lateinamerikas, in: JCSW 30 (1989) 149-188.

[38] So E. Dussel, a.a.O., 231, wo erstmals eine ethische Systematik aus befreiungstheologischer Sicht vorgelegt wird.

Als erstes gehört zu diesem theologischen Denken, daß es von der gesellschaftlichen Wirklichkeitserfahrung, also "von unten", ausgeht. Man will auf das direkte, konkrete Erleben wie auf dessen human- und geisteswissenschaftliche Analyse abstellen, um die so eruierte Realität im Licht des Evangeliums und der dort geforderten besonderen Sorge für die Armen zu beurteilen bzw. nach vermenschlichenden Maßnahmen (d.h. Praktiken wie Direktiven) zu suchen. Dieses Vorgehen entspricht sowohl dem Denken des Thomas von Aquin im 13. Jahrhundert wie den Ursprüngen der kirchlichen Soziallehre im ausgehenden 19. Jahrhundert.[39] Der Einbezug der Betroffenen selber als Subjekte der bisherigen theologisch-ethischen Reflexion ist freilich neu und, wie kulturell angepaßte Übernahmen zeigen,[40] weiterführend originell. Gleichzeitig ist aber, was in einer zunehmend globalen, katholischen Theologie eigentlich selbstverständlich sein müßte, der konkrete gesellschaftlich-historische bzw. kulturelle Hintergrund solchen Theologisierens von Anfang an prägend. Er wird also nicht erst in einem zweiten Schritt der Anwendung apriorisch feststehender Normen auf konkrete Umstände bedeutsam.

Dabei ist die innere Einheit der konkreten Weisungen durch die ethischen Beurteilungskriterien der Offenbarung, also durch Liebe und Gerechtigkeit, garantiert. Daran müssen dann alle Ergebnisse, was wohl noch zu wenig deutlich wird, je neu im theologisch-ethischen Diskurs (und nicht bloß emotional an biblischen Einzelaussagen) rational überprüft werden. Daß dazu neben einer textkritischen Exegese gerade auch die schöpfungstheologisch-anthropologisch begründeten Prinzipien aus der Tradition der Katholischen Soziallehre, nämlich Gemeinwohl und Personenwürde bzw. Solidaritäts- und Subsidiaritätsprinzip, sowie deren für die Achtung von Menschlichkeit und Gerechtigkeit so unerläßliche Konkretion in den Menschenrechten beizuziehen sind, versteht sich eigentlich von selbst. Es verdiente jedoch, noch deutlicher herausgestellt zu werden, gerade um der auch seitens der Befreiungstheologen selber geforderten Ablehnung eines falschen (und damit erneut imperialistischen) Universalitätsanspruchs der eigenen kulturell-situativ bedingten Ordnungsvorstellungen willen. Die sich je anders gestaltenden, aber sich stets aus der unbedingt geforderten prioritären Sorge für den Benachteiligten ergebenden Imperative rufen nach einer solchen Kontrolle, die selbstkritisch und auf der Grundlage der Menschenrechte alle Folgen einzelner Maßnahmen überprüft.[41]

---

39 Wenn ein rationalistisches, aprioristisches Naturrechtsdenken im Sinn der nachsuaresianischen Neuscholastik dabei kritisiert wird, geschieht dies methodologisch zwar zu Recht, läßt aber oft vergessen, wie wenig diese Engführung der genuinen theologischen Tradition des "Doktor communis" entspricht, für welchen der Grundsatz "nihil in intellectu, quod non prius in sensu" auch für die Ethik erkenntnistheoretisch bedeutsam bleibt.

40 So entstand etwa der Wirtschaftshirtenbrief der USA-Bischöfe von 1986 aus einer breit angelegten Anhörung aus drei Überarbeitungen; ein Beispiel, das trotz gewisser Bedenken von Vertretern einer rein hierarchisch verstandenen kirchlichen Lehrautorität Schule zu machen beginnt und für die sozialethische Normfindung und Verkündigung modellhaft werden dürfte.

41 Vgl. dazu A. Lienkamp, a.a.O., Anm. 57 mit zahlreichen Quellen.

Sozialethisch allgemein, vor allem aber in christlichem Kontext von Bedeutung scheint sodann das grundsätzlich aufklärungskritische Verständnis der befreiungstheologischen Sicht von Sünde. Es lehnt nicht nur den letztlich anthropologisch unrealistischen Fortschrittsoptimismus der Aufklärung samt dem darin enthaltenen Universalitätsanspruch eines für alle Kulturen schlechthin gültigen "objektiven Geistes" (G.W.F. Hegel[42]), aber auch den damit verbundenen Wirtschaftsliberalismus ab, sondern nimmt über die individuelle Seite hinaus das sozialstrukturelle Moment der Sünde in den Blick. Selbst dann, wenn Armut und Ungerechtigkeit in einer neuen Gesellschaft überwunden wären, müßte sich die Theologie noch mit der Sünde befassen, weil der Mensch in Zeit und Geschichte stets in jener Gebrochenheit, d.h. in jenem Hang zu Überheblichkeit und Egoismus existiert, den die theologische Tradition als erbsündliche Konkupiszenz bezeichnet. Von da aus steht der Mensch immer wieder vor der Versuchung, Entscheidungen zu fällen und Taten der Selbstsucht zu setzen, deren Last auf Kosten anderer geht und die, gerade so immer über den individuellen Täter hinausgreifend, die sozialen Dimensionen einschließen. Die Befreiungstheologie weist mit Recht darauf hin, daß diese zugleich ein Geflecht des Bösen entstehen lassen, das als Struktur gesellschaftsprägendes Gewicht erhält. Diese sündige Struktur erscheint dann für den einzelnen wie eine Vorgabe bzw. eine Art Sachzwang, der er scheinbar machtlos gegenübersteht. Ja, es entsteht darin sogar eine eigene "Moral", d.h. ein Gehabe, das seine eigenen legitimierenden Regeln und herrschaftsbestimmenden Philosophien entwickelt. Stichworte wie "Law and order" oder "Seguridad nacional" sind dafür bezeichnend und zeigen, wie ernst christliche Sozialethik diese neuerdings auch in lehramtlichen Verlautbarungen angemahnte Dimension von sündigen Strukturen der Gesellschaft zu nehmen hat.

Eine solche "Anti-Moral" kann nur in gemeinsamer sozialer Praxis, nicht aber über Einzeltaten bzw. über Appelle dazu überwunden oder auch nur angegangen werden.[43] Der erste Schritt dahin besteht in einer oft gefährlichen Kritik, die jene "Moral" als menschenmörderische Ideologie von ungerechter Herrschaft und Privilegienstabilisierung entlarvt. Dabei muß eine solche ethisch motivierte Kritik ungerechte Gesetze und Ordnungen angreifen, was ihr leicht den Anschein von Illegalität gibt und sie der Verfolgung aussetzt. Unter solchen Belastungen mag es denn verständlich sein, wenn die konkrete Kritik von Befreiungstheologen orts- und zeitgebundene Phänomene (wie etwa Ungerechtigkeiten in Markt und Wettbewerb) vorschnell generalisierend als in sich und nicht nur in der konkret vorliegenden Form angreift. Solche Mängel an Differenzierung im Urteil gilt es ohne

---

[42] Für die eingehende Auseinandersetzung von E. Dussel mit Hegel und damit dem typisch europäischen, kulturell-kolonisatorischen Universalitätsanspruch vgl. A. Lienkamp, a.a.O., 170-174.

[43] Wenn Johannes Paul II. hinsichtlich einer menschlichen und gerechten Gestaltung von Arbeitsbedingungen zwischen einem "direkten" und einem "indirekten" Arbeitgeber unterscheidet, dann ist für diesen Sektor das gleiche durch Sünde bedingte Strukturproblem angesprochen; vgl. "Laborem exercens" 1981, Nr. 17.

Zweifel noch zu beheben. Dennoch haben die befreiungstheologischen Ansätze Einsichten thematisiert, hinter die eine christliche Sozialethik nicht mehr wird zurückfallen dürfen, wenn sie als soziale in christlichem Realismus die Sündigkeit der Menschen ernst nehmen und in der Gottesreich-Dynamik an ihrer Überwindung mitarbeiten will. Das Wort vom "Leiden, das aus dem Kampf gegen das Leid erwächst"[44] zeigt dabei, wie sehr man sich in diesem theologischen Verständnis bewußt ist, daß solcher Einsatz stets in der Kreuzesdimension stehen wird, womit ein weiteres, für das christliche Selbstverständnis von Sozialethik typisches, wenn bisher auch wenig thematisiertes Moment angesprochen wird. Im Kreuz sucht Befreiungsethik nicht bloß die "Negation der Negation" (also der Unterdrückung), sondern als erstes stets die Bejahung jedes Mitmenschen als "des realen existierenden, geschichtlichen Anderen" (E. Dussel). Daraufhin gilt es, Strukturen für eine neue Gesellschaft in und aus konkreter Praxis zu suchen und reflektierend zu finden, was von anderer Seite her das oben erwähnte spezifisch christliche Moment christlicher Ethik seiner kritisch-stimulativen Note erneut hervorhebt.

Schließlich zeigt sich in diesen theologischen Ansätzen deutlicher als zuvor, wie eng individualethische und sozialethische Momente verbunden sind. Personbezogene Tugendethik im Blick auf das "Politische", also auf die Gestaltung von Gesellschaft einerseits und die deren Strukturen auf größtmögliche Gerechtigkeit hin bedenkende Normenethik andererseits, dürfen nur in ihrer gegenseitigen Vernetzung gedacht werden. Sozialethik aus gelebter Glaubenspraxis unter Einbezug der Betroffenen, Berücksichtigung ihrer geschichtlich-kulturellen Verwurzelung unter der einigenden Dynamik des Evangeliums und seines Liebesgebotes, ernstzunehmende Sünde in ihren personalen wie in ihren sozialstrukturellen Dimensionen und die enge Vernetzung von Individual- und Sozialethik bilden daher die stimulierenden Momente der befreiungstheologischen Ansätze. Sie sind daher in eine christliche Sozialethik zu integrieren, wenn diese prospektiv den Herausforderungen der Zeit genügen soll.

Als Reaktion auf die Bedürfnisse der Zeit hat politikbezogene Theologie seit jeher verschiedene Schwerpunkte gesetzt. Idealtypischen Überlegungen wie denjenigen zur "Civitas Dei" des Augustinus (gest. 430) oder zur "Utopia" des Thomas Morus (gest. 1535) standen realpolitische Theorien wie etwa die mittelalterliche "Zwei-Schwerter-Theorie" zur Regelung des Verhältnisses von Kirche und Staat gegenüber. Sogar die aus dem Mut der Verzweiflung über die sich gegenseitig in Familienfehden zerfleischenden Stadtstaaten Italiens entstandene Idee des diese Anarchie mit brutaler Macht bezwingenden "Principe" von N. Machiavelli (gest. 1527) oder der grausame Täuferstaat in Münster/Westf. um 1535 verstehen sich noch als christlich. Wenn die theologisch-ethische und pastorale Überlegung dann gegen Ende des 19. Jahrhunderts als Reaktion auf das Elend des Industrie-

---

[44] L. Boff, Das Leiden, das aus dem Kampf gegen das Leid erwächst, in: Conc. 12 (1976) 547-553.

proletariats, also wiederum in Reaktion auf zeitbedingte Bedürfnisse, sich zu einer eigentlichen Sozialethik zu entwickeln begann, wird diese vor diesem Hintergrund wie von ihrer eigenen geschichtlichen Entwicklung her auch heute nicht als eine in sich geschlossene Theorie gelten können. Die Beachtung der Ansätze in den jungen Kirchen wie der ökumenischen Dimension wird die Richtung für ihre weitere Entwicklung zu weisen haben, und zwar gerade in der dynamischen Treue zur eigenen Tradition.[45] Denn nur so wird sie als "Moraltheologie der gesellschaftlichen Belange" in einer pluralistisch-säkuralen Welt als Verkündigung der frohen, weil befreiend-erlösenden Botschaft Jesu Christi verstanden werden können und einen Beitrag zur dringend nötigen, weil zunehmend zum Überleben der Menschheit unerläßlichen Vermenschlichung der Gesellschaft und ihrer Strukturen zu leisten vermögen.

Weiterführende Literatur

C. Boff, Theologie und Praxis, München - Mainz 1983.
L. Boff u.a. (Hrsg.), Werkbuch: Theologie der Befreiung, Düsseldorf 1988.
E. Dussel, Ethik der Gemeinschaft, Düsseldorf 1988.
G. Guttiérrez, Theologie der Befreiung, München - Mainz 1973.
A. Lienkamp, Der sozialethische Ansatz der christlichen Befreiungstheologie. Ein Literaturbericht, in: JCSW 30 (1989) 149-188.
J.B. Metz (Hrsg.), Die Theologie der Befreiung: Hoffnung oder Gefahr für die Kirche?, Düsseldorf 1986.
L. Roos, J. Veléz-Correa (Hrsg.), Befreiende Evangelisierung und Katholische Soziallehre, München - Mainz 1987.

---

[45] Mit Datum vom 1. Mai 1991 erschien unmittelbar vor Drucklegung dieses Buches zum 100. Jahrestag der ersten Sozialenzyklika "Rerum Novarum" das Rundschreiben Johannes Pauls II. "Centesimus annus", das ausdrücklich als "Relecture" die Sozialverkündigung der Kirche auf die Herausforderungen am Ende des 2. Jahrtausends fortschreiben will. Konkret wird dabei vor allem Bezug genommen auf den Umbruch in Osteuropa seit 1989, wo der Zusammenbruch des realen Sozialismus zwar manche Mahnung christlicher Sozialethik bestätigt, zugleich aber die Gefahr mit sich bringt, nun Kapitalismus und reinen Wettbewerb am Markt als einziges Modell zu betrachten. Dagegen wird hier, deutlich auf der Linie von "Sollicitudo Rei Socialis", eindringlich und ausdrücklich in weltweiter Dimension der menschenrechtliche Rahmen, den der Markt wie von sich aus garantiert, als sittlich unerläßlich angemahnt. Eine endlich international durchgesetzte, wirklich "soziale" Marktwirtschaft erscheint so gerade auch im Blick auf die Sicherung des Weltfriedens als das ethisch zu verantwortende Konzept für eine menschenwürdige Gesellschaftsgestaltung.

IV. Das gesellschaftliche Umfeld

1. Das geistesgeschichtliche Klima in der heutigen Gesellschaft

1.1 Vorbemerkung

Eine Ethik, die sich losgelöst von jedem gesellschaftlichen Kontext idealtypisch entfaltet, ist zwar theoretisch vorstellbar, etwa in der Weise, wie es sich H. Hesse (gest. 1962) für die elitäre Gruppe seiner "Glasperlenspiele"[1] und ihre Spiel- und Lebensregeln ausgedacht hat. Realistisch aber ist ein solches Konstrukt nicht; viel eher ist es ein Ausdruck von resignierter Weltflucht und als solche Idealfiktion eigentlich sogar die Abdankung von Sozialethik schlechthin. Handlungsleitende und entscheidungsbestimmende Ethik ist vielmehr wesentlich gesellschaftsbezogen, und zwar im passiven wie im aktiven Sinn: Sie ist mitbestimmt vom jeweils geltenden sozialen Ethos und vermag sich davon nur in beschränktem Maß zu emanzipieren; gleichzeitig hat sie ihrerseits Einfluß auf dieses Ethos. Man denke nur etwa daran, wie tolerant Paulus der doch offensichtlich evangeliumswidrigen Sklaverei gegenübertritt; indem er aber den entlaufenen Sklaven Onesimus seinem Herrn als den in Christus Gleichen und Bruder zurückschickt, legt er zugleich den Grund zur Überwindung der Sklaverei.[2] Denn langfristig kann man einen Bruder im Glauben nicht als Sklaven, d.h. praktisch wie eine Sache, die z.B. beliebig verkauft werden kann, behandeln.

Was derart ganz allgemein für jede Ethik gilt, trifft für eine Sozialethik mit ihrer direkten Beziehung zur Gesellschaft und deren öffentlichen Meinung in noch stärkerer Weise zu, und zwar auch dann, wenn sie sich theologisch als heilsgeschichtlich verkündigende versteht. Sie steht mit ihren Schwerpunkten, ihren Interessen, aber auch ihren Methoden im Kräftefeld gesellschaftlicher Beziehungen und Meinungen und will doch gleichzeitig aktiv auf diese Gesellschaft einwirken und sie prägen. Von dieser Gesellschaft gehört werden kann sie aber nur, insofern sie sich auf diese Gesellschaft einläßt: Sie muß wirklich "den Juden Jude, den Griechen aber Grieche" werden (1 Kor 9,20ff). Denkstrukturen, Wertansichten und Interessenschwerpunkte, kurz das Ethos dieses Ansprechpartners (und dies heißt heute das Ethos der säkularen pluralistischen Gesellschaft, das alles andere als einheitlich geprägt ist) ist ihr geistiges Umfeld, das sie bewußt zur Kenntnis zu nehmen hat.

Der Vielfalt ethischer Wertungen und Weltanschauungen muß dann Rechnung getragen werden, wenn auch auf der Basis einer gewissen gemeinsamen Grundgesittung, die freilich immer größer ist, als man gemeinhin annimmt, weil die Gegensätze immer deutlicher auffallen als die Überein-

---

[1] Vgl. H. Hesse, Das Glasperlenspiel, Zürich 1943.
[2] Vgl. den Philemon-Brief.

stimmungen. Diese Vielfalt wenigstens in einigen typischen Grundzügen festzuhalten, gehört daher zu den Voraussetzungen einer gesellschaftlich relevanten Sozialethik. Dabei ist einschränkend zugleich die Unmöglichkeit zu konstatieren, in der heutigen weltweiten Variationsbreite alle Werttypen zu erfassen. Es mag daher hier genügen, die aktuellen, in der westlich-abendländischen Gesellschaft wirksamen Ethos-Strömungen zu skizzieren. Es darf allerdings nicht vergessen werden, daß im Kontakt mit anderen Kontinenten auch andere Formen von Ethos zunehmend in Betracht gezogen werden müssen. Dies gilt vor allem in den Beziehungen zu den fernöstlichen Kulturen, die nicht wie die westlichen vom Individuum, sondern von der Gemeinschaft her die Fragen des Zusammenlebens angehen. Volk und Nation, aber auch - besonders im afrikanischen Raum - Familie und Sippe stehen im Vordergrund: Ihr Wohl zu fördern, u.U. auch auf Kosten der eigenen personalen und als solchen auch berechtigten Interessen, ist jene erste ethische Forderung, die in manchem bei westlich-abendländisch geprägten Menschen ebensosehr Bewunderung wie Befremden hervorrufen kann. Wertungen, welches Ethos das bessere sei, sind müßig. Die unterschiedlichen Herangehensweisen gegebenenfalls zur Kenntnis zu nehmen (etwa in den zunehmenden geschäftlichen Beziehungen zwischen verschiedenen Kulturkreisen), bleibt aber ethische Forderung auch dann, wenn hier des näheren auf diese Problematik nicht eingegangen werden kann.[3]

Die Achtung solcher Pluralitäten bedeutet dennoch in keiner Weise die Bejahung eines ethischen Relativismus. Denn hinter all diesen Verschiedenheiten stehen nicht nur gemeinsame Grundvorstellungen darüber, was der Mensch eigentlich ist, nämlich ein freies Wesen, das seine Existenz nur in Gemeinschaft gestalten kann und in eben dieser Gemeinschaft einen sinnvollen Existenzgehalt erkennt. Vielmehr ist auch ein Grundkonsens darüber festzustellen, daß die Menschen einander ein gewisses Maß an Achtung schulden, wie es etwa die "Goldene Regel" verlangt: "Was Du nicht willst, daß man Dir tu, das füg auch keinem anderen zu!" gilt in allen uns bekannten Formen von Ethos. Aber auch eine gewisse Ausfaltung dieser Grundregeln, die implizit schon in die Richtung kulturübergreifender Menschenrechte weist, läßt sich bei sorgfältiger Analyse feststellen.[4] Die gegen diese Gemeinsamkeit immer wieder angeführten Beispiele, wie etwa die Witwenverbrennung früherer Zeiten in Indien oder der rituelle Mord an alten, lebensuntüchtig gewordenen Eltern bei gewissen arktischen Völkern, widersprechen diesem Grundgehalt deshalb nicht, weil ja gerade die Ritualisierung solcher Tötungen zeigt, daß hier eine Ausnahme (ob berechtigt oder nicht, braucht in diesem Augenblick noch nicht untersucht zu werden) von einer allgemeinen Norm, nämlich das Leben des Nächsten zu schützen, gemacht wurde. Was hier also eingebracht werden soll, ist nicht

---

[3] Näheres dazu vgl. F. Furger, Inkulturation - eine Herausforderung an die Moraltheologie, in: NZM 40 (1984) 177-193 u. 241-258.
[4] Vgl. dazu die von der UNESCO getragene Erhebung von J. Hersch, Le droit d'être un homme, Paris 1968.

ein metaethisch absoluter Relativismus, der Ethik als solche aufheben würde, sondern ein deskriptiver kultureller Relativismus, den es gerade um der menschlichen Vielfalt willen, aber auch wegen der damit gegebenen gegenseitigen Korrekturmöglichkeiten aus ethischer Motivation zu beachten gilt.[5] Selbstverständlich soll eine solche Information über ethische Strömungen darauf hinauslaufen, diese möglichst objektiv (d.h. ohne bewertende Vorurteile) in ihren Hauptargumenten und Zielsetzungen festzuhalten und zur Kenntnis zu nehmen. Erst wenn dies nach bestem Wissen geschehen ist, kann im Blick auf die Achtung der menschlichen Würde wie der grundsätzlichen Gemeinschaftlichkeit von Menschsein ein Urteil darüber versucht werden, wie weit die einzelnen Ausprägungen von ethischem Selbstverständnis und Theorie diesen Zielvorstellungen zu entsprechen vermögen. Dabei sind die im folgenden zu nennenden, ethosprägenden Strömungen in unserer aktuellen westlichen Gesellschaft jeweils als Typenmuster zu verstehen, die als solche in der Wirklichkeit nie rein existieren. So geht es nicht darum, die einzelnen Strömungen in ihren einzelnen Verästelungen exakt wiederzugeben, sondern am Typus eine Bemessensgrundlage festzumachen, die aufzeigt, was eine prägende Wirkung im Gesamtethos der Gesellschaft ausübt.[6]

1.2 Pragmatisch-utilitaristische Ansätze

Kaum jemand wird je behaupten, er bestimme sein Handeln völlig beliebig nach Lust und Laune. Fast jeder wird dafür eine Rechtfertigung geben, die sich aber nicht unbedingt auf höhere und letzte Werte zu berufen braucht. Vielmehr paßt man sich eher den allgemein üblichen Verhaltensweisen an; man redet in diesem Fall von der "normativen Kraft des Faktischen". Den vorliegenden Tatbeständen (griech. den "pragmata") scheint als solchen ein verpflichtender Charakter zuzukommen. Sich ihnen anzupassen, zeugt dann von Wirklichkeitssinn, der realistisch weltferne Ideale für die Bewältigung der harten Lebenswirklichkeiten beiseite lassen will, um aus dem Vorliegenden das Beste zu machen. Wer sich mit einer solchen Begründung für sein Verhalten begnügt, allenfalls die Tatsachen durch humanwissenschaftliche Analysen noch genauer zu bestimmen versucht, um sich dann diesem Trend anzupassen, den nennt man einen Pragmatiker bzw., wenn er dies aus reinem Eigeninteresse tut, einen Opportunisten. Reine Pragmatiker oder Opportunisten sind allerdings selten. Denn einmal würde ein bloßes Argumentieren aus konkreten Verhaltensmustern die Ethik in den Relativismus stürzen und damit letztlich aufheben. Weiterhin ist der Schluß vom Faktischen auf das Gesollte die typische Form eines sog. "naturalistischen Trugschlusses", der eigentlich bloß das einem Genehme zur ethischen

---

[5] Vgl. dazu R. Ginters (Hrsg.), Relativismus in der Ethik, Düsseldorf 1978.
[6] Für eine ausführlichere Darstellung vgl. F. Furger, Begründung des Sittlichen - ethische Strömungen der Gegenwart, Freiburg/Schweiz 1975.

Norm erhebt. Schließlich wäre ein reiner Pragmatismus, der von vornherein nur das Faktische gelten läßt und alle höheren Ideale ausschließt, ein Widerspruch in sich: Denn diese Verneinung von jeglichem die Tatsachen übersteigenden Wert ist selber nicht eine Aussage, die sich aus den reinen Tatsachen ergibt, sondern eine apriorische Behauptung.

Dennoch hat eine pragmatische Einstellung, die sich auf die faktische Wirklichkeit stützt, eine weite Verbreitung. Sie ist als solche auch nicht einfach ethisch irrelevant. Denn die Berufung auf vorgegebene Tatsachen ist für eine wirklichkeitsbezogene Ethik unerläßlich. Ohne eine Zielvorgabe aber bleiben Feststellungen, die zu Handlungsnormen werden, ohne eigenen Sinn. Deshalb verbinden Pragmatiker die normative Kraft des Faktischen meist mit einer vermeintlich ebenfalls feststellbaren allgemeinen Glücksvorstellung, der es dann zu folgen gilt. Insofern dieses Glück (griech. "eudaimonia") meist auch als das für die Gesellschaft Nützliche (lat. "utile") angesehen wird, verbindet sich Pragmatismus fast immer mit einer Art Eudaimonismus oder Utilitarismus, d.h. mit einer Ethik des Glücks oder der sozialen Nützlichkeit. Dabei vertraut man im Sinne der Aufklärung eines J.J. Rousseau (gest. 1778) darauf, daß der Mensch als "von Natur aus guter" schon in etwa wisse, worin sein Glück bestehe.

Realistische Wirklichkeitsnähe, aber auch ein gewisses konservatives Festhalten am Bestehenden sowie Skepsis gegenüber nicht empirischen Begründungen von Normen und Werten zeichnen daher ein pragmatisches Denken aus. Absolut gesetzt, also pragmatistisch verstanden, würde die Ethik sich auf eine rein feststellende Verhaltenspsychologie im Sinne des "Behaviorismus" bzw. auf die Erfassung kybernetischer Regelkreise reduzieren und sich so selber aufheben.[7] Wo Pragmatismus aber, wie bei den meisten angelsächsischen Pragmatikern,[8] als empirisch-pragmatischer Humanismus verstanden wird und so die Idee von Menschlichkeit und Glück mit einschließt, kann dieser zu einer - im übrigen weit verbreiteten - Ethik der alltäglichen Menschlichkeit werden. Im ersten Fall müßte nämlich die Ethik sich darauf beschränken, soziale Dysfunktionen am gesellschaftlichen Organismus (ähnlich dem Handeln eines Arztes am kranken körperlichen Organismus) zu korrigieren[9]; gleichzeitig wäre durch die Möglichkeit zur Beeinflussung des faktischen Verhaltens, etwa durch Propaganda oder totalitären Druck, der Willkür der Stärkeren Tür und Tor geöffnet. Die zweite Haltung vermag ein gutes Alltagsethos der Menschlichkeit zu garantieren. Die im angelsächsischen Raum übliche gesellschaftliche Höflichkeit und Rücksichtnahme, die in diesem Sinne utilitaristisch-pragmatisch ge-

---

[7] So J.B. Watson (gest. 1958) bzw. L. Lévy-Bruhl (gest. 1931), dessen Hauptwerk den bezeichnenden Titel trägt: La morale et la science des moeurs (1903).

[8] So zunächst der Amerikaner W. James (gest. 1910) sowie F.C. Schiller (gest. 1937) und J. Dewey (gest. 1952), ebenso viele der heute bekannten, auch ins Deutsche übersetzten Autoren wie z.B. die sich auf G.E. Moore (gest. 1958) stützenden W.K. Frankena, K. Bayer u.a.

[9] So das Verständnis des französischen Soziologen und Ethikers E. Durkheim (gest. 1917), dessen Organismustheorie zur Verbesserung der menschlichen Beziehungen (der sog. "Human Relations" etwa im betrieblichen Alltag) weite Verbreitung gefunden hat.

prägt ist, belegt, daß es sich hier in keiner Weise um eine bloß egoistische anpasserische Verhaltensweise handelt.

Die Bedeutsamkeit der pragmatischen Strömungen liegt zum einen darin, daß sie die Eingebundenheit des menschlichen Verhaltens in den sozialen Kontext aufzeigen und verdeutlichen, wie vieles, was als ideale, absolut gültige Norm ausgegeben wird, in Wirklichkeit nur geschichtlich kulturell bedingte Konvention zu einem möglichst reibungslosen Zusammenleben unter bestimmten kulturellen Umständen darstellt. Zum anderen wird die Gesellschaft als eine den einzelnen und sein Verhalten tatsächlich und auf berechtigte Weise regelnde Größe (die sich sogar mit entsprechenden spontanen und legalen Sanktionen Beachtung zu verschaffen weiß) sowohl anerkannt als auch in ihrer kulturellen und geschichtlichen Bedeutung festgehalten. Trotz dieser beachtenswerten Momente vermag aber der Pragmatismus als solcher über das bloße Funktionieren mitmenschlicher Beziehungen hinaus keine eigentlichen ethischen Kriterien vorzugeben. Er neigt wie angedeutet zum Relativismus, der aus beliebigen Gründen das faktisch Geltende aufheben und abändern kann, wo immer die nötige Macht vorhanden ist. Verunsicherung beim einzelnen, "legalisiertes Unrecht" (J. Messner) und schließlich Aufhebung der Ethik in die Beliebigkeit sind damit nur allzu leicht die Folgen des reinen Pragmatismus. Wo sich indessen der nüchterne Realitätsbezug, die Respektierung des gesellschaftlich sozialen Faktors, aber auch die damit oft verbundene Offenheit auf kulturelle Vielfalt einer Zielsetzung, wie etwa der genannten sozialen Nützlichkeit, unterordnen, kann der Pragmatismus zu einer brauchbaren Alltagsethik werden, die zu beachten auf jeden Fall eine sittliche Pflicht darstellt. Um jedoch die Frage zu klären, ob damit schon eine hinreichende Ethik begründet wird, muß diese utilitaristische oder sozial-eudaimonistische Präzisierung des Pragmatismus noch weiter umschrieben werden.

Als individuelle Glücksethik geht der Eudaimonismus zurück auf die antiken Ethiker, die sich den Athener Epikur (gest. 270 v. Chr.) zum Vorbild nahmen, also etwa die römischen Dichter Lukrez (gest 5 v. Chr.) und Horaz (gest. 8 v. Chr.). Ihnen geht es in keiner Weise um eine übertriebene Vergnügungssucht, sondern um ein wohlabgewogenes, bestmögliches Befriedigen der verschiedenen Bedürfnisse des Menschen, um Ausgeglichenheit und Seelenfrieden finden zu können. Diese Vorstellung von der auf konkreten Erfahrungen aufbauenden Optimierung des individuellen Glückes haben dann zu Beginn des 19. Jahrhunderts englische Ethiker wie J. Bentham (gest. 1832) oder J.St. Mill (gest. 1873) aufgegriffen und auf den sozialen und gesellschaftlichen Bereich ausgedehnt. So entstand das, was man mit "sozialem Eudaimonismus" umschrieb. Danach müsse es das Ziel des menschlichen Verhaltens sein, das "größte Glück der größten Zahl" bestmöglich zu gewährleisten.[10] Unter Berücksichtigung der bestehenden ge-

---

10 Der Ausdruck selber geht zurück auf den schottischen Philosophen und Ökonomen F. Hutcheson (gest. 1746); die Theorie selber findet ihre Entfaltung dann aber vor allem bei J. Bentham (gest. 1832) und - nun unter dem Stichwort "utilitarianism" (so der Titel

sellschaftlichen Umstände, die es entsprechend mit den Mitteln der empirischen Wissenschaften präzise zu erfassen gilt, soll nach dieser Theorie das größtmögliche Wohlergehen für die größtmögliche Zahl einer Bevölkerung realisiert werden. Das Einhalten von Abmachungen und Spielregeln, freier Wettbewerb und allenfalls Schutz und Rücksichtnahme auf Schwächere im Sinn der Goldenen Regel (d.h., weil man selber ja leicht auch einmal in die Situation des Geschwächten kommen könnte) sind die hier geltenden Leitlinien. Niemand wird bezweifeln, daß eine solche Haltung in unseren westlichen Industriegesellschaften, die zudem von einem freiheitlichen, marktwirtschaftlichen Wettbewerbssystem geprägt sind, eine weite Verbreitung hat und auch hinsichtlich individueller Freiheit und Wohlfahrt im Vergleich mit anderen Organisationstheorien sehr vorteilhaft abschneidet. Dennoch dürfen die Schwächen einer solchen pragmatisch-utilitaristischen Ethik nicht verschwiegen werden. Auf folgende Grenzen ist dabei besonders hinzuweisen:

Als erstes stellt sich ein erkenntnistheoretisches Problem: Wie soll das Glück als Maximum von Gratifikation bei einem Minimum von Frustration konkret bemessen werden, damit das Befriedigungskalkül für den einzelnen wie vor allem für eine ganze Gesellschaft durchgeführt werden kann? Wertskalen mit niederen und höheren Freuden (so J. St. Mill) oder formale Kriterien, wie etwa Intensität, Dauer, Gewißheit und zeitlicher Abstand, aber auch Reinheit und Zahl der Betroffenen, mögen eine gewisse Bilanzierung ermöglichen; zu einem objektiven Maß vermögen sie dennoch nicht zu werden. Als einzige Einheit bliebe dann der in Geldwerten bemeßbare Wohlstand. Dieser kann aber für sich allein genommen wohl kaum als Glückskriterium hinreichen. Dies bedeutet aber nichts anderes, als daß ein Rest von Subjektivismus und damit von Relativismus auch im Utilitarismus enthalten bleibt. Zwar mag eine demokratische Meinungsbildung unter internationalen Rahmenbedingungen (wie etwa der aus den konkreten gesellschaftlichen Erfahrungen heraus gewachsenen Maximen der Menschenrechtscharta der UNO von 1948) manches zu korrigieren. Ein letztes Kriterium zur ethischen Bemessung läßt sich so jedoch nicht ausmachen. Daß der pragmatische Utilitarismus dabei die materielle, in Geldwerten bemeßbare Komponente des wirtschaftlichen Wohlstandes ernst nimmt und der demokratischen Entscheidungsfindung meist einen hohen Wert zumißt, zeigt wiederum die verdienstlichen Momente dieser Richtung, die eben darum und zu Recht eine weite Verbreitung gefunden hat. Insofern aber damit keine unbedingte Verpflichtung verbunden werden kann, bleibt Sozialethik als solche im pragmatischen Utilitarismus immer in der Schwebe.

Wesentlich bedenklicher als die mangelhafte objektive Bestimmung vom Glück ist jedoch deren Begrenzung auf die "größte Zahl". Schon der Begriff impliziert, daß nicht von *allen* Menschen die Rede ist, sondern nur von den

---

seines 1875 posthum erschienenen Hauptwerks) bei J. St. Mill (gest. 1873). Vgl. dazu O. Höffe (Hrsg.), Einführung in die utilitaristische Ethik - klassische und zeitgenössische Texte, München 1975.

meisten. Dies bedeutet aber zugleich, daß immer ein Rest, eine Minderheit bleibt, die gegebenenfalls dem Wohlergehen der Mehrheit geopfert werden kann oder die zumindest daraus keinen Nutzen zu ziehen vermag. Damit steht aber "Kollektivwohl vor Gerechtigkeit; Leid des einen kann gegen das Wohlergehen des anderen verrechnet werden", was O. Höffe zu Recht als eine heute "inakzeptable Konsequenz" bezeichnet.[11]

Damit vermag ein pragmatischer Utilitarismus auch menschlichen Ausnahmefällen nicht hinreichend Rechnung zu tragen. Zwar können wie oben angedeutet nach dem Grundsatz der Goldenen Regel auch Schwächere mitberücksichtigt werden. Sobald es aber nicht oder nur noch sehr schwer vorstellbar ist, daß jeder in eine solche Situation der Schwächung kommen könnte, beginnt eine Rücksichtnahme immer weniger einsichtig zu werden. Der mangelnde Schutz des noch nicht geborenen Lebens wie auch die Gefahr, soziale Kosten von Behinderung durch Alter und Krankheit zu sparen bzw. diese durch Schuldenwirtschaft auf zukünftige Generationen zu wälzen, zeigen, wohin eine solche Haltung führen kann. Zwar will der pragmatische Utilitarist solche Folgen keineswegs herbeiführen. Daß sie aber theoretisch nicht ausgeschlossen werden können, ist dennoch ein Hinweis für die Grenze eines solchen ethischen Verständnisses.[12] Wenn allerdings im Wirtschaftsleben immer wieder vom "wohlverstandenen Eigeninteresse" geredet wird und dies nicht nur als heuristische Hypothese, sondern auch als philosophisch-ethisches Kriterium benannt wird, so zeigt dies, wie bedeutsam trotz allem diese Sicht im Ethos der Gegenwart ist.[13]

In Anbetracht der "Brauchbarkeit" einer pragmatisch-utilitaristischen Ethik sowie ihrer großen Verbreitung und damit ihrer faktischen Bedeutung, aber auch angesichts ihrer ethisch mangelnden Konsistenz (man könnte hier von einer Alltags- oder "Schönwetter-Ethik" reden) stellt sich fast von selbst die Frage nach einer besseren Fundierung. Diese kann geschehen in einer "kopernikanischen Wende", wie es im transzendentalen Ansatz von I. Kant exemplarisch geschah. Darauf wird zurückzukommen sein. Es kann aber auch - sozusagen von innen her - in einer aus dem eigenen sozialempirischen Umfeld der angelsächsischen Tradition herausgewachsenen sog. "Gerechtigkeitstheorie" versucht werden, wie sie Anfang der 1970er Jahre von J. Rawls vorgelegt wurde. Hier handelt es sich um eine von innen her kritische Weiterentwicklung von utilitaristischen Ansätzen, die zudem in der westlichen Welt, gerade auch unter Politikern und Wirtschaftsfachleuten, immer mehr Beachtung findet.

---

[11] So O. Höffe, Die Theorie des Glücks im klassischen Utilitarismus, in: NZZ vom 16.07.78/162.

[12] Daß die Benennung solcher Gefahren durchaus keine bloße Spekulation darstellt, zeigt die Studie von A. Plack, Die Gesellschaft und das Böse, München 1967.

[13] In diesem Sinn redet etwa der Nationalökonom J. Starbatty vom sog. "Arbitragephänomen" (das meint die spontane, bestmögliche Verteilung von Interessenten vor einem veränderlichen Angebot wie etwa die Umverteilung Wartender vor einem Fahrkartenschalter, sobald ein weiterer geöffnet wird) als einer wichtigen ordnungspolitischen Determinante", in: NZZ vom 14.02.1984/27.

1.3 Gerechtigkeitstheorien als Korrektiv

Verschiedene gesellschaftliche, vor allem auch wirtschaftliche Ungleichgewichte haben seit etwa 1970 die dem klassischen Liberalismus verpflichteten staatlichen Organisationsformen im politischen wie im wirtschaftlichen Bereich und damit auch die ihnen zugrundeliegende pragmatisch-utilitaristische Theorie zunehmend fragwürdig erscheinen lassen. Nicht nur im wirtschaftlichen Bereich - dort waren es Nobelpreisträger in Ökonomie wie K.J. Arrow und J. Buchanan -, sondern auch in der Ethik begann man nach grundlegenderen Ordnungskriterien zu suchen. In diesem Zusammenhang legte J. Rawls seine "Theorie der Gerechtigkeit"[14] vor, die sich mit der gerechten Gestaltung von Regeln und Institutionen der staatlich verfaßten Gesellschaft beschäftigt. Ganz von der Tradition der angelsächsischen Philosophie geprägt, versteht er die Gesellschaft als "ein Unternehmen zur Förderung des gegenseitigen Vorteils", in welchem eine Gerechtigkeitstheorie aufzeigen soll, "wie die wichtigsten gesellschaftlichen Institutionen Grundrechte und -pflichten und die Früchte der gesellschaftlichen Zusammenarbeit verteilen"[15] bzw. zu verteilen haben, um als berechtigt anerkannt zu werden.

Diese Anerkennung kann die genannte Verteilung aber nur dann erlangen, wenn sie "fair" geschieht. Dementsprechend muß sie erstens davon ausgehen, daß die Menschen als vernunftbegabte grundsätzlich frei und gleich sind. Um von dieser Grundannahme her zu konkreten menschenrechtlichen oder verfassungsmäßigen Normen zu kommen, ist es weiterhin nötig, sich vorzustellen, wie Menschen ihre Gesellschaft wohl organisieren würden, wenn sie keine Ahnung davon hätten, welches Schicksal (materieller Reichtum, sozialer Stand, Karriere, Ansehen usw.) sie erwartet, d.h., wenn sie unter dem "Schleier des Nichtwissens" Ordnungen und Regeln ihrer Gesellschaft bestimmen bzw. einen Vertrag[16] über ihr zukünftiges staatliches Zusammenleben schließen müßten. Damit sollten alle interessenbedingten Verzerrungen ausgeschlossen und zugleich die Voraussetzung für einen Altruismus gegeben sein; denn unter solchen Umständen ist jeder gezwungen, das Wohl des anderen in Betracht zu ziehen, weil der andere ja allenfalls auch er selber sein könnte. Konkreter gesagt: Es geht um die Antwort auf die Frage, wie eine Ordnung aussehen müßte, in der der eigene Feind einem die Stellung in der Gesellschaft zuweisen würde.

Dieser theoretisch-deduktiven Vorgehensweise stellt Rawls zudem ein empirisch-induktives Verfahren zur Seite, in welchem er sich fragt, welche Ge-

---

[14] J. Rawls, Theorie der Gerechtigkeit, Frankfurt 1979 (engl. 1971, das Werk besteht weitgehend aus einer Systematisierung schon früher zum Thema verfaßter Artikel).
[15] Ebd., 20 u. 23.
[16] Rawls greift hier auf die Idee eines (hypothetischen) Gesellschaftsvertrages zurück, wie er in der Aufklärungsphilosophie, etwa bei J.J. Rousseau in seinem "contract social" von 1762, vor allem jedoch von J. Locke und Ch. de Montesquieu, aber auch von I. Kant bedacht worden ist.

setze und Ordnungen einem Durchschnittsbürger gerecht vorkommen bzw. welche er im Interesse seiner eigenen Kinder in Zukunft verändert sehen möchte. So könnte etwa ein völlig gleicher Lohn in der Theorie als eine besonders gerechte Lösung erscheinen, während es in der Realität als sehr ungerecht empfunden werden würde, Leistung und Einsatz überhaupt nicht zu berücksichtigen. Dabei vermag erst die Konvergenz der beiden Vorgehensweisen in etwa herauszufinden, welche Normen und Gesetze tatsächlich als gerecht gelten können.

Aus der Kombination der beiden Vorgehensweisen erarbeitet Rawls zwei Grundsätze der Gerechtigkeit, die allerdings nicht gleichgeordnet sind, sondern in einer Rangfolge stehen, nämlich: 1. Jedermann soll gleiches Recht auf das umfangreichste System gleicher Grundfreiheiten haben, und: 2. soziale und wirtschaftliche Ungleichheiten sind so zu gestalten, daß vernünftigerweise zu erwarten ist, daß sie zu jedermanns Vorteil dienen und zugleich die damit verbundenen Positionen und Ämter jedermann gleicherweise offenstehen. Rechtssicherheit und Chancengleichheit sind damit gleichermaßen gewahrt. Zwar scheint Rawls mit diesen Grundsätzen noch sehr nahe beim Utilitarismus zu stehen. Immerhin ist hier aber nicht das Glück der größten Zahl das ethische Kriterium, sondern das gleiche Recht jedes Menschen, das dem meist materiell verstandenen Glück vorangeht. Die vom Utilitarismus geforderte Nutzenmaximierung kann daher ethisch nur im Rahmen dieses Rechtes sittlich sein, wobei dieser Rahmen nicht im Belieben der Mehrheit (allenfalls zuungunsten einer Minderheit) steht, sondern an sich gilt.

Um diese den Utilitarismus entscheidend übersteigende Bedingung aber begründen zu können, muß Rawls dessen Voraussetzungen verlassen und die unbedingte und gleiche Würde eines jeden Menschen (sogar des noch nicht geborenen) annehmen und deren uneingeschränkte Achtung grundsätzlich fordern. Hinsichtlich ihrer Inhalte werden sich zwar die Regeln dieser Gerechtigkeitstheorie von denen des Utilitarismus nicht sehr unterscheiden. Der Unterschied liegt allein in der letzten Begründung, welche die empirisch-pragmatische Ebene übersteigt und einen ideellen Grund, nämlich die Würde des Menschen, fordert. Damit bewegt sich Rawls in der philosophischen Konzeption von Kant, den er auch ausdrücklich zitiert. Unbedingte Menschenrechte und deren Gerechtigkeit gelten nämlich - das sieht Rawls mit voller Klarheit - nur unter dieser Annahme einer Letztbegründung, die freilich selbst in der UNO-Menschenrechtscharta von 1948 nicht ausdrücklich festgehalten ist. Zur Überbrückung der großen weltanschaulichen Unterschiede wollte man damals auf eine solche letzte Begründung verzichten; man zahlte aber dafür den Preis einer bloß faktischen, eben utilitär-pragmatischen, jedoch keiner prinzipiellen Gültigkeit. Rawls ist aus den seitherigen Erfahrungen mit vielen anderen verantwortungsbewußten Zeitgenossen zu der Überzeugung gelangt, daß dieser Preis nicht zu bezahlen ist. Darin liegt die eigentliche ethosbestimmende Bedeutung seiner Gerechtigkeitstheorie. Diese bezieht sich aber auf die für die neuzeitliche Ethik ohnehin im philosophischen Bereich bestimmende Ethik von Kant; sie soll daher im folgenden näher beleuchtet werden.

1.4 Die unbedingte ("kategorische") Forderung nach Achtung menschlicher Würde

Der Ausgangspunkt des großen kritischen Ethikwerks von I. Kant (gest. 1804) liegt in der Auseinandersetzung mit der rationalistischen Philosophie seiner Zeit und deren Naturrecht, wie Kant es vor allem von C. Wolff (gest. 1754) bzw. in einer mehr theologischen Interpretation bei S. von Pufendorf (gest. 1694) kennengelernt hatte. In dieser Naturrechtsethik werden aber - und darin anders als in der mittelalterlichen Hochscholastik etwa eines Thomas von Aquin - nicht nur im Wesen des Menschen, also in seiner "Natura" liegende Forderungen wie Gerechtigkeit oder Verehrung der Eltern festgehalten, sondern auch, und zwar mit der gleichen unbedingten Verpflichtung, konkretere Forderungen, die sich tatsächlich nur aus bestimmten kulturellen und geschichtlichen Umständen erklären lassen. Oft genug wurden damit dann die bestehenden Herrschafts- und Machtstrukturen ethisch festgeschrieben. Kant, dem Freiheitsgedanken der Aufklärung verpflichtet, mußte hier Kritik anmelden, zumal er einsah, wie sehr solche Forderungen auf sog. naturalistischen Trugschlüssen beruhen, wie also von bestehenden Tatsachen im Verhalten der Menschen auf sittliches Sollen geschlossen wurde.[17] Sein Ansatzpunkt findet sich in manchem in der Diskussion wieder, die in den 1950er Jahren in der katholischen Moraltheologie und Soziallehre über das neuscholastische Naturrecht stattgefunden hat. Gerade in dieser Hinsicht ist daher seine Überlegung für eine heutige christliche Sozialethik von großer Bedeutung,[18] zumal es auch da wesentlich um die Sicherung von Freiheit und Würde des Menschen vor bloß scheinbarem Recht und seiner Ordnung geht.

Wenn Kant, für den die Aufklärung "Befreiung des Menschen aus selbstverschuldeter Unmündigkeit" bedeutete, an einer solchen Ethik Kritik übte, so verstand er diese Kritik durchaus auch in einem gesellschaftlich-politischen Sinn, und es erstaunt wenig, daß er sich zunächst den empirisch-utilitaristischen Tendenzen in England zuwandte und sich dort besonders von Hutcheson und seiner Losung vom "größten Glück der größten Zahl" be-

---

[17] Für Kants ethisches Werk sei hier verwiesen auf "Die Grundlegung der Metaphysik der Sitten" von 1785 sowie vor allem auch auf "Die Kritik der praktischen Vernunft" von 1788.

[18] Für die ausführliche Diskussion in der katholischen Moraltheologie sei hier exemplarisch verwiesen auf F. Böckle, Das Naturrecht im Disput, Düsseldorf 1966; J. David, Das Naturrecht in Krise und Läuterung, Köln 1967, sowie als Überblick von 1945-65: H.D. Schelauske, Naturrechtsdiskussion in Deutschland, Köln 1968. Hinsichtlich der Katholischen Soziallehre wird das Thema besonders pointiert angesprochen von W. Kroh, Kirche im gesellschaftlichen Widerspruch, München 1982, und in der darüber geführten Diskussion (vgl. vor allem O. v. Nell-Breuning, Soziallehre der Kirche im Ideologieverdacht, in: ThPh 58 [1983], 88-99).

eindrucken ließ. Ähnlich wie die heutige, befreiungstheologisch motivierte Kritik am ebenfalls auf Wolff zurückgehenden neuscholastischen Naturrechtsdenken sollte auch hier "von unten" eine ideologiekritische wirklichkeitsnahe Ethik gefunden werden. Allerdings erkannte Kant schnell, daß in diesem empiristischen Ansatz eine ethische Verbindlichkeit nicht zu finden sein würde und man eine unzureichend begründete unbedingte Normentheorie nur gegen einen mehr oder weniger subjektivistischen Relativismus eintauschen würde. Daher wählte er einen Zugang zu dem Problem, den er als die "kopernikanische Wende" in der Philosophie bezeichnete. Die Wahrheit bzw. deren eigentlicher Grund ist nicht außerhalb des Menschen in den Dingen zu suchen, sondern im handelnden Menschen schlechthin, in dem, was er das "transzendentale Subjekt" nannte.

Nicht äußere Normen und Gesetze, sondern der Mensch selber, sein Verantwortungsgefühl, die im eigenen innersten Erfahren wurzelnde "Pflicht" wird als Grund der Ethik erkannt. Insofern ist diese als "autonome" zu bezeichnen, d.h., der Mensch ist sich selber Gesetz, er braucht sich nicht von anderen Äußeren (heteronom) Vorschriften machen zu lassen. Der letzte Grund für ethische Verpflichtung liegt also im Menschen selber, in seiner für alle gleichen Freiheit und Würde, die sein gerade so von Gott nach seinem Ebenbild (Gen 1,27) geschaffenes Wesen oder seine "Natura" ausmacht. Ohne daß diese Begriffe verwendet würden, ist damit das, was Thomas von Aquin bewegte, erneut thematisiert. Kant wie Rawls, der sich in seiner Utilitarismuskritik auf diesen beruft, stehen daher, ohne es wohl selber zu wissen und ohne explizit die gleiche Begrifflichkeit zu verwenden, in einer langen christlich-ethischen Tradition. Um so erstaunlicher mutet es an, daß bis heute eine "autonome Moral" unter christlichen Theologen kontrovers diskutiert bleibt und oft genug als Selbstherrlichkeit seitens aufgeklärter Ethiker verstanden wird.[19] In diesem Ansatz kann jedoch nicht nur das Menschenrechtsethos der zweiten Hälfte des 20. Jahrhunderts seine Begründung finden, auch ein Religionen und Kulturen übergreifendes Ethos kann in unserer pluralistischen Weltgesellschaft verantwortet nur auf dieser Grundlage aufbauen. Ein näheres Eingehen auf diesen Ansatz ist daher fast 200 Jahre nach Kant noch immer unerläßlich. Folgendes ist dabei herauszustellen:

Es ist einmal die nähere Umschreibung der existentiell erfahrenen, unbedingten ethischen Pflicht des Menschen, die Kant in seinem kategorischen (= unbedingten) Imperativ in zwei sich ergänzende Formulierungen, einer mehr formalen und einer material-inhaltlichen, gefaßt hat, nämlich: "Handle so, daß die Maxime deines Willens jederzeit zugleich als Prinzip einer allgemeinen Gesetzgebung gelten könnte" (so die formale Fassung) und: "Handle so, daß du die Menschheit sowohl in deiner Person als in der Person eines jeden anderen, jederzeit zugleich als Zweck, niemals bloß als Mit-

---

[19] Vgl. dazu den Disput um A. Auer, Autonome Moral und christlicher Glaube, Düsseldorf ²1984 (mit präzisierendem Nachtrag).

tel brauchest" (so die material-inhaltliche Fassung).[20] Dabei spiegelt die formale Fassung die unbedingte Gleichheit aller Menschen wider und drückt die für die Gültigkeit jeder ethischen Norm unerläßliche sog. Universalisierungsforderung aus, während die inhaltliche Fassung die unveräußerliche Würde jeder menschlichen Person zur Sprache bringt.

So sehr dieser kategorische Imperativ vom Menschen aus seiner eigenen existentiellen Erfahrung eingesehen werden kann, also im wahren Sinne eine "autonome" Forderung darstellt, so wenig darf die kantische Ethik jedoch als Ethik ohne Gott verstanden werden. Kant weiß viel zu genau, daß im Wesen des endlichen und sterblichen Menschen keine unbedingte Gültigkeit ethischer Pflicht und Norm begründet sein kann. Deshalb - und das gilt es als zweites hervorzuheben - ist Gott (so gut wie die menschliche Freiheit) unabdingbare Voraussetzung, also "Postulat", jeder Ethik. Was Kant vertritt, ist somit - um es mit einem modernen Wort zu sagen - eine "theonome Ethik" (F. Böckle) und in keiner Weise ein Ausdruck menschlicher Selbstüberheblichkeit.[21]

Schließlich ist als drittes anzumerken, daß Kant die Auffassung eines voluntaristischen, willkürlichen Gesetzgeber-Gottes ablehnt, dessen Weisung menschlicher Vernunft nicht einsichtig ist. Dies aber liegt, von nominalistisch-voluntaristischen Ansätzen von Peter Abaelard (gest. 1142) bis Sören Kierkegaard (gest. 1855) einmal abgesehen, durchaus auf der Linie der klassischen christlichen Theologie, wie sie Thomas von Aquin, aber auch die um wahre Menschlichkeit besorgten spanischen Völkerrechtler des 16. Jahrhunderts vertreten haben.[22] Ohne ausdrückliche christliche theologische Verwurzelung stellt die Ethik Kants bis in unsere Tage also ein Modell dar für eine im Absoluten gründende, die personale Würde des Menschen aus eigener Einsicht unbedingt achtende Ethik, die allein die Grundlage für Menschenrechte abzugeben vermag.

Dennoch kommen in diesem Ansatz drei für eine umfassende Ethik unerläßliche Elemente zu kurz: Einmal wird das grundsätzlich widernatürliche Böse, das trotz klarer Vernunfteinsicht immer wieder aus reinem Trotz gesetzt wird und das als solches zwar unerklärlich ist, aber dennoch zur harten menschlichen Wirklichkeit gehört, nicht eigentlich zur Sprache gebracht. Der Aufklärungsoptimismus Kants, der im Gefolge von Rousseau den Menschen als grundsätzlich gut annimmt, vermag diesem dem christlichen Realismus unter dem Stichwort der Sünde nur allzu bekannten Faktum nicht hinreichend Rechnung zu tragen. Insofern bleibt Kants Ansatz in einem gewissen Sinne utopisch unwirklich. In seiner formalen Abstraktheit hat er zudem die Tendenz, kulturelle und geschichtliche Verschiedenheiten

---

[20] Vgl. Kritik der praktischen Vernunft (Akad. Ausg.) 54 bzw. 237; für eine genaue Analyse der beiden Formeln vgl. O. Schwemmer, Sittliche Praxis, Frankfurt 1971, 132ff und 157ff.
[21] Vgl. dazu F. Furger, Transzendentale Theologie - die Bedeutung Kants in der aktuellen moraltheologischen Diskussion, in: A. Halder u.a. (Hrsg.), Auf der Suche nach dem verborgenen Gott, Bd. I, Düsseldorf 1987, 97-105.
[22] Vgl. dazu J. Höffner, a.a.O.

aus seiner Aufmerksamkeit auszublenden, und berücksichtigt daher die reale und berechtigte Vielfalt im menschlichen Ethos nicht genügend. Gerade dies aber ist in der heutigen, mehr und mehr zusammenwachsenden Welt von wesentlicher Bedeutung. Schließlich vermag Kant auch die eigentlich sozialethischen Momente, also die Frage nach der Sittlichkeit nicht nur einzelner Menschen, sondern auch der von diesen zwar initiierten, aber dann als solche verfestigten gesellschaftlichen Strukturen, noch nicht zu thematisieren. In dieser Beziehung gilt es für eine umfassende Sozialethik, Kants Ansätze weiterzuentwickeln.

Dagegen ist der Vorwurf, der schon von Zeitgenossen Kants, wie etwa A. Schopenhauer (gest. 1860) oder F. Schiller (gest. 1805), erhoben wurde, Kants Ethik sei eine "Sklavenmoral der eigenen Vernunft" (Schopenhauer), der für Wohlergehen und Glück keinen Sinn hätte, nicht stichhaltig. Kant, und damit jede echte menschliche Ethik, rechnet zwar sehr wohl mit einer menschlich-existentiellen Erfüllung im Befolgen der sittlichen Pflicht. Sie lehnt es aber mit Recht ab, diesem subjektiven und vernunftmäßig schlecht überprüfbaren Moment das Gewicht eines ethisch verbindlichen Kriteriums zuzumessen. Eben darin unterscheidet sich eine solche Ethik von einem Utilitarismus, ohne deshalb dessen Erkenntnisse geringachten zu müssen. Beleg dafür ist nicht zuletzt die Gerechtigkeitstheorie eines J. Rawls. Ob darin allerdings nicht doch eine Unterbewertung der emotionalen Momente in der Ethik liegt, ist die Frage, die eine weitere, heute ebenfalls virulente kantkritische Strömung, nämlich die sog. Wertethik, stellt.

1.5 Wertethisches Verständnis

Es gehört zu den typischen Eigenheiten der modernen westlichen Gesellschaft, daß sie in ihrer Geistigkeit die menschliche Einzelperson in den Vordergrund des Interesses rückt und deren Vernunft- und Verstandesfähigkeiten für die Erkenntnis besonders herausstellt. Die Wurzel dieser geistigen Grundhaltung liegt in der Philosophie der Aufklärung des 17. und 18. Jahrhunderts. Sie prägt bis heute nicht nur das allgemeine geistige Bewußtsein, sondern vor allem auch das gesamte Erziehungswesen, insbesondere die Hochschulen. Kant ist, wie eben dargelegt, auch in dieser Hinsicht ein typischer Vertreter solcher Geistigkeit. Erst im 20. Jahrhundert werden deren Grenzen und Einseitigkeiten sichtbar. In der Vereinzelung des Individuums wie auch in den Exzessen menschlicher Technologien sind sie in den letzten Jahren in das allgemeine Bewußtsein getreten. Aber schon zu Beginn des Jahrhunderts, vor allem im Gefolge des Ersten Weltkrieges und dessen "Materialschlachten", haben wache Geister solche Grenzen erkannt. Dazu gehören nicht zuletzt im ethischen Bereich die Vertreter der sog. Wertethik. In bewußter Absetzung von Kant bzw. von dem die formal-intellektuellen Momente besonders einseitig betonenden Kantianismus soll dabei nicht nur die inhaltliche, eben wertbezogene Dimension von Ethik in den Vordergrund gerückt werden; es soll vielmehr auch für deren "Erkenntnis" statt auf den Intellekt auf das Gefühl, also auf die emotionalen Fähigkeiten des Menschen, abgestellt werden. Die Erkenntnis des Wertgefühls gilt in diesem Fall als eine der intellektuellen Erkenntnis ebenbürtige und eigenständige Quelle ethischer Einsicht.

Zwar ist es nicht das erste Mal in der abendländischen Geistesgeschichte, daß die letztlich auf die "Mäeutik" des Sokrates zurückgehende Vorrangigkeit der intellektuellen Einsicht für die Bestimmung der Verhaltensrichtlinien zurücktritt und die Willens-Momente als erstbestimmende in den Vordergrund rücken. So ist etwa eine solche Schwerpunktverschiebung beim Zeitgenossen des Thomas von Aquin, dem Franziskaner Bonaventura (gest. 1274), deutlich spürbar. Obwohl neben der intellektuellen Erkenntnis emotionale Momente wie Begeisterung, Liebe, Mitleid, Neugier usw. offensichtlich wichtige Beweggründe für das menschliche Tun und Lassen sind, wurden diese Faktoren dennoch erst in der Wertethik derart deutlich, ja exklusiv thematisiert. Im Anschluß an E. Husserls (gest. 1938) "phänomenologische" Erkenntnistheorie und deren Leitwort "zurück zu den Sachen selbst" begann man sich mit den der menschlichen Wirklichkeit innewohnenden eigenen Werten und ihrem Appellcharakter an den handelnden Menschen auseinanderzusetzen. Dies war um so leichter möglich, als die experimentelle sog. Gestaltpsychologie parallel dazu darlegte, welch erhebliche Rolle Erwartungs-, also Gefühlsmomente in scheinbar rein intellektuellen Erkenntnisprozessen spielen. Neben der Phänomenologie Husserls waren es so vor allem die Erkenntnisse des Prager Psychologen und Philosophen C. von Ehrenfels (gest. 1932), welche die Wertethiker zu ihren Überlegungen veranlaßten. Als herausragende Vertreter dieser Richtung müssen M. Scheler (gest. 1928) und N. Hartmann (gest. 1950) genannt werden, wobei in Deutschland J. Hessen (gest. 1971), D. von Hildebrand (gest. 1977), H. Reiner (geb. 1896), aber auch W. Marx (geb. 1910), in den USA dagegen die Schule des sog. Emotivismus mit C.L. Stevenson u.a. und in Polen schließlich K. Wojtyla (geb. 1920) diese Ideen aufgriffen, weiterführten und auch auf die christliche Ethik einen erheblichen Einfluß ausübten.[23]

Werte werden dabei als vorgängig zu jedem Trieb stehend angesehen, und sie fordern als dasjenige, was eigentlich sein soll, von der handelnden Person vor jedem Willensakt Achtung, Bewunderung, Hingabe und Liebe. Der sittliche Anspruch geht vom Wert selber aus und nicht etwa vom handelnden Subjekt; "der Strebende hat es keineswegs in der Hand, eigenmächtig

---

[23] Als Quellenliteratur sei hier verwiesen auf C. v. Ehrenfels, System der Werttheorie - Grundzüge einer Ethik, 3 Bde., 1897/98; W. Scheler, Der Formalismus in der Ethik und die materiale Wertethik, Bern ^{5}1968 (Erstpublikation in 2 Bden. 1913/16); N. Hartmann, Ethik, Berlin 1926, sowie J. Hessen, Ethik - Grundzüge einer personalistischen Wertethik, Leiden ^{2}1958; D. v. Hildebrand, Christliche Ethik, Düsseldorf 1952; H. Reiner, Grundlagen der Sittlichkeit, ^{2}1974; W. Marx, Gibt es auf Erden ein Maß?, Hamburg 1983, sowie C.L. Stevenson, Ethics and Language, Yale 1972; K. Wojtyla (Johannes Paul II.), Primat des Geistes - Philosophische Schriften, Stuttgart 1980.

zu bestimmen, was angenehm und allgemein, was wertvoll für ihn ist und was nicht"[24]. Es ist dieser Wertanspruch, der dann die Tatantwort fordert.
Dabei macht freilich nicht diese Umschreibung von Wert Schwierigkeiten, denn die Befolgung des beschriebenen Wertanspruchs ist als ethische Forderung, das Gute, also das Wertvolle zu tun, eigentlich selbstverständlich. Schwierigkeiten entstehen für die Ethik erst dort, wo verschiedene Werte miteinander in Konkurrenz treten und jeweils nur einer verwirklicht werden kann, d.h., wo die Verwirklichung des einen Wertes nur über eine faktische Leugnung oder zumindest Hintanstellung der anderen Werte möglich ist. Zur Lösung dieses Dilemmas können verschiedene Antworten gegeben werden. Eine Möglichkeit besteht darin, daß man auch für diese Rangfolge auf das Wertgefühl verweist, Wertintuition also mit Rangintuition verbindet. Die Vorzugsregeln sind dann gleicherweise gefühlsmäßig evident und bedürfen ebenso keiner weiteren intellektuellen Begründung oder Kontrolle. Dies erscheint freilich nicht nur auf der logischen Ebene als eine "Petitio principii". Vielmehr lehrt auch die Geschichte, wie leicht solche gefühlsmäßigen Vorzugsregeln in Fanatismen umkippen können. Die Hexenverbrennungen des Mittelalters, die Exzesse gegenüber anderen Völkern, gegenüber Juden, Roma und Sinti, aber auch gegen Homosexuelle durch den Nationalsozialismus, der islamische Fundamentalismus usw. sind dafür deutliche Beispiele, die eine Ethik stutzig machen und fragen lassen müssen, ob nicht doch eine intellektuelle Absicherung gerade auch des Wertgefühls notwendig ist.
Tatsächlich haben denn auch verschiedene Wertethiker eine solche Rückbindung an die Einsicht der Vernunft bzw. in eine der Vernunft einsichtigen Seinsordnung vorgeschlagen und objektiv bedeutsame von nur subjektiv bedeutsamen Werten unterschieden. Damit wird das Werturteil einem umfassenden, durch Vernunft überprüfbaren Kriterium der Menschlichkeit unterstellt, einem Kriterium also, das durchaus in der Formulierung des kategorischen Imperativs von Kant ausgedrückt werden könnte. Dagegen wird argumentiert, es gebe dennoch allgemein einsichtige werthierarchische Ordnungen (wie etwa bei M. Scheler: in aufsteigender Linie werden seiner Ansicht nach angenehm, edel, schön und heilig allgemein anerkannt), die als solche einleuchteten und deshalb weder seitens der Erfahrungswissenschaften noch seitens einer philosophischen Erkenntniskritik der Verifikation bedürfen. Hier darf man freilich nicht übersehen, wie sehr solche Wertelisten kulturbedingt und damit subjektiv und relativ sind. Der Einwand, daß aus bloßer Erfahrung, und wäre es diejenige des Wertgefühls, keine unbedingten Verpflichtungen abgeleitet werden können, trifft also auch hier zu: Erst wo ein unbedingter Grundwert nicht bloß erspürt, sondern grundsätzlich bejaht wird, wie dies etwa in der vorgegebenen Seinsordnung bei Hildebrand und Reiner oder im Personalismus von Hessen anklingt oder wie es vor allem in der Scheler-Auseinandersetzung von Wojtyla im

---

[24] N. Hartmann, a.a.O., 140.

Blick auf die unbedingte Person des Gottmenschen Jesus Christus ausgearbeitet wurde, ist diese Unbedingtheit irdischer Verpflichtung gewährleistet.
Wo Wertethik allerdings in dieser Weise verstanden wird, kann sie gerade in einer Zeit einen wesentlichen Beitrag für ein umfassendes Ethos leisten, wo die rein intellektuelle Analyse leicht die Richtung und den Blick für das Ganze verliert. Dies ist nicht nur spürbar in der deutlich wertethisch geprägten kirchlichen Verkündigung des 1978 zum Papst Johannes Paul II. gewählten Wojtyla. Es ist auch deutlich spürbar in der ökologischen Zivilisationskritik der sog. "grünen" Bewegungen. Ganzheitliche Betonung von Lebenswerten einer intakten Umwelt, einer intakten menschlichen Sexualität u.ä. steht im Vordergrund der Argumentation und bringt Werte motivierend zum Tragen, die in einer hochspezialisierten und deswegen auch partialisierten Denkweise leicht übersehen werden, wobei dann allerdings mögliche Folgekosten oder einzelne Ausnahmefälle weniger Berücksichtigung finden, ja in der apodiktischen Betonung von Werten sogar unterzugehen drohen.[25]
Damit scheint der wertethischen Bewegung eine hohe Bedeutung für die Motivation menschlichen Handelns zuzukommen. Ist es doch fast immer das Gefühl für Werte, das Menschen zum Handeln antreibt, das sie neu auftauchende Probleme entdecken und erspüren läßt und das auch gegen äußeren Widerstand erste gesellschaftliche Initiativen in Bewegung zu setzen vermag. Innovatorische Bewegungen im Ethos einer Gesellschaft waren so letztlich immer wertethisch bestimmt, ob der Name nun gebraucht wurde oder nicht. Stets waren aber solche Aufbrüche auch begleitet von der Gefahr zu Exzeß und Fanatismus. Um dies zu vermeiden, so lehrt die Geschichte wie die ethische Erkenntnislogik, ist es daher unerläßlich, die im Gefühl erfahrenen Werte auf einen letzten Grund hin rückzuführen und sie im nachhinein in der intellektuellen Reflexion an den für das Menschsein konstitutiven Grundwerten als letzten Kriterien zu bemessen und zu überprüfen: Ethik ohne intellektuelle Reflexion bleibt blind; ohne das wertbezogene Gefühl aber bleibt sie lahm. Daß beide für eine ethische Verhaltensweise des einzelnen wie einer sozialen Gemeinschaft gerade in einer hochtechnisierten Zivilisation unverzichtbar sind, rufen daher die wertethischen Ansätze bereichernd in Erinnerung.

1.6 Marxistische Elemente

Der Geistigkeit des deutschen Idealismus gegenüber nicht weniger kritisch als die Wertethik ist - hier allerdings weniger auf Kant als auf Hegel bezo-

---

[25] So etwa, wenn bei einem absoluten Verbot der Kernenergie die durch thermische Kraftwerke sicher geförderte Erwärmung der Erde durch den sog. Treibhauseffekt nicht beachtet oder die Energieversorgungsprobleme ärmerer Länder übergangen werden, sowie wenn jeder Eingriff in den genuinen Zusammenhang von Sexualität und Zeugung von vornherein als in jedem Fall ethisch indiskutabel und sittenwidrig erscheint.

gen - das philosophische Denken von K. Marx (gest. 1883). Insofern der Marxismus trotz zahlreicher Rückschläge zu den einflußreichen geistigen Bewegungen der Neuzeit gehört, wäre eine Übersicht über ethosbedingende geistige Strömungen unserer Zeit ohne einen Blick auf den Marxismus gerade auch unter sozialethischem Vorzeichen unvollständig. Dennoch mutet diese Inbezugsetzung von Ethik und Marxismus auf den ersten Blick seltsam an, hat doch Marx selber die Ethik als solche abgelehnt und sie zu jenem "Überbau" gezählt, der ähnlich wie die Religion den Menschen als "Opium des Volkes" von der Wahrnehmung seiner eigenen Interessen zugunsten derjenigen der Reichen abhalte: "Die Kommunisten predigen überhaupt keine Moral; ... sie stellen nicht die moralische Forderung an die Menschen: liebt euch untereinander, seid keine Egoisten pp.; sie wissen im Gegenteil sehr gut, daß der Egoismus ebenso wie die Aufopferung eine unter bestimmten Verhältnissen notwendige Form der Durchsetzung der Individuen ist."[26] Was Marx vorlegt, ist - wenn man von gewissen Ansätzen in seinen Frühschriften absieht - eine Beschreibung der gesellschaftlichen Entwicklungen im Sinne des historischen bzw. dialektischen Materialismus, also eine sich nach inneren Gesetzmäßigkeiten zwangsläufig vollziehende Gesellschaftsentwicklung, und nicht eine Ethik der Eigengestaltung der sozialen Wirklichkeiten durch die freie menschliche Persönlichkeit.

Dennoch bleibt für Marx im Rahmen dieser Entwicklungsgesetzmäßigkeiten ein Spielraum für den menschlichen Einsatz, den es im Sinne der letzten Zielsetzung, nämlich der Herbeiführung der kommunistischen Gesellschaft wahrer Menschlichkeit, durch individuelle Initiative zu fördern gilt, der aber auch durch den sog. Revisionismus behindert und gestört werden kann. Eben deshalb darf man den Revisionismus nicht einfach als Moment der dialektischen Entwicklung hinnehmen. Vielmehr muß er kritisiert und ausgeschaltet werden. Wenig thematisiert und noch weniger logisch eingebunden bleibt also auch in diesem historisch-dialektischen Materialismus faktisch Platz für Ethik, was auch von Marxisten selber zu allen Zeiten immer wieder so aufgenommen wurde. Diese ist dann aber nicht auf das Verhalten und die Einstellungen einzelner bezogen, sondern immer wesentlich eine Ethik der politischen und vor allem wirtschaftlichen Verhältnisse einer Gesellschaft. Ethik im Marxismus ist somit immer und wesentlich Sozialethik, was sie für jede weitere sozialethische Überlegung bedeutsam macht. Obwohl es nach einem geflügelten Wort Lenins "im Marxismus von Grund auf nicht einmal eine Hand voll von Ethik" gebe und der Stalinismus mit seiner brutalen reinen Machtpolitik Marxismus und Ethik der Menschlichkeit als Widerspruch in sich erscheinen lassen muß, haben sich im Marxismus immer wieder sozialethische Überlegungen zu Wort gemeldet. Dies trifft einmal zu für die Entwicklungen in der nachstalinistischen Sowjetunion, wo im Anschluß an den 21. und 22. Parteitag der KPdSU von 1959 bzw. 1961 der stalinistische Personenkult ausdrücklich als für die Ethik des

---

[26] Vgl. K. Marx u. F. Engels, "Die deutsche Ideologie" (1845), in: MEW Bd. 3, Berlin 1958, 229.

Volkes schädlich bezeichnet und ein ethischer Diskurs, wenn auch zaghaft, selbst an den Hochschulen wieder möglich wurde.[27] Die Idee eines allgemein menschlichen, einfachen Sittengesetzes, das seine klassenübergreifende Gültigkeit aus der Verwurzelung im Wesen des Menschen als solchem bezieht, wird erneut erwähnt. Die Anerkennung eines echten Personenwertes und die Pflege von zwischenmenschlichen Bürgertugenden wie Ehrlichkeit, Arbeitsamkeit, Bescheidenheit, aber auch Nationalstolz finden Eingang in offizielle Lehrbücher.[28] Wenn auch noch voll in die von der Partei festgelegten gesellschaftlichen Rahmenbedingungen eingebunden, beginnt damit wieder der Begriff eines persönlichen Gewissens eine Rolle zu spielen. Weiterhin macht sich dabei zumindest bei einigen Autoren ein Rekurs auf das Grundkriterium der Menschlichkeit, sogar im Sinne des Kantschen kategorischen Imperativs bemerkbar.[29] Zwar nicht gänzlich frei von utilitaristischen Elementen, wird hier doch davor gewarnt, diese grundlegende Menschlichkeit den Interessen von Partei und Gesellschaft hintanzustellen. Die neuesten Entwicklungen in der UdSSR unter den Stichworten von Glasnost und Perestroika (= Offenheit und Veränderung) bezeugen, daß diese sich seit rund 30 Jahren und nicht ohne Rückschläge abzeichnenden Entwicklungen eine ethisch bestimmende Bedeutung zu erlangen beginnen. Dies schien auch in China der Fall zu sein, wo nach der von den opportunistischen Maximen aus Mao Tse Tungs "Rotem Büchlein" von 1958 bestimmten Kulturrevolution wieder auf das konfuzianische Erbe zurückgegriffen wurde. Doch lassen die neuesten Ereignisse in China, die in der blutigen Niederschlagung der Demokratiebewegung im Juni 1989 gipfelten, die weitere Umsetzung fragwürdig erscheinen.

Nicht weniger bedeutsam als diese Entwicklungen innerhalb der vom Marxismus-Leninismus geprägten politischen Machtsysteme, in welchen die Ethik eigentlich nur zu den in der abendländischen Philosophie seit der Aufklärung bekannten Grundprinzipien der Achtung der gleichen Freiheit des einzelnen Menschen, also zu einer prinzipiellen Forderung von Humanität und Beachtung der Menschenrechte zurückfindet, sind jene neomarxistischen Ansätze, die sich auf die Frühschriften von Marx berufen, welche lange Zeit verloren waren und erst in den 1930er Jahren wieder entdeckt wurden. Dazu sind vor allem die sog. "Frankfurter Schule" in der Bundesrepublik Deutschland, die in den späten 1960er Jahren großen Einfluß auf die westlichen sozialistischen Bewegungen hatte, aber auch osteuropäische Gruppierungen von Reformmarxisten wie die Mitglieder der jugoslawi-

---

[27] Vgl. dazu den ausführlichen Bericht von P. Ehlen, Die philosophische Ethik in der Sowjetunion, München 1972, sowie A. Künzli, Tradition und Revolution, Basel 1975 (dort besonders: marxistische Ethik und sozialistische Moral, 122-144).
[28] Vgl. das in der UdSSR und den von ihr abhängigen Staaten in Osteuropa als gymnasiale Einführung gedachte Werk "Grundlagen der marxistisch-leninistischen Philosophie", Berlin seit 1971.
[29] P. Ehlen verweist dabei vor allem auf J. Milner-Irinin u. G.D. Bandzeladze; zu nennen wäre aber auch J.N. Davidow, der allerdings mit seiner Meinung, daß wahrer Moral die Liebe zugrunde liegen müsse und die Negation absoluter ethischer Ideale zum Nihilismus führe, noch 1983 von offizieller Seite kritisiert wurde.

schen "Praxisgruppe" oder die Vertreter des "Prager Frühlings" von 1968 usw. zu zählen.[30] Gemeinsam ist all diesen Ansätzen - und eben darum sind sie im Rahmen einer christlichen Sozialethik so bedeutsam -, daß sie die Überlegungen zur Sittlichkeit des Menschen grundsätzlich im sozialgesellschaftlichen Bereich einsetzen lassen. Letztlich noch immer den Ideen der Aufklärung und damit auch den Idealen von Freiheit, Gleichheit und Brüderlichkeit verpflichtet, werden diese nicht so sehr abstrakt und theoretisch auf den einzelnen Menschen als solchen bezogen, sondern konkret auf ihre Verwirklichungsmöglichkeiten in geschichtlich gegebenen Gesellschaften bedacht.

In diesen Gesellschaften werden Ungerechtigkeiten zwischen den einzelnen Schichten und Klassen, vor allem aber unter den verschiedenen Ländern im sog. Nord-Süd-Gefälle festgestellt. Man versucht diese unter dem von Marx eingeführten Stichwort der "Entfremdung" besser zu begreifen: Die Wurzel solcher Entfremdung wird nach wie vor im wirtschaftlichen Bereich gesehen, d.h. im Kapitalismus bzw. in der Trennung von Arbeit und Produktionsmittelbesitz, dem Kapital. Dieses gehört nicht dem arbeitenden Menschen, sondern dieser hat dem Kapital zu dienen. Damit herrscht letztlich ein bloßer Sachwert über menschliche Personen, die so nicht nur äußerlich unterdrückt werden können, sondern schon als solche in einer Entfremdung zu leben gezwungen sind. Kapitalismuskritik und damit verbunden die Forderung nach Vergemeinschaftung oder Sozialisierung des Eigentums an Produktionsmitteln kennzeichnen daher alle diese neomarxistischen Richtungen. Dadurch grundsätzlich gesellschaftskritisch, blenden sie auch - dies gilt vor allem für die osteuropäischen Ausprägungen - die verschiedenen Formen eines Staatskapitalismus im sog. "realexistierenden Sozialismus" in keiner Weise aus. Ziel ist es in jedem Fall, den Menschen als Persönlichkeit von dieser Last der Entfremdung zu befreien und der menschlichen Arbeit als Teil seiner Selbstverwirklichung den Charakter der Last und des Zwanges zu nehmen bzw. sie als Dienst am Gemeinwohl zu verstehen.

Allerdings begnügt sich diese Ausprägung marxistischer Gesellschaftskritik nicht mit der Infragestellung der wirtschaftsliberalen, kapitalistischen Produktionsverhältnisse, sondern stellt auch deren geistesgeschichtliche Voraussetzungen in der Philosophie der Aufklärung zur Disposition.[31] Die darauf zurückgeführte grenzenlose Fortschritts- und Konsummentalität, die sich in ihrem technologischen Machbarkeitswahn (sei es durch die Overkill-Kapazität moderner Waffensysteme oder die Zerstörung der Umwelt) selber aufzuheben droht, wird ebenso hinterfragt wie deren positivistisches, vermeintlich vorurteils- und wertfreies Wissenschaftsverständnis auf einen

---

30 Als wichtigste Autoren wären dabei für die Frankfurter Schule zu nennen: M. Horkheimer, T. Adorno, H. Marcuse sowie später J. Habermas; für die Praxisgruppe sei verwiesen auf: B. Bosniak, G. Petrovic, P. Vranicki u.a. (vgl. dazu ausführlich S. Sirovec, Ethik und Metaethik im jugoslawischen Marxismus, Paderborn 1982) und für den Prager Frühling auf M. Machovec und V. Gardavsky sowie auf den Exilpolen L. Kolakowski.

31 Vgl. T. Adorno, M. Horkheimer, Dialektik der Aufklärung, Frankfurt 1947.

latenten Ideologieverdacht hin. Dementsprechend wird hier eine umfassende Zivilisationskritik gegen eine völlige, zugleich meist internalisiert unbewußte Entfremdung des Menschen in einer bloß konsumgesteuerten, rein außengelenkten "Eindimensionalität" (H. Marcuse) zur ethischen Pflicht.
In den Aufbruchbewegungen von 1968 hat sich diese kritische Sicht gewichtig und in manchem unrealistisch "utopisch" in der Öffentlichkeit Gehör verschafft und auch manche gesellschaftliche Initiative ausgelöst. Dabei sind für konkrete Veränderungen und Verbesserungen der sozialen Wirklichkeit Kompromisse unvermeidbar. Aber auch einseitige Urteile sowohl bei radikaler Kritik wie bei erhobenen Postulaten unter Einbezug der immerhin erbrachten Leistungen wie der möglichen negativen Folge von radikalen Veränderungen wurden gemildert und so auch realistische wie gesellschaftliche Konzepte möglich. Mittlerweile ist es um diese neomarxistischen Aufbrüche stiller geworden.[32] Dennoch bleibt diese neomarxistische Gesellschaftskritik und die darin eingeschlossene Ethik für das aktuelle Ethos der technisch-industriell hoch entwickelten, ja vielleicht schon "postindustriellen" Gesellschaften trotz mancher Einseitigkeiten und gelegentlich übertriebenem Utopismus relevant. Denn die grundsätzliche Infragestellung vor allem wirtschaftlicher sog. Sachzwänge wie die Erarbeitung von idealen Zielvorstellungen gehören gerade auch für eine aus der Motivation des Evangeliums stimulativ-kritische christliche Sozialethik zu den unbedingt zu berücksichtigenden Momenten in den ethosprägenden geistigen Strömungen unserer Tage.

1.7 Weltgestaltendes Christentum

Neben den bei verschiedenen philosophischen Denkformen festzumachenden ethischen Erklärungs- und Begründungsversuchen, die mehr oder weniger ausgeprägt die in der aktuellen Gesellschaft geltende Sittlichkeit mitgestalten, waren seit je auch die religiösen Überzeugungen der Menschen von Bedeutung. Wo immer die Religion ein bestimmender Faktor des öffentlichen Lebens ist, sind sie es sogar in einer herausragenden Weise. Die mittelalterliche Einheit von Kirche und Staat belegt dies für die damals fast ausschließlich ethosprägende Kraft des Christentums ebenso wie die aktuellen Einflüsse des sich kraftvoll erneuernden fundamentalistischen Islams, dem es in den 1980er Jahren verschiedentlich gelang, die "Scharia", das religiöse, im Koran verwurzelte Sittengesetz, auch als staatliche Rechtsord-

---

[32] Die in den späten 1980er Jahren in der Bundesrepublik Deutschland feststellbare Spaltungstendenz in den alternativ-grünen Bewegungen in Fundamentalisten und Realpolitiker (sog. "Fundis" gegen "Realos") macht diese Abschwächung des theoretisch-kritischen Potentials deutlich, zeigt aber zugleich eine Annäherung der kritischen Ideen dieser ethischen Strömung an die konkrete gesellschaftliche Wirklichkeit. Die Auflösungserscheinungen im Weltkommunismus Ende der 1980er Jahre haben diesen Tendenzen noch zusätzlich Auftrieb gegeben.

nung durchzusetzen. Ebenso unübersehbar ist aber auch der Einfluß, den der Hinduismus bis heute auf das Ethos der indischen Gesellschaft ausübt. Für das Christentum dagegen kann man in Anbetracht von Pluralismus und Säkularisierung in den modernen westlichen Gesellschaften die Frage stellen, ob die allgemeine philosophische Religionskritik der sog. "Linkshegelianer" (für welche L. Feuerbach, gest. 1872, wie Marx als herausragende Vertreter gelten können) dessen Einfluß so zurückgedrängt haben, daß es seine ethische Prägekraft eingebüßt hat. Aber auch der Einfluß der rational exakten und in der technologischen Anwendung ungemein erfolgreichen Naturwissenschaften, welche die religiöse Frage methodologisch ausklammern müssen, sie aber so auch leicht als belanglos, ja als für den wissenschaftlichen Erkenntnisfortschritt hinderlich wenigstens faktisch negieren, scheinen die gesellschaftlich prägende Kraft des Christentums nachhaltig zu schwächen. Ein näheres Zusehen zeigt jedoch, daß selbst in einer hinsichtlich vieler gesellschaftlicher Belange offensichtlich "nachchristlichen Epoche" sowohl in Erziehung und Schule als auch durch die kirchliche Präsenz in der Öffentlichkeit christliche Leitbilder in mannigfacher Weise zumindest unterschwellig wirksam bleiben, ja oft eine wenn auch lockere Verbindung zum christlichen Erbe gerade um der Sicherung des Ethos willen gepflegt wird. Darüber hinaus aber scheinen gerade auch die Engpässe und Gefährdungen, in welche die rein rationale Wissenschaftlichkeit und die daraus folgende technologische Entwicklung die Menschheit existenzbedrohend hineingeführt hat, die Rückfrage an eine von letzten, also religiösen - und das heißt hier fast immer auch christlichen - Werten getragene Ethik nahezulegen. Ethikkommissionen in Wirtschaft, Forschung und technologischer Anwendung suchen so zunehmend den Kontakt zu Vertretern christlicher Sozialethik - unter der Voraussetzung allerdings, daß in der Tradition der christlichen Ethik nicht seltene, der Sicht des Evangeliums allerdings wenig angemessene Engführungen vermieden werden.

Als erste derartige Engführung ist dabei an das zu denken, was der christlichen Ethik den Vorwurf eingetragen hat, sie sei "Jenseitseudaimonismus" (so Hartmann) und damit letztlich "Opium des, ja für das Volk" (so Marx bzw. Lenin), d.h., sie beurteile menschliches Handeln nur danach, ob es dereinst himmlischen Lohn garantiere, womit man dann auch den schlechter Gestellten über diesseitiges Ungemach hinwegtrösten könne. Tatsächlich scheint die auf die klassische Katechismusfrage: "Wozu sind wir auf Erden?" vorgeschlagene Antwort: "Um Gott zu dienen und einst in den Himmel zu kommen" eine solche Interpretation nahezulegen, die zudem von dem mit der Gebotserfüllung verknüpften Lohngedanken (Mk 10,17), aber auch von der Seligpreisung der Bergpredigt (Mt 5,3-12) gestützt zu werden scheint. Dennoch greift diese Interpretation zu kurz. Denn es geht der Ethik des Evangeliums stets darum, in der Nachfolge Christi, die das Kreuz durchaus nicht ausklammert, dem "Willen des Vaters" treu zu sein. Dieser Wille Gottes wird vor allem im uneingeschränkten und den irgendwie Benachteiligten besonders beachtenden Liebesgebot konkret und fordert so, an der Vollendung des in Christus zwar schon angebrochenen, in seiner Fülle aber noch ausstehenden Gottesreiches von Gerechtigkeit, Frieden und Liebe mitzuarbeiten. Endgültige Erfüllung, also "ewiges Leben" ist dann zwar die erhoffte Folge solcher von Glauben geprägten Existenz, nicht aber deren Motiv und Kriterium. Sich "kritisch stimulativ" (A. Auer) für die Vermenschlichung von Welt und Gesellschaft in bewußter Christusnachfolge gerade auch im sozialen Bereich einzusetzen, nicht aber das Lohn/Strafe-Motiv hat daher eine im biblischen Sinn genuin christliche Ethik auszuzeichnen.

Sozusagen auf dem Gegenpol zu einer sich an Lohn und Strafe orientierenden Auffassung des Christentums steht als zweite Engführung die des Voluntarismus. Weniger vom biblischen Verständnis des Schöpfer- und Vatergottes als von dem Bild eines absolutistischen und allmächtigen Weltenherrschers und -richters ausgehend, gilt Gott als ein unbedingter und potentiell willkürlicher Gesetzgeber, dessen Gebot dem Menschen auch ohne eigene Einsicht vorgegeben ist und so von ihm als gültig anerkannt werden muß. Im Frühmittelalter radikal vertreten von Peter Abaelard (gest. 1142), prägt diese Sicht in gemäßigter Form (nämlich - so Wilhelm von Ockham, gest. 1349 - unter Ausschluß einer widersprüchlichen Beliebigkeit) den spätmittelalterlichen Nominalismus. Von da aus nimmt sie auch in manchem - wie Kant in seinen theologischen Studien bemerken wird - Einfluß auf die reformatorische Theologie. Ein solches absolutes, bald auch von der gegenreformatorischen katholischen Theologie vertretenes Gebotsverständnis, das letztlich stets blinden Gehorsam verlangt, entspricht jedoch dem biblischen Menschenbild von einem in Christus erlösten Ebenbild und damit Partner und Bundesgenossen Gottes ebensowenig wie dem biblischen Gottesbild vom Schöpfer, der sich in liebender Vorsehung um seine Kreatur kümmert. Nicht zuletzt widerspricht es auch dem biblischen Gebotsverständnis, das durchaus mit menschlicher Einsicht rechnet.

Die biblischen Quellen stellen dagegen die Schöpfungsordnung so vor, daß sie als solche eine sittlich-normative Kraft entfaltet und in ihren Geboten auch von den Heiden anerkannt werden kann (vgl. Röm 2,14). Auch ist nach ihren Aussagen eine Übernahme von in der außerchristlichen Welt gewachsenen sittlichen Einsichten als gottgewollte möglich.[33] Die beschriebene Engführung Gottes als absoluter Gesetzgeber entspringt daher einer einseitigen Lektüre der biblischen Quellen. Es geschieht also theologisch zu Recht, wenn Kant diese Auffassung als der Sittlichkeit des Menschen letztlich nicht angemessene Heteronomie abgelehnt hat. Dennoch hat sie das theologische Denken weiterhin geprägt, wie u.a. das des dänischen Theologen S. Kierkegaard (gest. 1855) und über diesen die Überlegungen der modernen sog. "dialektischen Theologie"[34], obwohl damit die christliche So-

---

[33] So lassen sich in der zeitgenössischen Rechtskultur des Orients durchaus inhaltlich prägende Parallelen zu den dekalogischen Geboten ausmachen, und Paulus übernimmt in seiner Paränese ohne Hemmung stoisches Ethos.

[34] Vgl. dazu vor allem dessen (allerdings pseudonymes) Werk "Furcht und Zittern" (1843), in welchem die Bereitschaft Abrahams, seinen Sohns zu töten, als Inbegriff wahrer Reli-

zialethik in die Isolation hineingedrängt wird; denn in einer pluralistischen Gesellschaft ist es mit einer solchen Gottesvorstellung unmöglich, ethische Normen als verpflichtende zu vermitteln.

Schließlich ist auf eine dritte Engführung hinzuweisen, die man als "fundamentalistisch" bezeichnen kann, weil sie die Aussagen der Heiligen Schrift losgelöst von ihrem geschichtlich-kulturellen Zusammenhang wörtlich interpretiert und daraus direkt Handlungsanweisungen für die Gestaltung der sittlichen, insbesondere auch der gesellschaftlichen Belange ableiten will. Aussagen wie etwa, man solle die Sorge um die weltlichen Belange hintanstellen wie die Lilien des Feldes oder die Vögel des Himmels (Lk 12,27), lassen dann eine Wirtschaftsethik als irrelevant erscheinen, während Staatsformen der Demokratie deshalb als unbiblisch angesehen werden können, weil sie im damaligen sozialen Kontext nicht konzipiert waren und daher selbstverständlich keinen Niederschlag in den biblischen Aussagen fanden. In einem solchen Verständnis ist es leicht, durch eine gezielte Auswahl von Schriftstellen je eigenes, subjektiv bevorzugtes Gedankengut als unbedingt christliche Forderung darzustellen. So kann einerseits das Jesaiawort, man solle die Schwerter zu Pflugscharen umschmieden (Jesaia 2,4), zum politischen Leitsatz erhoben, aber das Gegenwort von Joel, man solle Pflüge zu Schwertern umschmieden (Joel 4,10), unterschlagen werden. Statt des Bemühens um eine biblische Begründung einer Friedensethik, die dem gesamten Text gerecht wird, entstehen so bloß moralische Schlagworte. Ähnlich, wie eine dem Voluntarismus verpflichtete Ethik leicht in die subjektive Beliebigkeit des kirchlich beglaubigten menschlichen Gesetzgebers umkippt oder, so in der ersten Hälfte des 20. Jahrhunderts, den subjektiven Gewissensspruch des einzelnen "situationsethisch" zum einzigen Kriterium für Ethik machen wollte und diese damit letztlich aufhob, verunmöglicht auch ein fundamentalistisches Interpretationsmodell der Heiligen Schrift die Entstehung einer verbindlichen, gesellschaftsgestaltenden Sozialethik.

Es sind aber nicht diese Engführungen, in welchen in erster Linie das christliche Moment in das Ethos unserer modernen Gesellschaft eingebracht wurde. Vielmehr ist es die wirklich echte Menschlichkeit widerspiegelnde dekalogische Gesetzgebung des Alten Testamentes, die in ihren Forderungen der sog. "Zweiten Tafel" Lebensschutz, Schutz von Eigentum und gutem Ruf wie Schutz der familiären Integrität auch in der Generationenfolge festschreibt und so, wie noch zu zeigen sein wird, die Grundlage zu einem menschenrechtlichen und zugleich in der Schöpfung Gottes wie in seinem Bundesschluß mit dem auserwählten Volk begründeten Ethos schuf. Gottes Schöpfung und damit auch der Mensch werden als grundsätzlich gut angesehen; dieser Mensch kann, obwohl durch die Sünde ge-

---

giosität angesehen wird. Obwohl über die nominalistisch geprägten Lehren Luthers der Voluntarismus in der reformatorischen Theologie stärker verbreitet ist als in der trotz mancher argumentativer Mängel eher naturrechtlich geprägten katholischen Moraltheologie, darf trotzdem nicht übersehen werden, daß sich auch bei katholischen Autoren vorab des 19. Jh. wie V. Cathrein oder L. Billot Ansätze zu einer Theorie eines voluntaristischen Normverständnisses finden.

schwächt und zunächst zerstört, in der Erlösung durch Jesus Christus wiederhergestellt geglaubt werden. Insofern kommt dieser Schöpfungswirklichkeit und ihrer Ordnung ein ethisch bestimmender Wert zu. Was der Mensch darin als für seine Selbstverwirklichung als einzelner wie als Menschheit unabdingbar nötig einzusehen vermag, hat eben durch diese innere Notwendigkeit sittlich einfordernde Qualität. Diese von den mittelalterlichen Theologen, vor allem von Thomas von Aquin, als Wesensgesetz oder "lex naturae" umschriebene sittliche Grundlage hat trotz mancher Verfälschungen durch "naturalistische Trugschlüsse" ethosprägende Auswirkungen gehabt; man denke nur etwa an den Einfluß der bereits erwähnten spanischen Völkerrechtler.

Wo immer diese Tradition einer schöpfungstheologisch begründeten, aber aus vernünftiger Einsicht und biblisch-glaubensmäßigem Impuls gestalteten Ethik theologisch weitergeführt und in die Diskussion mit der heutigen Gesellschaft eingebracht wird, ist der christliche Einfluß auf Ethos nach wie vor spürbar und relevant. Der Einsatz der Christen und ihrer Kirchen für eine größere, vor allem wirtschaftliche Gerechtigkeit im Nord-Süd-Gefälle im 20. Jahrhundert ist dafür ebenso Beleg wie die Tatsache, daß bei der Suche nach Berufsregeln im Umgang mit modernsten, vor allem biologisch-medizinischen Disziplinen immer wieder christliche Theologen als ethische Fachleute beigezogen werden. Die Ausrichtung an den Werten der Heiligen Schrift in einer den neuen und rasch sich verändernden Umständen unserer modernen Gesellschaft Rechnung tragenden Weise wird in einer Zeit von immer größerer Bedeutung, die längst nicht mehr alles tun darf, was sie technologisch könnte, und die für diese überlebensnotwendigen Begrenzungen nach Sinn und Richtung sucht.

Während diese Hinweise zunächst die ethosprägende Bedeutung der christlichen Soziallehre in der heutigen Gesellschaft konstatieren sollten, ist es die Aufgabe der nachfolgenden Kapitel, die innere Struktur einer so verstandenen christlichen Sozialethik darzulegen.

1.8 Gesellschaft mit pluralistischem Ethos - ein Rückblick

Christliche Sozialethik steht gerade auch als Soziallehre der Kirche nie einer ethisch noch unbestimmten, von ihren christlichen Werten und Zielvorstellungen erst zu prägenden Gesellschaft gegenüber. Vielmehr hat diese Gesellschaft je schon ein Ethos, das zumindest für das alltägliche Zusammenleben der Menschen in Geschäft, Verkehr und politischer Ordnung schon ein Normengefüge entwickelt hat, auch wenn dies meist wenig ausformuliert und schon gar nicht in ein zusammenhängendes System gebracht ist. Dennoch enthält es soviel an pragmatischem Konsens über das, was unbedingt zu tun oder zu lassen ist (bzw. das, was dem freien Ermessen überlassen bleiben kann), daß ein mitmenschliches Zusammenleben ohne größere oder gar zerstörerische Konflikte möglich ist. Zugleich kennt es akzep-

tierte Verfahren zur fairen und friedlichen Regelung dennoch auftretender Zwistigkeiten sowie ein System von mehr oder weniger formellen Sanktionen gegen Fehlverhalten, das die Durchsetzung von Normen sichern hilft.
Hinsichtlich der Begründung dieses Ethos gehen dann freilich die Meinungen auseinander, anders als in weltanschaulich geschlossenen Gesellschaften wie beispielsweise in der christlichen Gesellschaft des Mittelalters. Zwar herrscht in der modernen Gesellschaft bezüglich der Verbindlichkeit der "Goldenen Regel" (bzw. der in diesem Rahmen aufgelisteten, aber sonst nicht weiter ausdrücklich begründeten Menschenrechte) ein weitgehender Konsens. Darüber hinaus aber ist sie weltanschaulich-wertbezogen pluralistisch verfaßt. Eine einheitliche Festlegung von letzten, unbedingt verbindlichen Werten und Normen bzw. von deren Begründung gibt es nicht, auch wenn die verschiedenen Ansichten und Meinungen darüber keineswegs einfach widersprüchlich sind, in manchem konvergieren oder sich sogar gegenseitig ergänzen können.
Wenn eine christliche Sozialethik sich daher in diesem Umfeld Gehör verschaffen will - und dazu ist sie von ihrem eigentlichen christlichen Auftrag zu Zeugnis und Verkündigung verpflichtet -, dann muß sie die geistesgeschichtliche Schichtung in der konkreten Gesellschaft zur Kenntnis nehmen und zu verstehen suchen. Dies muß - und zwar wiederum im Sinn der Botschaft Jesu selber - in einer Haltung des kritischen Wohlwollens geschehen, die nicht besserwisserisch nur Mängel aufdeckt und sich gegenüber allem und jedem von vornherein als kompetent ausgibt. Vielmehr muß der Christ bereit sein, im eigenen Horizont Übersehenes oder sogar sündhaft Vergessenes von anderen anmahnen zu lassen, um so der Wahrheit näherzukommen. Zugleich steht er aber in der Hoffnung, daß auch der andere sich in solcher Offenheit ansprechen läßt. Das Vorgehen des Apostels Paulus, der am Areopag auf den unbekannten Gott der Athener eingeht (Apg 17,22-31) und die Christen von Saloniki mahnt, alles zu prüfen und das Gute zu behalten (1 Thess 5,21), ist dabei beispielhaft.
In diesem Sinn versuchten die vorstehenden Ausführungen, besonders wichtige und mehr oder weniger bewußt ethosprägende Haltungen und Theorien in unserer Gesellschaft typisierend festzuhalten, ihre Vorteile für ein Ethos des gedeihlichen menschlichen Zusammenlebens herauszuarbeiten, aber auch auf Mängel und Grenzen, vor allem in der Logik ihrer Argumente, wie auch auf sachliche Unebenheiten hinzuweisen. Dies sollte so geschehen, daß auch die konkreten, vom christlichen Glauben und seinen kirchlichen Ausprägungen bestimmten Ethosformen nicht ausgespart blieben. Es mag dabei auffallen, wie wenig wirklich Gegensätzliches und Unvereinbares dabei festgehalten werden muß. Eigentlich sind es nur Extreme, die eine bestimmte Sicht verabsolutierend auf die Spitze treiben, welche nicht in den Dialog eintreten können. Diese werden vielleicht von einzelnen Denkern vertreten, sie wurden aber als solche im gesamtgesellschaftlichen Rahmen (außer in gewissen Formen des Marxismus wie etwa im leninistischen Stalinismus) kaum je prägend, und selbst in diesem Fall

waren noch Möglichkeiten zu neuerlichem Dialog offengeblieben.[35] Ähnliches läßt sich aber noch viel deutlicher festhalten für andere Strömungen, etwa für den pragmatischen Utilitarismus, wo ein reiner Pragmatismus, der allein auf Sachzwängen als der "normativen Kraft des Faktischen" beruht, wenigstens theoretisch kaum je vertreten wird. Vielmehr vermag sich dieser Ansatz sogar aus eigener innerer Überlegung zu einer Theorie der Gerechtigkeit zu entwickeln, wie es im Werk von Rawls deutlich wird. Aber auch die Wertethik läßt es nicht mit einem schlichten Emotivismus bewenden, wie allein schon die Tatsache zeigt, daß sie sich sehr wohl dem philosophischen Diskurs stellt. Dies bedeutet letztlich nichts anderes, als daß das Gespräch möglich bleibt und christliche Sozialethik sich entsprechend als Gesprächspartner einbringen kann und von ihrem christlichen Selbstverständnis her auch einbringen muß. Dafür aber ist eine zumindest globale Kenntnis von Denken und Weltanschauung des Partners unerläßlich. Die Auseinandersetzung damit gehört infolgedessen wesentlich zu den Aufgaben christlicher Sozialethik.

Nicht weniger als das geistesgeschichtliche Klima stellt aber auch das realpolitische Umfeld die konkreten Rahmenbedingungen für den sozialethischen Einfluß auf die Gesellschaftsgestaltung dar. Auf sie ist daher ebenfalls noch näher einzugehen.

2. Realpolitische Charakteristiken aktueller gesellschaftlicher Wirklichkeit

Neben dem "geistigen Klima", in welchem christliche Sozialethik ihre gesellschaftsgestaltende Wirkung zeitigen muß, bedingen auch die materiell-realpolitischen Eigenheiten einer bestimmten Gesellschaft und Epoche das konkrete Umfeld und damit natürlich auch deren geschichtlich immer wieder andere konkrete Aussage. Die vorgegebene, gleichzeitig aber zu gestaltende Wirklichkeit setzt der schöpferischen ethischen Gestaltungskraft die Rahmenbedingungen und gibt ihr in strukturellen sozialen Gesetzmäßigkeiten sowohl Grenze als auch Ermöglichungsgrund für ihre Einflußnahme. Soll Ethik daher mehr sein als utopische Träumerei, die letztlich nichts bewirkt, muß sie sich den harten Fakten mit ihren - oft freilich nur vermeintlichen - Sachzwängen stellen. Gerade eine christliche Sozialethik muß daher diese vorgegebenen sachlichen Eigenheiten und Zusammenhänge einer Gesellschaft nüchtern und realistisch zur Kenntnis nehmen und sie beachten. Dies bedeutet freilich nicht, daß das Bestehende, das oft genug zu Lasten der Benachteiligten Privilegien der Mächtigen stabilisiert, als unabänderliches Schicksal hinzunehmen ist. Vielmehr muß es kritisch im Blick auf manifeste und insbesondere auf latente Ungerechtigkeiten beurteilt und stimulativ je neu auf mögliche Verbesserungsmöglichkeiten abgesucht wer-

---

[35] Man denke etwa an die Initiativen zu den "Gesprächen um Glauben und Wissen" der Paulusgesellschaft in den 1960er Jahren für einen Dialog mit dem sich damals erst sehr zaghaft öffnenden osteuropäischen Marxismus.

den. Wenn auch oft nur langfristig realisierbar, sucht man so dynamisch auf mehr Menschlichkeit hinzuarbeiten und die gegebenen sozialen Gesetzmäßigkeiten im Sinn der eigenen Zielvorstellungen und Ideale zu beeinflussen. Absehend von den je unterschiedlichen Ausprägungen, wären für die Gesellschaft im globalen Maßstab, der Weltgesellschaft an der Schwelle zum dritten Jahrtausend der abendländischen Zeitrechnung, folgende realpolitische Charakteristiken als grundsätzlich gemeinsame und besonders prägende hervorzuheben.

2.1 Die spezifischen Eigenheiten der heutigen Weltgesellschaft

Vor allem im Vergleich zu früheren Jahrhunderten ist die heutige Weltgesellschaft gekennzeichnet durch die Industrialisierung. Dieser Prozeß steckt in gewissen Ländern noch in seinen Anfängen, und seine Intensivierung erscheint den Betroffenen als erstrebenswert, während in den anderen schon das "Ende des Industriezeitalters" proklamiert wird, die Betroffenen zumindest jedoch unter den Folgen der umgreifenden Industrialisierung bewußt zu leiden beginnen. In jedem Fall ist vom Konsum wie von der Produktion her für den gesamten Lebensvollzug der Menschen diese Gesellschaft als eine *Industriegesellschaft* zu charakterisieren. Die industrielle Revolution der letzten 150 Jahre ist damit ohne Zweifel die wohl tiefste gesellschaftliche Veränderung, welche die Menschheit in ihrer Geschichte erfahren hat. Umschichtungen in der Bevölkerung, Umwälzungen in fast allen Lebensbereichen, Umwertung in den Verhaltenskoordinaten sowie erhebliche Migration mit entsprechenden demographischen Veränderungen kennzeichnen diesen tiefgreifenden Wandel, der offenbar noch in keiner Weise abgeschlossen ist und in seinen materiellen als auch geistigen Folgen positiv wie negativ erst teilweise überblickt und beurteilt werden kann. Die Einführung von Mikroprozessoren und elektronischer Datenverarbeitung, aber auch die deutlich absehbare Energieverknappung, die Umweltbelastung in ihrer weltweiten Auswirkung, das rapide und ungleichgewichtige Bevölkerungswachstum sind Beispiele für solch industriell bedingte Veränderungsfaktoren. Gleichzeitig sind all diese Faktoren nicht auf eine Nation oder einen Kontinent begrenzt, sondern hängen in weltweiter Vernetzung miteinander zusammen. Damit kann die heutige Gesellschaft als erstes als eine globale Industrie- und Konsumgesellschaft charakterisiert werden. Obwohl langfristig veränderbar, geht es bei diesen Charakteristiken um die Gesellschaft weitgehend bestimmende Faktoren, die von einer realistischen Ethik zunächst als sog. "soziologische Tatsachen" (E. Durkheim) festzuhalten und hinzunehmen sind.
Dies hat auch für die Politik bzw. für die staatliche Organisation weitreichende Folgen. Zwar sind die gesellschaftsgestaltenden sozialen Akteure meist nach wie vor die souveränen Einzelstaaten. Sie sind noch immer die hauptsächlichen Träger der Politik. Dennoch erfordert die zunehmende ge-

genseitige, insbesondere wirtschaftliche Abhängigkeit eine Zusammenarbeit, die vermehrt in größeren überregionalen Zusammenschlüssen bzw. auf Weltebene in den Vereinten Nationen (UNO) deutlich im Aufbau begriffen ist. Die spätmittelalterliche Definition des Staates als einer in Ziel und Mitteln sich selber genügenden "Societas perfecta" wie das neuzeitliche Staatsideal einer Autarkie, die gegebenenfalls durch den Besitz von überseeischen Kolonien gewährleistet wird, gehören offensichtlich endgültig der Vergangenheit an. Die Welt- oder *Globalgesellschaft,* die schon Kant in seiner Schrift zum "Ewigen Frieden" (1795) gefordert hatte - und die übrigens dem christlichen Universalismus des einen Gottesvolkes wesentlich mehr entspricht als das vor allem im 19. Jahrhundert ausgeprägte nationalstaatliche System -, bestimmt zunehmend das aktuelle gesellschaftliche Bild. Manche Anzeichen deuten darauf hin: So gibt es neben den übernationalen Zusammenschlüssen auf der politischen Ebene auch die Untersektionen der UNO, die andere soziale Belange aufgreifen, kulturelle und gesundheitliche Probleme behandeln, die Arbeitswelt mitbestimmen oder wissenschaftlich-technische Kontrollfunktion übernehmen, ferner solche, die die Entwicklung zurückgebliebener Länder voranbringen wollen oder sich mit den Fragen von Ernährung und Landwirtschaft befassen.[36] Vor allem aber ermöglichen die weltweit vernetzten satellitengestützten Informations- und Kommunikationsmedien einen zunehmenden Austausch von Informationen, der sich selbst von totalitären Systemen nicht völlig unterdrücken läßt. Gleichzeitig gewährleisten die modernen Verkehrsmittel (vor allem der Flugverkehr) eine rasche und sichere Kontaktmöglichkeit unter Menschen und Institutionen.

Ähnlich wie im politischen Bereich spielen auf der wirtschaftlichen Ebene nationale Grenzen zwar noch immer eine hemmende Rolle (z.B. durch Schutzzölle der Devisenbewirtschaftung u.ä.); nichtsdestoweniger ist die Wirtschaft über regionale Zusammenschlüsse hinaus, wenn nicht staatsrechtlich, so doch faktisch längst zur Weltwirtschaft geworden. In völliger gegenseitiger Abhängigkeit werden wirtschaftliche Belastungen und Krisen fast sofort weltweit spürbar, zu deren Bewältigung können aber auch zunehmend die nötigen Mittel bereitgestellt werden. Das Börsengeschäft, das rund um die Uhr weltweit koordiniert abgewickelt wird, dürfte ein typisches Zeichen sein für das, was die Gesellschaft künftig zunehmend prägen wird. Obwohl es in dieser Weltwirtschaft Ungleichgewichte gibt, die zudem oft eher zu- als abzunehmen scheinen, ist der Trend zu einer weltweiten Interaktion und die damit verbundenen Chancen nicht zu übersehen.

Aber auch auf der zivilisatorisch-kulturellen Ebene findet sozusagen im Windschatten von Information und Wirtschaft ein zunehmender Austausch statt, der prägend wirkt. Teilweise in einer egalisierenden und damit wahrer Menschlichkeit wenig zuträglichen Weise (man denke nur an die Entste-

---

[36] Die Kürzel der entsprechenden Organisationen der UNO lauten: UNESCO (Bildung und Kultur), WHO (Gesundheit), ILO (Arbeit), IAEA (Atombehörde), UNCTAD (Entwicklung), FAO (Nahrung und Entwicklung).

hung steriler Einheitskultur in verschiedensten Bereichen, angefangen bei der Nivellierung jeglicher Eßkultur durch Fast-Food-Ketten bis zur uniformen Architektur internationaler Flughäfen), teilweise aber auch in einer bereichernden "Pluralität in der Einheit", die es gerade auch im religiöskulturellen Bereich der Kirche zu pflegen gälte und zu der die Sozialethik ermuntern müßte, wird solch weltweiter Austausch spürbar.

Alle genannten Eigenschaften sind letztlich jedoch nur dank industrieller Technik möglich. Charakteristisch für diese Vorherrschaft ist, daß ein stets geringer werdender Teil der Bevölkerung in der Landwirtschaft tätig ist und das handwerkliche Gewerbe zugunsten einer hochspezialisierten, arbeitsteiligen Produktion abnimmt, zu deren Organisation gleichzeitig ein immer größer werdender Anteil von Dienstleistungen, der sog. Tertiärsektor, benötigt wird. Der Anteil der organisatorischen und verwaltenden Dienstleistungen sowie derjenige von Forschung und Entwicklung wird in Zukunft sicher weiter zunehmen, insofern die industrielle Produktion immer mehr automatisiert werden kann. Auch innerhalb einer Industriegesellschaft gibt es somit Entwicklungen, die aber am grundsätzlichen Charakteristikum der durch industrielle Fertigung geprägten Lebensweise einer ganzen Gesellschaft wenig ändern.

In einem solchen hoch arbeitsteiligen System ist es außerdem möglich, hohe Produktivität zu erzielen, die zu vergleichsweise günstigen Preisen ihre Produkte breitgestreut anbieten kann und systementsprechend auch verbreiten muß. Die Industriegesellschaft ist somit aus innerer Notwendigkeit immer auch eine *Konsumgesellschaft*. Daß dies für die Bequemlichkeiten des Alltags wie vor allem auch für Hygiene, Gesundheit, Bildung und Freizeit erhebliche Chancen bietet, steht außer Zweifel. Dennoch zeigen gerade die schon länger industrialisierten Staaten immer auch die Grenzen dieser Entwicklung: Konsumzwang, unverhältnismäßiges Wachstum der Sozialkosten durch Umweltbelastung und Übernutzung der natürlichen Ressourcen, geistige Überforderung und mangelnde Kontroll- und Einflußmöglichkeiten durch undurchsichtige Überorganisation, Machtkonzentration durch Zusammenschluß industrieller Fertigungsbetriebe in einheitlichen Organisationen, ein technologisch aufgebautes enormes Fachpotential, das auf dem Waffensektor mit mehrfacher Over-kill-Kapazität für die gesamte Menschheit verbunden ist, sind die Hauptprobleme, die diese hochentwickelte Industriegesellschaft zunehmend mit sich bringt und welche entsprechend nach ethischer Bewältigung rufen.

Neben diesen typisch sozialethischen Fragen stellen sich aber auch Probleme, die von der sozialen Struktur her den einzelnen direkt betreffen, welche eine christliche Sozialethik nichtsdestoweniger zu bedenken hat. Dazu gehört einmal die in der Industrie notwendig gewordene Trennung von Arbeitsplatz und Familie, dann die durch die technische Arbeitsteilung notwendige Segmentierung in den Fertigungsprozessen, die dem einzelnen den Überblick erschwert und damit eine Verantwortlichkeit für die eigene Arbeit häufig fast unmöglich macht. Dazu kommen die Probleme der Konzentration der Fertigung auf bestimmte industrielle Zentren, welche auf der einen Seite eine Verstädterung zur Folge hat, in der der einzelne in der Masse unterzugehen droht,[37] aber auch die Landflucht, die u.U. ganze Landstriche veröden lassen kann. Außerdem entsteht die Tendenz, alles Menschliche nur noch unter den Kriterien von Leistung, Effizienz und erhöhter Rationalität zu beurteilen, was nicht nur eine hohe Belastung der äußeren Umwelt zur Folge hat, sondern auch die Innenwelt des Menschen einengt. Indem gemüthafte und kulturelle Werte stark zurücktreten, wird ein menschenwürdiges Dasein immer schwieriger. Schutz vor Vermassung und Entpersönlichung, Sicherung von Mitsprache aller Betroffenen an wichtigen Entscheidungen in direkter Form oder über legitimierte Vertreter, also Partizipation und Mitbestimmung, sind damit die herausstechenden sozialethischen Forderungen, die aus dieser Problemlage festgehalten werden müssen. Darüber hinaus ist ganz allgemein eine kritisch verantwortete Offenheit für einen immer wieder neu notwendigen Strukturwandel gefordert, der, ohne die Verbesserungen für Wohlfahrt und Menschlichkeit zu opfern, Engführungen und Nachteile möglichst abbauen hilft.

Eine solche globale Industriegesellschaft kennt des weiteren kaum mehr sozial geschlossene Räume: Die geschlossene primäre Gruppe mit festem Brauchtum und Weltbild weicht einer aus verschiedensten Interessengruppen zusammengesetzten Gesellschaft, die in ihren weltanschaulichen Auffassungen nur noch als eine pluralistische bezeichnet werden kann. Ein einheitliches Weltbild entfällt; ein unbedingt für alle geltender Orientierungsrahmen ist nicht mehr gegeben. Persönliche Verunsicherungen sind die Folge. Verschiedene Konzeptionen, die stets auch unterschiedliche Denk- und Verstehenshorizonte mit sich bringen, stehen zunächst nebeneinander, drohen aber immer neu in Konflikt zu geraten und Interessengegensätze ideologisch zu überhöhen.[38] Toleranz, die über das bloße Lebenlassen des anderen hinaus die gegenseitige Anerkennung der positiven Werte, aber auch eine aktive Zusammenarbeit einschließt, wird damit zu einer für das Überleben einer Bevölkerung unerläßlichen ethischen Forderung. Gleichzeitig aber erfordert diese Pluralität gegen Tendenzen zu einer uniformen Vereinheitlichung und Vermassung wie auch gegen eine scheinbar weltanschauungsfreie Standpunktlosigkeit ein dichtes Netz von Untergruppierungen oder (soziologisch gesprochen) "Sekundärsystemen" wie Verbände, Parteien, Landsmannschaften u.ä. Nicht in Abgrenzung, sondern in aktiver Zusammenarbeit vermögen diese Untergruppierungen dem Menschen auch in der pluralistischen Gesellschaft Heimat, Standpunkt und

---

[37] Vgl. D. Riesman, Die einsame Masse, Reinbek 1958 (engl. 1950).
[38] So stehen als eigentlich ursächliche Faktoren hinter Religionskriegen meist soziale Ungerechtigkeiten: in Nordirland etwa die politische und wirtschaftliche Zurücksetzung der ursprünglichen Bewohner, katholischer Iren, durch die später angesiedelten protestantischen Engländer, welche die dominierende Schicht stellen; auch im Libanonkonflikt war es zunächst die islamische Mehrheit, welche sich gegen die dominierende christliche Minderheit auflehnte. Ursache sind in beiden Fällen soziale und volksmäßige Spannungen, die erst sekundär religiös-weltanschaulich überhöht bzw. ideologisiert werden.

Weltorientierung so zu sichern, daß er weder vereinsamt noch sich in einer eigenen Gruppe abkapselt.

Schließlich bedingen die internationalen Verflechtungen dieser globalen und pluralistischen Industriegesellschaft, die zugleich eine globale Informationsgesellschaft ist und einen hohen Grad an Spezialisierung und Organisation erfordert, ein relativ hohes Bildungsniveau, das zumindest eine universale Alphabetisierung zur sicheren Kommunikation wie zur Partizipation an den Entscheidungsprozessen voraussetzt. Die Industriegesellschaft ist somit, wenn sie überhaupt zu verantworten ist, eine *Bildungsgesellschaft,* zu deren Gewährleistung das Gemeinwesen als solches, aber auch die sekundären Gruppierungen das Ihre an Bildungsmöglichkeiten beizutragen haben.

Soll eine moderne Gesellschaft also nicht in einheitlicher Vermassung unmenschlich werden und sich so letztlich selber zerstören, muß sie eine interne soziale Gliederung aufweisen, die Kommunikation wie Selbstfindung in gleicher Weise ermöglicht. Die Beschreibung der Hauptcharakteristiken einer modernen Gesellschaft führt so fast zwangsläufig zur Frage nach ihren inneren Gliederungen und Aufbauelementen, deren Organisation und Gestaltung sozialethisch vordringlich zu bedenken sind.

2.2 Aufbauelemente der Gesellschaft

Die für die Menschlichkeit einer Gesellschaft unerläßliche Aufgliederung in Untereinheiten, die zusammen der Gesellschaft eine humane Struktur verleihen sollen, sind in ihrer Bedeutung, in ihrer geschichtlichen Stabilität, in ihren Funktionen, aber auch hinsichtlich ihrer Macht und Autorität sehr unterschiedlich, ohne daß daraus schon ein Werturteil oder eine Rangliste abgeleitet werden könnte. Folgende strukturierenden Elemente erweisen sich dabei als sozialethisch relevant.

Trotz der in der zunehmend zusammenwachsenden Weltgesellschaft abnehmenden Bedeutung der einzelnen souveränen Staaten bleiben diese doch das nach wie vor bedeutendste Strukturelement im sozialen Bereich. Ihre lange geschichtliche Existenz, ihre nach wie vor erhebliche Selbständigkeit, aber auch ihre souveräne Macht tragen zu dieser Bedeutung bei. Entstehung und Bestand von Staaten können weder "natürlich" durch das Bestehen eines National-Volkes, noch "willentlich" durch einen freigeschlossenen Staatsvertrag allein erklärt werden. Gleichwohl bilden natürliche Faktoren (wie Gelände, Volksrasse, Sprachen u.ä.), aber auch Willensakte, die aus welchen Gründen auch immer eine Interessengemeinschaft begründeten und zur staatlichen Einheit wachsen ließen, erstrangige Ursachen für die staatliche Existenz, welche jede Sozialethik, aber auch jede politische Initiative als soziale Gegebenheit zu beachten hat. So bleiben Mehr-Nationen-Staaten, die nicht aus klarem Volkswillen, sondern durch Dekret zustande kamen, in ihrer Einheit stets lange gefährdet, während ein geschichtlich gewachsener Staatswille mehrere kulturell und sprachlich verschiedene Nationen umfassen kann, ohne in seiner Existenz beeinträchtigt zu werden.[39] Daneben gibt es aber auch Nationen, die über Jahrhunderte ohne eigenen Staat doch erhalten geblieben sind und ihre Volksidentität zu bewahren vermochten.[40] Was den Staat auszeichnet, ist neben einer internationalen Anerkennung damit auch der aus Natur und Geschichte gewachsene Zusammengehörigkeitswille eines Staatsvolkes, den jede humane Politik als Selbstbestimmungsrecht zu achten hat.

Während die Weltgesellschaft sich vor allem in Staaten gliedert, wirken innerhalb dieser Staaten selber wiederum zahlreiche Subsysteme, welche die staatliche Gesellschaft gliedern. Lokale Organisationen (Provinzen, Regionen usw.), aber auch Interessenverbände der verschiedenen Gruppierungen (Gewerkschaften, Gewerbe- und Unternehmerverbände, aber auch Landsmannschaften usw. und schließlich die politischen Parteien) ergeben ein vielfältiges Geflecht, das für ein menschliches Funktionieren nötig und daher in seinen konkreten Formen höchstens langfristig verändert werden kann. Obwohl einer planenden Rationalität ein zentralistischer Einheitsstaat mit einer Einheitspartei und einem alle sozialen Belange wie Politik, Wirtschaft usw. übergreifenden Gesamtplan der klaren Vernunft entsprechend und damit einsichtig erscheinen kann, zerbricht an solchen kollektivistischen Organisationsideen die Menschlichkeit. Denn seiner individuellen Persönlichkeitsstruktur, die den Menschen mit seinen Mitmenschen stets gleich und gleichzeitig verschieden sein läßt, vermag eine solche kollektivistische Organisationsstruktur nicht zu entsprechen. Sozialethisch ist daher die Bewahrung und die Zusammenarbeit der verschiedenen Subsysteme zu fordern und zu fördern.

Neben solchen innerstaatlichen Gliederungseinheiten gibt es aber auch (und in der heutigen Zeit sogar zunehmend) staatsübergreifende Subsysteme. Unter den traditionellen übernationalen Gemeinschaften zählen religiöse Gemeinschaften wie die katholische Kirche ohne Zweifel zu den wichtigsten. Während die protestantischen Kirchen von ihrem Ursprung im 16. Jahrhundert her immer Landeskirchen waren und ein internationaler Zusammenschluß erst seit 1948 im "Ökumenischen Rat der Kirchen" Wirklichkeit wurde, war die katholische Kirche trotz aller Konkordate und trotz allen säkularen Einflusses seitens des Staates immer ein internationales, von den Staaten mehr oder weniger unabhängiges Gebilde, das für seine Selbständigkeit sogar immer wieder Konflikte riskierte und sich selber, wie der Staat es tat, als eine "Societas perfecta" verstand. Gerade so war die ka-

---

[39] Geschichtlicher Beleg dürfte etwa das 1918 aus dem dekredierten Zusammenschluß der südslawischen Völker entstandene Jugoslawien im Vergleich zu der langsam aus vielfältiger Interessenkonvergenz entstandenen Schweiz sein, die ihren willentlichen Zusammenschluß mit der Selbstbezeichnung als "Eidgenossenschaft" klar ausweist.

[40] Das wohl eindrücklichste Beispiel dafür ist das trotz mehrfacher Teilung und vielfacher Vertreibung sowie zeitweiliger Aufhebung der staatlichen Existenz erhalten gebliebene polnische Volk als Nation, das unter dem ermutigenden Stichwort des Volksliedes "Noch ist Polen nicht verloren" auch wieder zur staatlichen Existenz zurückzufinden vermochte.

tholische Kirche (wie übrigens in neuester Zeit auch der Ökumenische Rat) stets auch ein politischer Faktor, der auf die Staatsgestaltung Einfluß nahm, und als solcher Faktor muß sie auch von der Sozialethik beachtet werden. Neben der Kirche gibt es seit je weltliche staatenübergreifende Bündnisse, deren Träger ausschließlich die souveränen Staaten sind. Freilich hielten solche Bündnisse meist nur solange, als gemeinsame politische und neuerdings auch vermehrt wirtschaftliche Interessen sie als vorteilhaft für die Beteiligten erscheinen ließen. Gerade durch solche Zusammenschlüsse sind jedoch Wohlfahrt und Frieden besser gewährleistet; sie gehören daher nach wie vor zum Instrumentarium einer ethisch verantwortungsvollen internationalen Politik. Neu und erst mit der modernen Industrialisierung entstanden, treten dagegen im überstaatlichen Bereich heute zunehmend auch private Sozialgebilde von erheblichem gesellschaftsgestaltendem, also politischem Potential auf, deren Einfluß z.B. als transnationale Konzerne eben erst als ein auch ethisch erheblicher Faktor bewußt zu werden beginnt. Gerade weil solche übergreifenden Konzerne auch auf eine staatliche Regierung, und zwar selbst dann, wenn sie demokratisch gewählt ist, ihren Einfluß ausüben können,[41] wird es für eine Sozialethik zunehmend dringlich, diesen politisch relevanten weltwirtschaftlichen Zusammenhängen als wichtigem Gestaltungsfaktor Beachtung zu schenken. Daher ist es auch zu begrüßen, wenn sich (wenn auch mit einer gewissen Verzögerung) parallel zu diesen wirtschaftlichen staatsübergreifenden Entwicklungen auf der Unternehmensebene auch im Bereich der Interessenverbände als Sozialpartner, also bei den Gewerkschaften, den kulturellen Assoziationen, aber auch bei den Parteien, ebenfalls internationale Vernetzungen aufzubauen beginnen. Daneben wird aber auch hinsichtlich der Gesetzgebung eine zwischenstaatliche Harmonisierung, welche die sozialen Auflagen an die Industrie einigermaßen gleichförmig erscheinen läßt, dringend notwendig, damit sich niemand auf Kosten ärmerer Schichten oder kommender Generationen Standortvorteile verschaffen kann. Gerade dieser Hinweis zeigt aber, wie sehr auch heute noch den Staaten als sozialen Einheiten eine tragende Bedeutung zukommt. Weder internationale Zusammenschlüsse (wie die UNO, der Europarat oder die Europäische Gemeinschaft) noch wirtschaftliche Großkonzerne haben es bisher - außer vielleicht bei wirtschaftlich sehr schwachen Kleinstaaten - geschafft, die vorherrschende Stellung der Staaten abzubauen. Entsprechend muß sich das Hauptaugenmerk einer Sozialethik denn auch auf diese politische Einheit konzentrieren, ohne allerdings andere Gruppierungen außer acht lassen zu dürfen.
Obwohl im innerstaatlichen Aufbau die formellen Organisationselemente von Behörden, Verwaltung, Machtträgern usw. von ausschlaggebender Bedeutung sind für ein menschenwürdiges Funktionieren des Gemeinwesens,

---

[41] So kann beispielsweise die Drohung, Betriebseinheiten wegen sozialer oder ökologischer Auflagen eines Staates dort aufzuheben und anderswo anzusiedeln, in Anbetracht der so entstehenden Arbeitslosigkeitsgefahr ein hartes politisches Druckmittel darstellen.

müssen neben diesen formellen, durch das positive Recht geschaffenen Institutionen schließlich auch die informellen gesellschaftlichen Zusammenschlüsse sozialethisch Beachtung finden. Vor allem in freiheitlichen demokratischen Rechtsstaaten meist aus spontaner Initiative entstanden, strukturieren sie nicht weniger die Gesellschaft und stellen damit ein sie ebenfalls konstituierendes Element dar. Sie sind Teil der menschlichen Infrastruktur des Gemeinwesens, ohne den der einzelne heimatlos und orientierungslos würde. Allerdings haben die traditionellen Subsysteme wie Familie und Sippe, aber auch Dorf, Talschaften und geschlossene Regionen durch die gesellschaftlichen Umschichtungsprozesse der Neuzeit (neben den o.g., in Verbindung mit der Industrialisierung stehenden Phänomenen der Verstädterung und Landflucht sind hier auch weiträumige Migrationen von Auswanderern und Flüchtlingen zu beachten) an Bedeutung eingebüßt. Zwischen der Kleinfamilie (also zwischen Eltern mit wenigen Kindern) und der Großgesellschaft fehlen so die Zwischengliederungen vor allem in den Großagglomerationen der Weltstädte weitgehend. Die Gefahr der Isolierung ist entsprechend groß. So wichtig die Familie als Primärgruppe, als Ort der Geborgenheit, der Integration und des Ausgleichs für die menschliche Person auch bleibt, so wenig vermag sie allein diese Integration des einzelnen, vor allem auch der heranwachsenden Jugendlichen, zu gewährleisten. Dazu bedarf es zusätzlicher sozialer Subsysteme.
Neben den schon genannten Subsystemen von Interessenverbänden und Parteien sind dies vor allem die spontan entstehenden Gruppierungen und freien Vereinigungen, welche diese Aufgabe mittragen. Dazu gehören religiöse Gruppierungen gerade auch dann, wenn sie in einer spezifischen Ausprägung lebendiger Teil einer die Staaten überspannenden Großkirche zu sein vermögen. Aber auch Vereine mit verschiedenen Interessen, vor allem auch hinsichtlich der Gestaltung der zunehmenden Freizeit, gehören zu diesen für den "Sozialhaushalt" einer modernen Gesellschaft unverzichtbaren Elementen. Das spontane Auftauchen von Kleingruppierungen esoterischer Art in religiösen Sekten, Jugendreligionen u.ä. ist als Hinweis auf ein offensichtliches Defizit in der modernen Gesellschaft zu verstehen, dessen Ausgleich sozialethisch gefordert werden muß. Scheinbar völlig unpolitisch, sind solche Zusammenschlüsse aber zugleich als Orte der Meinungsbildung und der sozialen Kontrolle von gesellschaftspolitischer Bedeutung. Die Rolle, welche im 19. Jahrhundert die Turn- und Gesangvereine für die Demokratisierung der Gesellschaft gespielt haben, ist heute vielleicht weniger deutlich, aber auf anderer Ebene ebenfalls zu spüren. Man denke nur etwa an den Einfluß, den sich sogar schon die Gruppierung einer treuen Leserschaft einer guten Zeitung im politischen Raum zu verschaffen vermag. Die Sozialethik wird daher solchen Gruppierungen immer wieder eine besondere Aufmerksamkeit zu schenken haben: fördernd wie kritisch, damit sich nicht falsche Exklusivitäten statt Einheit in Vielfalt herauszubilden beginnen. Der Leitsatz "Meine Gruppe ist nicht die beste an sich, sondern allenfalls die beste für mich", den Dichter wie Max Frisch oder Friedrich

Dürrenmatt immer wieder gegen Chauvinismus und falsche Überheblichkeit betont haben, hat hohen sozialethischen Stellenwert.

V. Konzept und Voraussetzungen christlicher Sozialethik

Wie die vorstehenden geschichtlichen Ausführungen zeigen, liegen die Anfänge der Katholischen Soziallehre in der vielfältig wahrgenommenen Sorge um die Notlage der Proletarier. Das spontane christliche Gespür für konkrete Bedürfnisse der Zeit, verbunden mit dem recht pragmatischen Willen, Hilfestellungen zu finden und anzubieten, gaben die wegleitenden Impulse. Die Reflexion und Systematisierung erfolgte später, um 1930 in der Katholischen Soziallehre und eigentlich erst nach 1950 auf protestantischer Seite. Dennoch ist diese Anstrengung des Gedankens unerläßlich, um über einen wenn auch vielleicht aus christlicher Gläubigkeit bestens motivierten Pragmatismus hinaus zu einer die eigene Sicht auch nach außen hin legitimierenden Begründung zu kommen.

Wie in jeder Ethik sind dafür zuerst die philosophisch-theologischen Voraussetzungen, konkret das ihnen zugrundeliegende Menschenbild, in einer kritischen Reflexion aufzuarbeiten.

1. Anthropologische Voraussetzungen - der Mensch als "zoon politikon"

1.1 Das soziale Existential des Menschen

Als Reflexion auf das eigengestalterische Handeln des Menschen impliziert Ethik die keineswegs selbstverständliche Grundlage, daß eine solche Eigengestaltung und damit eine wenigstens in gewissen Rahmenbedingungen freie Selbstbestimmung überhaupt möglich ist. Wäre der Mensch durch seine Instinkte oder durch sein soziales Umfeld in einem Maße bestimmt, wie dies etwa einer Biene in ihrem "Volk" oder einer Ameise in ihrem "Staat" entspräche, so wäre eine ethische Überlegung in sich sinnlos. Ein biologischer oder psychologischer Determinismus schließt Ethik von vornherein aus. Entsprechend ist das "Postulat" (Kant) der Freiheit eine erste unerläßliche Voraussetzung, um überhaupt von Ethik reden zu können. Darüber hinaus aber setzt Ethik als eine normative Reflexion für dieses freie Handeln des Menschen ebensosehr voraus, daß all sein Tun und Lassen unter einer sinnstiftenden existentiellen Zielvorstellung steht. Denn ohne eine solche Zielsetzung würde menschliches Handeln in eine willkürliche Beliebigkeit abgleiten und sich damit - wie J.P. Sartre (gest. 1980) eindrücklich zeigte - selber aufheben. Der eigengestalterische Freiraum des Menschen betrifft immer auch und primär das eigene Menschsein; so hängt diese letzte Richtgröße, im Sinn eines ethischen "telos", wesentlich vom dabei stets mitgedachten Menschenbild ab. Seine Klärung ist daher ein erstes Erfordernis jeder kritisch sich legitimierenden Ethik.

Neben der dem Menschen wesentlichen leib-geistigen Verfaßtheit, in welcher auch seine Freiheit ihren Ermöglichungsgrund hat, ist es vor allem die nicht weniger wesentliche mitmenschliche Bezogenheit, die den Menschen grundlegend charakterisiert. Jede Geringschätzung oder gar Vernachlässigung eines dieser existentiellen Momente würde unweigerlich eine Beeinträchtigung des ganzen Menschseins einleiten. Was die verschieden platonisch-manichäischen Strömungen mit ihrer Geringschätzung des Materiell-Leiblichen im Verlauf der abendländischen Geistes- und damit nicht zuletzt auch der (Moral-)Theologiegeschichte an Leibfeindlichkeit, an sexuellen Verklemmungen, aber auch an Mißachtung gegenüber den äußeren, geschichtlich-kulturellen Dimensionen des Menschseins bewirkten, hat die humanwissenschaftliche Forschung der letzten Jahrzehnte eindrücklich herausgearbeitet. Eine Vernachlässigung des sozialen Moments, also der Gemeinschaftsbezogenheit, hätte nicht weniger gefährliche Folgen.

Wie bereits erwähnt, sahen schon die alten Griechen den Menschen durchweg als "gemeinschaftliches Lebewesen", als "zoon politikon" an und werteten den sich absondernden Einzelgänger als "Selbstling" (griech. "idiotes"), nicht als vollen Menschen. Zu heutiger Zeit bestätigen die Erkenntnisse der modernen Natur- und Humanwissenschaften diese Einsicht. Der Mensch als ein "prinzipielles Mängelwesen" (A. Gehlen), der zudem biologisch stets als "Frühgeburt" zur Welt kommt (A. Portmann), hat überhaupt nur dank seiner Mitmenschen eine Überlebenschance. Gezeugt in einem sozialen Akt, würde er ohne die intensive und langdauernde direkte Sorge seiner Mitwelt, vor allem seiner Eltern, körperlich wie seelisch rasch zugrunde gehen. Einmal erwachsen, nimmt er ohne soziale Kontakte, ohne Anerkennung und mitmenschliche Annahme weiterhin psychisch (und bald auch somatisch) schweren Schaden.

Aber auch die zu seinem Überleben als Mängelwesen nötigen zivilisatorischen wie kulturellen Infrastrukturen vermag er nur im sozialen Verbund aufzubauen und zu erhalten, sei es, daß dafür nur vereinte Kräfte von vielen Menschen ausreichen, sei es vor allem, daß nur durch geschickte Spezialisierung und arbeitsteilige Organisation die erforderlichen Differenzierungen zu erreichen sind.

1.2 Die biblische Sicht

Zusammengefaßt ergeben diese Beobachtungen das allgemein einsichtige Ergebnis, daß der Mensch offenbar zu einer eigentlichen individuellen Persönlichkeit nur dank der mitmenschlichen Unterstützung zu werden vermag; umgekehrt bleibt er nur wirklich Mensch, insofern er sich auf die mitmenschliche Gemeinschaft hin öffnet und seinen Beitrag zu deren Bestand leistet. Unter diesen Voraussetzungen erstaunt es kaum, daß auch das biblische Verständnis vom Menschen diesen sozialen Faktor aufweist.

Die Schöpfung des Menschen gilt im alttestamentlichen Verständnis als noch nicht abgeschlossen, solange er als der eben geschaffene Adam noch keinen Partner hat bzw. solange er einen solchen Partner nur unter allen anderen nichtmenschlichen Lebewesen suchen muß. Erst als ihm die auf ihn hin geschaffene ebenbürtige Partnerin als "Fleisch von seinem Fleisch und Bein von seinem Bein" (Gen 2,20-23) beigegeben wird, sind beide voll und glücklich Mensch. Aber nicht nur in dieser mitmenschlich direkten Beziehung der Geschlechtergemeinschaft ist der Mensch sozialbezogen.

Vielmehr gilt dies auch für die größere Beziehung in Sippe und Volk, in und durch welche der einzelne erst seine ganze Identität findet und "jemand ist". Sobald er diese existentielle Beziehung zum Volk verliert oder wegen eines Verbrechens aus dieser Gemeinschaft ausgeschlossen wird, ist ihm sein Verderben sicher. Entsprechend ist dann auch die soziale Verantwortung mit dem biblischen Menschenbild als sittliche Forderung so selbstverständlich verbunden, daß sie im Normalfall keiner besonderen Hervorhebung bedarf. Nur hinsichtlich der sozial Schwächeren, "der Witwen und Waisen", muß sie von den Propheten dauernd neu eingeschärft werden. Wenn Jesus in seinem Liebesgebot die Schwachen und Benachteiligten besonders heraushebt und in seiner Gerichtsrede (vgl. Mt 25) sogar das definitive Schicksal eines Menschen von seinem Umgang mit Schwächeren in der Weise abhängig macht, daß das Handeln an jenen gleichbedeutend mit dem Handeln am Gottessohn und Weltenrichter ist, enthüllt sich deutlich die radikale Bedeutung dieser sozialen Bezogenheit des Menschen. Als ebenbildliches Geschöpf Gottes, der im christlichen Glaubensverständnis ja nicht der isoliert eine Weltherr, sondern der in liebender Einheit der drei göttlichen Personen dreifaltig Eine ist, ist der Mensch theologisch seinem tiefsten Wesen nach nur als gemeinschaftlicher zu verstehen. Seine Gottebenbildlichkeit bedingt, wie die Enzyklika "Sollicitudo rei socialis" (Nr. 40) hervorhebt, aus sich heraus mitmenschliche Solidarität.

Besonders auffällig ist in dieser biblischen Sicht, daß sie trotz der auch hier nicht bestrittenen sozialen Unterschiede an einer grundsätzlichen Gleichheit der Menschen stets festhält. Zwar haben Frauen oder gar Sklaven einen weniger günstigen Status in der Volksgemeinschaft. Doch die ursprüngliche Gleichheit, die sich in Gen 2,23 im hebräischen Kunstwort "ischa" (= Männin, wie Luther richtig übersetzte) und im Bild von "einem Fleisch" ausdrückt, geht dennoch nie ganz verloren. Auch die Unterbrechung der Schuldsklaverei in den alle fünfzig Jahre eintretenden sog. Jubeljahren erinnert stets neu daran, daß die Sklaverei eigentlich nicht sein sollte. Wenn schließlich in der Sicht der Propheten auch die Heidenvölker zum Heil gerufen sind, so ist dies ebenfalls Zeichen dafür, daß Heil und Erfüllung nicht auf einzelne Menschen, auch nicht auf einzelne Stämme und Völker bezogen sind, sondern weltweit verstanden werden müssen. Für den konkreten Vollzug mögen diese Ansätze gering erscheinen. Vergleicht man sie aber mit dem, was bei den umliegenden Völkern als Recht und Vorstellung galt, so erkennt man, wie deutlich sich die Gleichheit aller Menschen als Sinnspitze doch schon in der Sicht des alten Bundes bemerkbar macht. In der Botschaft Jesu vom weltumspannenden Gottesreich wird sie sich dann vollends Bahn brechen: In dem von Jesus dem Christus als schon angebrochenen, wenn auch noch nicht zur Fülle gekommenen Gottesreich gibt es als Rang oder Stellung weder Freie noch Sklaven, weder reich noch arm, weder Heide noch Jude, weder Mann noch Frau usw., sondern nur noch Menschen, die alle - freilich mit je ihren eigenen und anderen "Talenten" - in das eine Reich gerufen sind.

Als individuelle Person ist somit auch im biblischen Verständnis der Mensch nur im sozialen Bezug als ganzer Mensch denkbar. Dem die mitmenschliche Dimension als Mittel für die eigene Entwicklung verzwekkende Individualismus der europäischen Philosophie der Moderne, der in der Idee des "Übermenschen jenseits von Gut und Böse" von F. Nietzsche (gest. 1900) seinen extremen Ausdruck fand, ist diese Vorstellung völlig fremd. Weil der Mensch nur in Gemeinschaft wirklich individuelle Persönlichkeit sein kann, entspricht aber auch die einseitig die individuellen Freiheiten betonende Auffassung des aufgeklärten Liberalismus des 19. Jahrhunderts nicht diesem Menschenbild, ebensowenig übrigens wie die darauf reagierenden marxistischen Strömungen, die den Menschen der Gemeinschaft so unterzuordnen beginnen, daß der einzelne im Blick auf das Kollektiv einer Verzweckung ausgesetzt wird. Dem biblischen Verständnis ist die Verschränkung von Individualität und Gemeinschaftsbezogenheit vielmehr so selbstverständlich, daß solche Extremmeinungen nicht einmal in den Blick zu kommen scheinen.

Deutlicher als in anderen geistesgeschichtlichen Traditionen wird zudem eingeschärft, daß es in diesem Sozialbezug keine grundsätzlichen Rangunterschiede gibt, ja, daß solche Differenzierungen aufgrund von politischer Macht, vom Reichtum oder anderen von Menschen geschaffenen Unterschieden immer wieder zumindest die Versuchung zu sündiger Überheblichkeit und damit zum Anfang von menschlicher Selbstzerstörung in sich bergen. Wenn die Härte der Reichen gegen die armen Schuldner, der zu korruptem Amtsmißbrauch neigende Richter, der Machtmißbrauch des Königs David, der Urias in den Tod schickt, um dessen Frau zu gewinnen, wie auch der Brudermord Kains an Abel getadelt werden, so verweist dies zugleich auf das sittliche Bewußtsein, das die fundamentalen mitmenschlichen Verpflichtungen aus menschlicher Gleichheit beinhaltet. Ebensodeutlich ist dieser Tadel Zeichen für die stets neue Gefährdung durch den ursündlichen Egoismus des Menschen, für dessen Überwindung vor allem auch Jesus auf einer grundlegenden Sinnesänderung (griech. "metanoia") und damit auf der ethischen Bekehrung besteht. Dem nüchternen Realismus dieser biblischen Verkündigung ist die Idee eines "von Natur aus guten Menschen" und einer Selbstregulierung völlig fremd, nach welcher es genügen würde, den Dingen einfach ihren Lauf zu lassen. So bedeutsam das Betonen der Freiheit des einzelnen gegenüber unterdrückenden Privilegien des Adels in der Zeit der Aufklärung auch war und so sehr deren Väter wie

J. J. Rousseau und A. Smith darin ethisch motiviert waren, wird eine christliche Sozialethik doch realistisch-nüchtern dieser sündigen Gefährdung des Menschen ebenfalls immer Rechnung zu tragen haben.

1.3 Der zweistufige Sozialbezug des Menschen

Der eigenen Einsicht wie der biblischen Verkündigung zufolge ist der Mensch also in grundsätzlicher Gleichheit wesentlich sozialbezogen. Damit ist eine für jede weitere sozialethische Überlegung grundlegende Aussage gemacht. Der Mensch ist nur in "Kommunikationsgemeinschaft" (K.O. Apel) sinnvoll denkbar, "transzendentale Intersubjektivität" (P. Lorenzen) ist sein Konstitutiv, gerade auch als Ebenbild Gottes und als in Jesus Christus erlöstes Geschöpf. Nur ist damit noch nichts darüber gesagt, wie sich dieser Sozialbezug verwirklicht. Die für die abendländische Philosophie bestimmende antike griechische Sicht wie das biblische Verständnis beruhen auf einer sozialen Erfahrung in relativ überschaubaren, kleineren Sozialgebilden wie der Sippe, der Stämme einzelner Völker oder der griechischen Staaten mit einem jeweils regional begrenzten Territorium. Bei den antiken Großreichen unter ägyptischer, babylonischer oder hellenistischer Vorherrschaft scheint es sich zwar um größere soziale Zusammenschlüsse zu handeln, sie wiesen aber im Inneren so wenig strukturierende Elemente auf, daß man noch kaum von eigentlichen Staaten reden kann. Ein bedeutender Schritt in diese Richtung vollzog sich erst um die Zeitenwende in den durch die Kaiser dem Römischen Weltreich eingeprägten sozialen Strukturen. Dennoch bleibt auch hier diese neue Dimension einer gesellschaftlichen sozialen Staatsstruktur, von wenigen punktuellen Ausnahmen abgesehen, außerhalb der philosophischen und theologischen Reflexion ihrer Zeit. Auch berührte sie die alltägliche Wirklichkeit der einzelnen Menschen offenbar noch so wenig, daß besonders nach dem Zusammenbruch des Römischen Reiches in der Völkerwanderung diese Ansätze einer gesellschaftlichen Sozialstruktur weithin wieder in Vergessenheit geraten konnten.
Zwar steht die Entwicklung gesellschaftlicher Sozialstrukturen und deren Reflexion nicht im Gegensatz zum griechischen Verständnis. Noch weniger ist die komplexe Vernetzung der gesellschaftlichen Strukturen jedoch der biblischen Sicht entgegengesetzt. Der Zusammenschluß der zwölf Stämme zum einen Bundesvolk Gottes mit seiner eigenen "menschenrechtlichen" Satzung des Dekalogs enthält keimhaft sogar schon die Idee einer sozialen Zweistufigkeit, in der neben der sozial-mitmenschlichen Gerechtigkeit die nationale und damit auch die religiöse Unabhängigkeit und selbständige Identität nur durch den sozialen Zusammenschluß mit einer entsprechenden strukturellen Organisation im Königtum einigermaßen zu gewährleisten war. Bestimmend für die Reflexion über das Zusammenleben der Menschen wurde dieser Gedanke freilich noch lange nicht, so wenig sogar, daß, von relativ kurzen Perioden abgesehen, die größere politische Einheit

des israelitischen Volkes sich als so brüchig erwies, daß die Selbständigkeit zerbrach. Durch Fremdherrschaft und Deportation (dem "Exil") geriet die gesellschaftliche Dimension des einen freien, ja sogar dereinst alle Völker der Welt umfassenden Volkes vielmehr zum Wunschtraum, wenn nicht gar zur eschatologischen Vision. Die konkrete Realpolitik erschöpfte sich meist im partiellen Paktieren der einzelnen Teile des Volkes mit den umliegenden Großmächten, obwohl sich die Propheten einer solchen Partikularisierung und damit Gefährdung der religiösen Identität immer wieder entgegensetzten.[1]

Obwohl das Neue Testament gerade diese universalistischen Ansätze zum Konzept einer einzigen menschheitsweiten Weltgesellschaft formt,[2] findet sich ein eigentliches Bewußtsein einer Zweistufigkeit des Sozialbezugs auch hier noch nicht, sondern erst in der Neuzeit und der da entstandenen staatlichen Organisationsformen. Das Thema einer Doppelschichtigkeit in den sozialen Beziehungen, nämlich den direkt überschaubaren zwischenmenschlichen Bezügen und den nur über gesellschaftliche Strukturen zu realisierenden sozialen Zusammenhängen, wurde so erst mit dem Entstehen der komplexen modernen Staaten, vorab im Gefolge von den mit der Industrialisierung immer enger und immer weniger durchschaubaren politischen, wirtschaftlichen, informationstechnischen und wissenschaftlichen Vernetzungen als einer eigenen Wirklichkeitsdimension, bewußt. Die damit verbundenen ethischen Probleme konnten sich somit auch erst in der Folge dieser sozialen Entwicklungen in der Geschichte bzw. mit ihrer Bewußtwerdung zu stellen beginnen. Wie es schon die vom deutschen Soziologen Ferdinand Tönnies (gest. 1936) eingeführte, allerdings wenig präzise Unterscheidung von "Gemeinschaft und Gesellschaft" andeutet, werden Sozialbeziehungen anders erlebt und gestaltet, je nachdem, ob man sich in einer überschaubaren Gruppe bekannter Menschen (Familie, Freundeskreis, Dorfgemeinschaft, Pfarrgemeinde u.ä.) bewegt oder in einem größeren, durch eigene Strukturen organisierten Ganzen wie vor allem in politisch-staatlichen Gemeinwesen, aber auch in einem Weltkonzern oder einer internationalen Organisation. Hier werden die menschlichen Beziehungen auch bei einem großen persönlichen Engagement mit entsprechender Identifikation (etwa mit der Kirche oder dem Vaterland) notwendigerweise abstrakter. Sie sind über Instanzen vermittelt, also indirekt organisiert und nicht mehr spontan, sondern zumindest durch Tradition und Brauchtum, wenn nicht gar durch Gesetzgebung und Vorschrift vorgegeben und eingeschliffen.

---

[1] Vgl. etwa den Rat des Propheten Jesaja gegen den Pakt des Königs Ahab von Juda mit dem assyrischen Großreich (Jes 7,3-5).
[2] Wenn diese Ansätze in einer befreiungstheologischen Lektüre der Bibel in diesem Sinne namhaft gemacht werden, so ist dies zwar nicht das Ergebnis einer historischen Verbalexegese. Es entspricht jedoch durchaus der inneren Dynamik der biblischen Aussage, die damit berechtigterweise als christlich-sozialethische Motivation herangezogen wird.

Wo der Mensch den spontanen überschaubaren Rahmen seiner primären soziologischen, irgendwie noch gruppenmäßig geprägten Beziehungen übersteigt und in denjenigen der sekundär-soziologischen Organisationsstrukturen übertritt, um weitere Probleme seiner Lebensentfaltung (etwa im Gesundheitswesen, der Bildung, der Unterhaltssicherung in Notzeiten usw.) zu lösen, ändert sich die Qualität seiner sozialen Beziehungen. Diese Veränderung ist so tiefgreifend, daß Verhaltensweisen, die auf der einen Ebene durchaus angemessen waren, auf der anderen nicht mehr zu genügen vermögen oder gar unangemessen werden. So ist beispielsweise im primär-soziologischen Bereich die mündliche Abmachung durchaus verbindlich, während es im sekundären gesellschaftlichen Bereich eines geschriebenen Vertrages bedarf. Ebenso genügen im zwischenmenschlichen Bereich bei Notzeiten caritative Maßnahmen, während es auf der sozial-gesellschaftlichen Ebene entsprechender Sozialgesetze und sozialer Institutionen bedarf. Dies bedeutet, daß der wesentlich sozialbedingte Mensch seine Sozialbeziehung sowohl zwischenmenschlich direkt wie gesellschaftlich indirekt, d.h. über Institutionen vermittelt und darin letztlich sogar global menschheitsweit zu verstehen hat. Vor allem aber bedingt dies, daß sich die Sozialethik - was lange Zeit vor allem in der vom Liebesgebot des Evangeliums her spontan eher auf die zwischenmenschlichen Belange gerichteten Moraltheologie übersehen wurde - in ihrer ethischen Überlegung dieser Doppelung bewußt zu bleiben hat. Denn gerade in der Gestaltung der gesellschaftlichen Strukturen hat sich die kritisch-stimulative Dynamik des christlichen Glaubens auszuwirken. Sozialethik ist folglich als jener Teil der christlichen Moraltheologie[3] zu verstehen, der sich bewußt und ausdrücklich mit dieser gesellschaftlichen Dimension befaßt.

2. Methodologische Legitimation

2.1 Der theologische Ansatz in sozialphilosophischer Begründung - das Grundkonzept

Daß eine christliche Sozialethik auch als moraltheologische Reflexion ihre normativen Verhaltensweisen und Entscheidungshilfen nicht einfach aus der Botschaft Jesu ablesen oder ableiten kann, gehört zu den selbstverständlichen Einsichten schon der neutestamentlichen Gemeinden selber. Mehr noch als die dem paulinischen Geist entsprechende Formel, alles zu prüfen und das Gute zu behalten (1 Thess 5,21), deutet die Übernahme von Elementen stoischer Ethik in die apostolische sittliche Mahnrede, in die sog. Paränese, darauf hin, daß allgemein ethische Einsicht der Verkündi-

---

[3] Vgl. dazu die ausdrücklich vorgenommene Systematisierung in der Enzyklika "Sollicitudo rei socialis" (1987), Nr. 41; dies in Unterschied zu P. Hünermann, Kirche - Gesellschaft - Struktur, in: P. Hünermann, M. Eckholt, Katholische Soziallehre - Wirtschaftsdemokratie, Mainz - München 1989, bes. 39-44.

gung des Glaubens dienen kann. Rationale Einsicht wie bewährte Praxis erweisen sich als hilfreich für die Umsetzung des Glaubens an die Heilszusage Gottes in Jesus Christus in den konkreten sozialen Lebensvollzug. Obwohl nicht bewußt reflektiert, entspricht dieser Denkansatz auch der ursprünglichen, also vorexilischen jüdischen Ethikauffassung, die normatives Ethos von umliegenden Völkern sehr wohl selektiv aufzugreifen und dynamisch in die eigene Weltanschauung zu integrieren verstand. So kann man etwas zugespitzt sagen, daß im christlichen Verständnis die sittliche Verbindlichkeit einer menschengerechten Weisung sich nicht daraus ableitet, daß sie in der Bibel steht. Vielmehr steht sie als verbindliche in der Bibel, weil und insofern sie sich als menschengerecht erweist. Das Wort Jesu, daß der Mensch nicht um des Sabbats willen, sondern der Sabbat um des Menschen willen da sei (Mk 2,27), liegt ganz auf dieser Linie.

Dementsprechend erstaunt es dann wenig, daß angesichts der Herausforderung durch die neuentdeckte aristotelische Philosophie mittelalterliche Theologen wie Thomas von Aquin ihre vom christlichen Glauben her motivierte Ethik erneut dem allgemein menschlichen Kriterium der Gerechtigkeit unterstellen und dafür sogar eine im Glauben an die Erschaffung der Welt durch Gott wurzelnde, also schöpfungstheologische Begründung entwickeln. Denn der Mensch ist gerade auch in seinen geistig-intellektuellen Vollzügen Ebenbild Gottes und vermag dank dieser Fähigkeiten in Welt und Gesellschaft wesentliche Strukturgesetzmäßigkeiten, die sog. "lex naturae", zu erkennen. Insofern erkennt er zugleich, wenn auch nur abbildhaft und analog, etwas vom vorbildhaften, ewigen Plan (der "lex aeterna") Gottes für seine Schöpfung. Den irdischen Wirklichkeiten und ihrer menschlichen, gerade auch wissenschaftlichen und philosophischen Erkenntnis wird damit eine Eigenständigkeit zugemessen, die zwar als solche keinesfalls absolut ist, die aber als von Gott so gewollte doch ihren eigenen Wert in sich trägt. Die Einsicht in solche sittlichen Zusammenhänge ist so wirklich autonom; die Autonomie ist letztlich jedoch theonom begründet.[4] So sehr dieses Verständnis der irdischen Wirklichkeit und ihrer Erkenntnis einen eigenen Stellenwert zumißt, so sehr ermöglicht es zugleich die Einbeziehung der theologischen Reflexion in die Auseinandersetzung mit den irdischen Belangen, die eben nur als von Gott geschaffene Wirklichkeit sind. In besonders deutlicher Weise trifft dies für all jene Bereiche zu, in welchen die menschliche Würde, d.h. die Achtung des Ebenbildes Gottes, auf dem Spiel steht. Insofern auch Sozialwissenschaften nicht einfach wertfrei betrieben werden können, sondern von grundsätzlichen Wertentscheidungen mitgetragen werden, wird daher schon die Erkenntnis sozialer Zusammenhänge und damit auch die Sozialwissenschaft des Christen stets von diesem schöpfungstheologischen Grundverständnis her denken und damit auch

---

[4] Vgl. dazu A. Auer, Autonome Moral und christlicher Glaube, Düsseldorf ²1984; F. Böckle, Theonome Autonomie, in: J. Gründel, F. Rauh, V. Eid (Hrsg.), Humanum (F.S.: R. Egenter), Düsseldorf 1972, 280-304; F. Furger, Autonom und christlich, in: Stud. mor. 24 (1986) 71-93; K.W. Merks, Theologische Grundlegung der sittlichen Autonomie, Düsseldorf 1978.

Schnittmengen zur Theologie aufweisen.[5] Für die allgemeine, philosophisch-ethische Reflexion des Christen gilt dies entsprechend deutlicher.
Der Mensch hat also Einsicht in sittliche Gegebenheiten und deren Anspruch auf Verbindlichkeit. In der systematischen Entfaltung dieses Anspruchs scheuen sich die scholastischen Denker dann auch nicht, die aus der stoischen Ethiktradition stammende dreifache Forderung von Gottesverehrung, Elternehrung und Gerechtigkeit als sittliche Konsequenz aus den konstitutiven Abhängigkeiten des Menschen zu ziehen und diese sittliche Grundforderung als ein unbedingt geltendes, sog. "primäres Naturrecht" zu bezeichnen. Die nur noch im allgemeinen gültigen, die tatsächlichen Lebensumstände mitberücksichtigenden konkreteren Normen (ausdrücklich werden dafür die dekalogischen Gebote der sog. Zweiten Tafel genannt) sind diesem als "sekundäres Naturrecht" nachzuordnen.[6] Über die Gültigkeit oder Ausnahme solcher "mittlerer Prinzipien" entscheidet damit nicht eine wie auch immer geartete Glaubenserleuchtung, sondern die im Licht der Grundprinzipien ausgerichtete und von den konkreteren ethischen Normen und Richtlinien gestützte Vernunft, die so als "ratio recta" oder "prudentia" (= Klugheit) die konkreten Umstände zu beurteilen und die entsprechende angemessene sittliche Entscheidung zu finden hat. Dabei wird diese Entscheidung zugleich als existentielle Tatantwort auf Gottes Heilsangebot verstanden und drückt daher in all ihrer Rationalität zugleich auch einen theologischen Anspruch aus.
Allerdings sank die Bedeutung des beschriebenen Denkansatzes einer selbständigen ethischen Erkenntnis gerade auch für die gesellschaftlichen Belange in der Folge rasch und wurde von einem heilsindividualistischen, nominalistisch-voluntaristischen und darin scheinbar frömmeren Denken abgelöst. Gottes Gebot erscheint hier nicht mehr als die vom Schöpfer in seine Schöpfung eingestiftete Ordnung, sondern als eine von ihm als einem höchsten und allmächtigen Gesetzgeber erlassene Weisung, die es im Glaubensgehorsam auch ohne Einsicht in die Begründungszusammenhänge einzuhalten gilt. Da der Mensch in seiner sündigen Verfassung sich dazu auch immer wieder außerstande sieht und damit Gottes verurteilendem Schiedsspruch ausgesetzt bleibt, bleibt ihm nur noch - so die zugespitzte Sicht Martin Luthers - die Glaubenshoffnung auf die Rechtfertigung durch Gottes reine Gnade. Oft vermochten freilich die mittelalterlichen Ethiker eigentliche Wesensstrukturen nicht klar von zeitbedingt Gültigem in Biologie, Kultur und Gesellschaft zu unterscheiden. So konnten ihnen auch bestehende gesellschaftliche Regelungen (und damit verbunden auch unge-

---

[5] Die für die theologisch-wissenschaftliche Auseinandersetzung mit der sozialen Wirklichkeit im deutschen Sprachgebiet übliche Bezeichnung "Christliche Sozial- oder Gesellschaftswissenschaft" ist seit ihrem Beginn, nämlich mit der Begründung eines Lehrstuhls für Christliche Sozialwissenschaften an der Universität Münster/Westf., nicht nur Bekenntnis zu einer grundlegenden Wertoption, sondern zugleich auch eine bewußte Distanzierung von einem (vermeintlich) wertfreien Ansatz dieser Wissenschaften im Sinn von M. Weber (gest. 1920) und W. Sombart (gest. 1941).

[6] Vgl. dazu unten Abschnitt V.3.

rechte Privilegierungen von Mächtigen) leicht als im menschlichen Wesen gesichert erscheinen. Ein solches bloß scheinbar "naturrechtliches" Verständnis beruht jedoch auf naturalistischen Trugschlüssen, während die hochmittelalterliche Naturrechtslehre des Thomas von Aquin eine Möglichkeit darstellt, in christlicher Glaubensverantwortung sittliche Zusammenhänge allgemein einsichtig wahrzunehmen.

Dies wird besonders deutlich in der Erneuerung der hochscholastischen Ansätze durch die spanischen Völkerrechtstheologen des 16. Jahrhunderts (F. de Vitoria, G. Vázquez, D. Soto u.a.). Ihnen gelang es, die grundlegendsten Ansprüche der Menschenwürde auch für die amerikanischen Indios wenigstens theoretisch, d.h. auf dem Weg der Gesetzgebung, durchzusetzen und ihnen in den sog. "Leyes nuevas" von 1542 die Rechte von "Subjekten der spanischen Krone" zuerkennen zu lassen. Auch wenn diese Gesetze sehr rasch hintertrieben und bald sogar völlig aufgehoben wurden, so stand hier doch eine allgemein einsichtige sittliche Forderung nach der Wahrung und Achtung menschlicher Würde, also nach Menschenrechten für diese Indios aus theologischer Motivation zur Debatte: Sobald für die damaligen Theoretiker empirisch feststand, daß diese "nackten Wilden" wirkliche Menschen waren, konnten sie von Gottes Schöpfungs- und Heilsplan nicht ausgenommen werden. An der moraltheologischen Forderung nach Achtung ihrer Menschlichkeit in Einheit und Brüderlichkeit mußte daher auch dann festgehalten werden, wenn sie "den spanischen Interessen" widersprach. Das realpolitische Scheitern dieses Verständnisses mindert daher die moraltheologische Qualität der Einsicht in keiner Weise.

Neben dieser Sicht gab es noch einen weiteren Versuch einer Erneuerung der mittelalterlichen Naturrechtslehre. Dieser Ansatz, der in der Schule des F. Suarez bald die Oberhand gewinnen sollte, folgte dem im 16. Jahrhundert aufkommenden "modernen Denken", das ganz auf die direkte Einsicht der menschlichen Ratio abstellen wollte. Diesem Verstand mutete man eine direkte Einsicht in die Wesensstrukturen zu, anstatt daß die naturrechtlichen Forderungen aus einer aus konkreter Erfahrung erwachsenen Abwägung von Folgelasten und Voraussetzungen erwuchsen. Aller Regel nach wurden damit bestehende und unter den damals gegebenen Umständen die Menschlichkeit auch oft angemessen sichernden Funktionsabläufe voreilig, d.h. einmal mehr, in sog. naturalistischen Trugschlüssen festgeschrieben. Die rationalistische Naturrechtslehre des 18. Jahrhunderts (S. Pufendorf, C. Wolff, H. Grotius u.a.) ist typisch für dieses Verständnis. Auch wenn sich von diesen Ansätzen her Ideen von Menschenrechten im Sinne der Aufklärung zu entwickeln begannen, so bleiben sie, wie I. Kant in seinen Kritiken zu Recht festhielt, in hohem Maß ideologieanfällig. Die Weiterentwicklung dieser Sicht in der sog. neuscholastischen Naturrechtslehre im 19. Jahrhundert, die bis in feinste kasuistische Feststellungen hinein Normierungen rechtlich begründete, ist dafür ein eindrücklicher Beleg. Die Auseinandersetzung mit der sog. "sozialen Frage", also mit der Verantwortung der Christen für das Proletarierelend, und damit der Beginn der kirchlichen Soziallehre, fiel freilich ebenfalls in diese Epoche. So konnte es nicht ausbleiben, daß auch diese von einem solchen Norm- und Ethikverständnis geprägt wurde. Diesbezügliche Kritik ist unerläßlich. Kurzsichtig aber wäre es, deshalb das Anliegen als solches aufzugeben.

Ähnlich wie in der Frage nach den Menschenrechten für die Indios 300 Jahre zuvor wird auch mit der sozialen Frage des 19. Jahrhunderts, der Industrialisierung und der damit verbundenen Proletarisierung der Arbeitermassen ein allgemein menschliches Problem im Licht der theologischen Herausforderung des Glaubens aufgegriffen. Daß dann auch hier der theologische Anspruch nach Vermenschlichung nicht einfach appellativ oder parānetisch erhoben und verkündigt wurde, sondern daß man ausdrücklich und erklärterweise versuchte, ihn in allgemein einsichtiger Weise verständlich zu machen, liegt angesichts dieser Tradition nahe. Wenn die Katholische Soziallehre und in ihrem Gefolge die heutige christliche Sozialethik diesem Denkweg folgt, dann liegt sie trotz mancher Engführungen und Einseitigkeiten im Sinne des genannten rationalistischen Naturrechts wie auch in Anbetracht ihrer kulturell und geistesgeschichtlich sehr unterschiedlichen Ansätze in der Grundlinie ohne Zweifel richtig. Für eine christliche Sozialethik gilt es daher, den schöpfungstheologisch begründeten Ansatz einer Moraltheologie in theonomer Autonomie kritisch weiterzuverfolgen.

2.2 Konzeptuelle Vielfalt - eine historische Vorbedingung

Christliche Sozialwissenschaften und Katholische Soziallehre haben sich weder in den mittlerweile 100 Jahren ihrer ausdrücklichen noch in ihrer früheren, eher inklusiven Entwicklung je als bloß feststellende Untersuchungen bestehender gesellschaftlicher Zustände begriffen. Als christliche verstanden sie sich vielmehr stets als von der wertbestimmten Weltanschauung des Evangeliums gerichtete und damit wesentlich als kritische. Dennoch haben diese normativen Sozialtheorien aus christlichem Geist immer wieder verschiedene Schwerpunkte gekannt. Die Formulierung "aus christlichem Geist" umschreibt dabei, daß in einer gesellschaftsbezogenen theologischen Reflexion über die Relevanz der Heilsbotschaft Jesu Christi für die Gestaltung des Gemeinwesens im Sinn der darin verkündigten, im Hier und Jetzt der Geschichte je schon angebrochenen, in seiner Fülle aber noch ausstehenden Heilsordnung Gottes im Verlauf der christlichen Geistesgeschichte nachgedacht wird.

Was die Ausführungen zur eigenen Disziplingeschichte deutlich machen,[7] bestätigt sich auch in größeren Zusammenhängen. Ein überzeitlich einheitliches und festes Lehrgebäude hat christliche Soziallehre nie dargestellt. Idealtypische Überlegungen wie die des Augustinus (gest. 430) zur "Civitas Dei" oder in der "Utopia" des Thomas Morus (gest. 1535) stehen neben

---

[7] Vgl. oben Abschnitt III.1.

zeitbedingten, praktisch-realistischen Ansätzen, wie sie etwa die mittelalterliche Zwei-Schwerter-Theorie zur Regelung der Machtverhältnisse zwischen Kirche und Staat aufzeigen wollte oder wie sie mit dem Mut der Verzweiflung ein Machiavelli (gest. 1527) zur Überwindung zerstörerischer Anarchie in seinem "Principe" vorschlug. Dabei verstand sich selbst dieser letzte Ansatz in keiner Weise als glaubensfeindlich. Viel eher sah man in ihm den in diesem "sündigen Tal der Tränen" (Machiavelli) eben noch möglichen Versuch, eine brauchbare Machtorganisation unter rivalisierenden Fürsten zu entwerfen. Bedenkt man weiterhin, daß auch Heilige wie Bernhard von Clairvaux (gest. 1153) die Kreuzzüge zur Rückeroberung des Heiligen Landes als eine ethisch verantwortbare Christenpflicht betrachteten oder daß der Täuferstaat zu Münster von 1534/35 trotz all seiner unmenschlichen Grausamkeiten zunächst von christlichem Idealismus getragen war, so erkennt man, wie gefährlich weit dieses Spektrum zu werden vermochte.

Dabei zeigt auch schon eine so knappe Aufzählung, daß sich keineswegs all diese Ansätze in gleicher Weise als Grundlage für eine christliche Sozialethik eignen. Die Motivation zur Gesellschaftsgestaltung aus dem Glauben an Jesus Christus und sein Evangelium genügt dazu offenbar ebensowenig wie der ehrliche Wille, der Unbill der Zeit entgegenzusteuern und das Wohl aller Menschen, gerade auch der am meisten benachteiligten, zu fördern. Mangelnde Praxisrelevanz, die Gefahr von Radikalisierungen bis zur schieren Grausamkeit, aber auch der Mißbrauch von ethischen Idealen zu egoistischen Zwecken schleichen sich nur allzu leicht in solche Ansätze ein. Der einzige Weg, um sie bestmöglich auszuschließen, bleibt die kritische Reflexion in einer soliden ethischen Theorie. Ein methodologisch-kritisches Bedenken der eigenen Ansätze, Vorgehensweisen und Ziele ist damit unerläßlich. Unter Voraussetzung der o.g. vielfältigen Nuancierungen hat die kirchliche Soziallehre vor allem auch in ihren zahlreichen päpstlichen Lehrschreiben in deren Bemühen um solche ethische Reflexion einen wesentlichen Beitrag dazu geleistet.

Aber auch darin lassen sich noch unterschiedliche Vorgehensweisen ausmachen, die es im einzelnen zu beachten gilt: Zwar stellt sie in ihren Prinzipien und Zielsetzungen wie in ihren Verwirklichungsmaximen eine grundsätzliche Einheit dar. Ihre Umsetzung in die jeweilige konkrete gesellschaftliche Praxis erfolgt dennoch auf methodologisch recht unterschiedliche Weise. So kann man etwa die in dieser Einheit im grundsätzlichen ansatzhaft vorhandene Systematik als eine einheitliche Lehrtheorie verstehen. Aufgabe der weiterführenden Soziallehre wäre es dann, die verbindlichen Leitsätze dieser Theorie auf die bestehenden sozialen Zustände in einem konkreten Gemeinwesen kritisch anzuwenden, um entsprechend im Vergleich zur Lehre vorliegende Mängel zu benennen und allenfalls Verbesserungsvorschläge vorzubringen. Das Argumentationsmuster folgt dabei im wesentlichen einer syllogistischen Logik, wobei die Prinzipien den Obersatz abgeben, der empirische Befund über die konkrete Lage den

Untersatz des Syllogismus, aus dem dann als Schlußfolgerung die konkretere Norm in rationaler Konsequenz gezogen wird. Über die der Kirche verbundenen politischen Kräfte (Verbände, Parteien u.ä.) wären diese dann als Richtlinien in die politische Willensbildung einzubringen und über eine konkrete Gesellschaftspolitik in die Praxis umzusetzen.
Dieses Vorgehen hat ohne Zweifel Vorteile. Einmal sichert es eine klare Einheit in der politischen Stellungnahme der Christen und ihren Kirchen in der politischen Meinungsbildung, eine Einheit, die zudem auch durch die gesamtkirchliche Autorität gestützt wird. Daß dadurch Stoßkraft und Wirkung des christlichen Einflusses besonders gut gewährleistet sind, steht zu erwarten. Konkrete Erfolge wie etwa der Einfluß einer so verstandenen Soziallehre im Aufbau der Bundesrepublik Deutschland nach 1945 belegen diesen Erfolg. Allerdings ergibt sich dabei auch eine gewisse Streuung in der Treffsicherheit - zumindest, sobald die ethischen Aussagen die Ebene der allgemein humanethischen Prinzipien verlassen und in die einem raschen Wechsel unterworfene und zunehmend pluralistische Gesellschaftswirklichkeit als ihrem Anwendungsfeld vorstoßen müssen.
Gegenüber der Katholischen Soziallehre ist gelegentlich der Einwand zu hören, sie stelle zwar ein in sich bemerkenswert geschlossenes System dar, betreffe aber die eigentlich anvisierten Adressaten in ihrem konkreten Entscheidungsverhalten relativ wenig. Dieser Einwand dürfte seine Ursache neben allenfalls interessenbedingten Reserven gerade auch in dieser deduktiven, gelegentlich an die kasuistischen Methoden der rationalistischen Naturrechtssystematik erinnernden Argumentationsform haben. Auch vermag in diesem systematischen Denkmodell die seit ihrem Beginn in manchem leicht festzustellende innere Entwicklung der Soziallehre, wie etwa deren zunehmende weltweite Universalisierung, der Einbezug neuer Probleme wie etwa diejenigen der Landwirtschaft oder der Menschenrechte, nicht eigentlich plausibel gemacht zu werden. Die diesen Wandel bedingenden, sich rasch ändernden Zeitbedürfnisse passen eben nicht gut in ein schlußfolgerndes Denken. Damit vermag dieses Vorgehen bei aller dem kirchlichen Lehramt bekundeten Verbundenheit der inneren Dynamik der christlichen Sozialethik nicht voll zu genügen. Wenn die "Zeichen der Zeit" geistgewirkte ethische Appelle Gottes an den Menschen sind (Johannes XXIII.), dann muß methodisch weitergedacht werden.
Wenig geeignet dazu dürfte allerdings auch ein nicht so sehr theoretisch aufgearbeiteter, aber in der Praxis vor allem von der Kirche und ihrer Lehre nahestehenden, politisch interessierten Kreisen häufig vertretener Ansatz sein. Hier versucht man nämlich - meist nicht voll bewußt -, die einem besonders nahestehenden Maximen deutlich herauszustellen, um sie dann in einer pragmatischen Weise auf die gesellschaftliche Entscheidungswirklichkeit zu übertragen. Dabei gilt diese konkrete, geschichtlich gewachsene und einem aus wirtschaftlichen oder politischen Gründen zusagende Wirklichkeit als die allem menschlichen gesellschaftsbezogenen Wirken und Gestalten vorgegebene Schöpfung Gottes. Auf sie hat man sich

in seinem Tun und Lassen, aber auch in jeder ethischen Normierung zu beziehen.
Ein solcher Ansatz garantiert anscheinend eine gute und einfache Verbundenheit der kirchlichen Soziallehre mit der jeweils gegebenen, konkreten sozialen Wirklichkeit. Er ist realitätsbezogen, konkret und praktisch. Gleichzeitig aber neigt er leicht zu einem christlich gemilderten Positivismus des Bestehenden, wobei die christliche Milderung dann vor allem in der caritativ-fürsorglichen Betreuung von Härtefällen liegt. Im Normalfall muß dagegen den "halt leider" unvermeidlichen Sachzwängen der nötige Tribut gezollt werden, damit Wirtschaft und Gemeinwesen überhaupt funktionieren können. Wo die kirchliche Soziallehre ausdrücklich eine andere Sicht vertritt, entwickelt man dagegen eine oft erstaunliche Fähigkeit, das Entsprechende zu überhören. So werden etwa Vorschläge, die Sozialbindung des Privateigentums in der Gesetzgebung stärker zu verankern, gerade von Kreisen, die sich öffentlich als zur christlichen Weltanschauung gehörig betrachten, mit dem Hinweis auf die Garantie des Privateigentums in den Lehrschreiben der Päpste Pius XI. und Pius XII. abgelehnt. Gleichzeitig wird Papst Johannes Paul II. nur mit seinem Appell an die unternehmerische Initiative, nicht aber mit seinem Wort von "der sozialen Hypothek", die auf jedem Privateigentum laste, zitiert. Angesichts eines solchen zwar realitätsbezogenen, aber doch deutlich interessenbedingten Umgangs mit der Katholischen Soziallehre versteht es sich, daß weitere Ansätze der Theoriebildung gesucht werden.
Dies geschieht derzeit vor allem in den befreiungstheologischen Ansätzen, die in den letzten Jahrzehnten im lateinamerikanischen Raum gewachsen sind. Ausgangspunkt in diesen Überlegungen ist stets die konkrete gesellschaftliche Situation, die in diesen früheren Kolonialgebieten europäischer Staaten noch immer von einem deutlichen wirtschaftlichen Rückstand gezeichnet ist. Dieses krasse Ungleichgewicht wird ethisch als Ungerechtigkeit und theologisch als Sünde verstanden, der es aus dem Auftrag des Evangeliums vom schon angebrochenen Gottesreich innerweltlich (und zwar sowohl ideologiekritisch wie auch aktiv politisch) zu begegnen gilt. Dabei ist gemäß der Botschaft Jesu die primäre "Option für die Armen" die eigentliche Motivation für alle reflektierenden Überlegungen wie für die konkret politischen Programme. Die Befreiungstheologie versteht sich somit grundsätzlich als eine Theologie "von unten", die von der "Praxis der Armen" ausgeht. Sie will eine Reflexion aus dem christlichen Glauben heraus sein, die getragen wird vom Lebensvollzug der durch politische oder wirtschaftliche Machtverhältnisse Benachteiligten, Ausgebeuteten oder Unterdrückten. Dabei ist das im Licht der Lektüre biblischer Texte in überschaubaren Gruppen, den sog. "Basisgemeinden", entstandene Selbstverständnis als Bewußtwerdung der eigenen, von Ungerechtigkeit gezeichneten Situation von vordringlicher Bedeutung.
Wenn dabei zum Verständnis der eigenen wirtschaftlichen und politischen Lage auch Elemente marxistischer Sozialtheorien verwendet werden, so

darf diese Sicht doch keinesfalls als "marxistische Theologie" bezeichnet werden. Ebensowenig ist Befreiungstheologie in ihrem konkreten Realitätsbezug in irgendeiner Weise als ein auf naturalistischen Trugschlüssen aufliegender Positivismus der Armen zu verstehen. Vielmehr sucht sie nach dem Grundsatz "sehen, urteilen, handeln"[8] nach einem Verständnis der konkreten gesellschaftlichen Situation und ihrer Machtzusammenhänge; diese haben aber in sich weder positiv noch negativ sittliche Bedeutung. Erst im Licht der Zielsetzungen der Botschaft Jesu Christi von Gerechtigkeit, Menschlichkeit und Liebe werden sie beurteilt; aus dieser, einem christlichen Werturteil entspringenden Beurteilung werden die normativen Forderungen wie die konkreten sozialen Programme gefolgert. Darin unterscheidet sich dieses Vorgehen nicht von demjenigen, das im Mittelalter von den scholastischen Theologen wie Thomas von Aquin gebraucht wurde: Aus der Erfahrung der konkreten Wirklichkeit wird im Licht unbedingt gültiger Grundprinzipien nach konkreten, wegweisenden normativen Lösungen gesucht. An dieser Einschätzung ist auch dann unbedingt festzuhalten, wenn sich diese Linie in einzelnen befreiungstheologischen Aussagen, auf die im folgenden noch hinzuweisen sein wird, nicht immer in voller Klarheit durchsetzt.

Die systematische Aufarbeitung einer befreiungstheologisch geprägten Sozialethik steht sicher noch in den Anfängen. Auch wird hinsichtlich der Erhebung und der Klärung der gesellschaftlichen Lage manches kritischer, umfassender und differenzierter zu beurteilen sein, als es in ersten Entwürfen zu geschehen vermochte. Solche liegen aber vor,[9] und dieser theologische Ansatz hat nach einer teilweise heftigen und von Partikularinteressen nicht freien innerkirchlichen Diskussion in den beiden Stellungnahmen zur Befreiungstheologie durch die Glaubenskongregation von 1983 und 1986 sowie vor allem durch die Enzyklika "Sollicitudo rei socialis" von Johannes Paul II. eine umsichtige Bestätigung gefunden. Daher sind diese Entwürfe für die weitere Auseinandersetzung der Katholischen Soziallehre im Blick auf die anstehenden sozialen Weltprobleme als ohne Zweifel fruchtbarer Beitrag zur Diskussion gestellt. Dies gilt auch dann, wenn die Erklärung der sozialen Mißstände oft zu monokausal, etwa mit einer zu wenig differenzierten "Dependenztheorie", ausfällt und die Ursache aller kritisierten Zustände allein in den früheren kolonialen und heute wirtschaftlichen Macht-"Zentren" gesucht wird, ohne die sekundären Verursachungen in den "Peripherien" der wirtschaftlich unterentwickelten und ausgebeuteten Länder ausreichend in Betracht zu ziehen. Dies gilt auch, wenn marxistische Erklärungsmuster - oft genug allerdings in Ermangelung besserer Sozialtheorien - zu unkritisch übernommen werden und die soziale Zielvorstellung

---

[8] Dieser Leitsatz stammt vom belgischen Gründer der Katholischen Arbeiterbewegung, dem späteren Kardinal Joseph Cardijn (gest. 1967). Er hat seine Wurzeln also ebenfalls in der für die frühen Ansätze der Befreiungstheologie (z.B. G. Gutiérrez) so bedeutsamen französisch-belgischen Sozialtheologie der 1950er Jahre.

[9] Vgl. dazu E. Dussel, Ethik der Gemeinschaft, Düsseldorf 1988, sowie B. Leers, A. Moser, Moraltheologie - Engpässe und Auswege, Düsseldorf 1989.

eines "Sozialismus" unkritisch vage bleibt bzw. eher emotional vorwurfsvoll als unter Einbezug der historischen Erfahrungen kritisch überlegt vorgetragen wird. Die Auseinandersetzung mit der konkreten sozialen Wirklichkeit und ihren entmenschlichenden Folgen im Licht des Evangeliums wie den Einbezug profaner sozialwissenschaftlicher Theorien, wo immer sie herkommen mögen, teilt die Befreiungstheologie im übrigen mit den Ansätzen der Katholischen Soziallehre im 19. Jahrhundert, die ja auch nicht sogleich (nicht einmal in der ersten Sozialenzyklika "Rerum novarum" von 1891) zu einer ausgewogenen Theorie zu finden vermochte. Daß es dabei einen emotionalen Enthusiasmus ebenso zu vermeiden gilt wie einen naiven Fundamentalismus, der einzelne biblische Aussagen direkt auf heutige soziale Wirklichkeiten anwenden zu können meint, versteht sich von selbst und kann den ernstzunehmenden Vertretern der befreiungstheologischen Ansätze auch nicht angelastet werden. Kritischer Dialog in der theoretischen Aufarbeitung und gegenseitige Unterstützung sind vielmehr das, was not tut, wenn sich eine christliche, in den Zielvorstellungen des Evangeliums wurzelnde Sozialethik mit den heutigen gesellschaftlichen Weltproblemen fruchtbar auseinandersetzen können soll.[10]

Betrachtet man nun im Rückblick die hier kurz vorgestellten drei Argumentationsformen zur Umsetzung der Prinzipien christlicher Soziallehre in die konkrete gesellschaftliche Wirklichkeit, so wird man festhalten müssen, daß der erste, eher einer deduktiven Argumentationsform verpflichtete Ansatz im Extremfall in einen ideologieanfälligen, der genuinen Denkstruktur der päpstlichen Lehre unangemessenen Dogmatismus abzugleiten droht. Der zweite hingegen beinhaltet die zumindest praktische Gefahr eines christlich verbrämten Pragmatismus unter Festschreibung der bestehenden, oft von ungerechten Privilegien gezeichneten sozialen Zustände. Der inneren Konsequenz einer vom Liebesgebot des Evangeliums geprägten Humanität vermag er damit ebenfalls nicht zu entsprechen. Dagegen wahrt der befreiungstheologische Ansatz mit seiner der klassischen Theologie nahen Denkweise, also der Erhebung der sozialen Fakten aus der konkreten Erfahrung und deren Beurteilung im Licht der evangelischen Zielvorstellungen, die ursprüngliche Dynamik einer auf Gerechtigkeit ohne Unterdrückung gerichteten gesellschaftlichen Entwicklung. Bei allen noch vorliegenden Unebenheiten wird daher unter Einbezug der Erkenntnisse der langen moraltheologischen Tradition wie unter Vermeidung fundamentalistisch enthusiastischer Engführungen auf diesem Weg weiterzudenken sein. Die neuesten kirchenamtlichen Lehrdokumente zur Sozialethik scheinen - wie gesagt - ebenfalls in diese Richtung zu weisen.

---

[10] Vgl. dazu den selbstkritisch-prospektiven Aufsatz des Brasilianers A. Moser, Die Vorstellung Gottes in der Ethik der Befreiung, in: Conc 20 (1984) 121-126.

2.3 Christliche Sozialethik als Moraltheologie der gesellschaftlichen Belange

Daß in dem engmaschigen Netz von Verhaltensnormen der Moraltheologie, wie sie in den kasuistischen Schulamtbüchern der nachtridentinischen Zeit vermittelt wurden, nicht nur die spirituelle Dimension der persönlichen Berufung des einzelnen, sondern auch die sozialen Belange einer Gesellschaftsethik zu kurz kamen, ist in den letzten Jahrzehnten immer deutlicher bewußt geworden. Das "Politische", welches Aristoteles noch als Sorge um das Gemeinwesen in den Mittelpunkt der ethischen Überlegungen gestellt hatte, war zurückgedrängt auf die Frage nach dem Gehorsam gegenüber der politischen Autorität, meist dem Fürsten, während die übrigen sozialen Belange in die Bereiche der Caritas und Fürsorge, also der direkten Übung christlicher Nächstenliebe verwiesen waren. Die Moraltheologie wurde so praktisch auf die Normierung im zwischenmenschlichen Bereich beschränkt. Solange die gesellschaftlichen Verhältnisse einigermaßen stabil blieben und von relativ geringer Komplexität waren, mochte diese Engführung noch wenig praktische Folgen haben. Sobald sich aber im Einhergehen mit der Industrialisierung das soziale Geflecht grundlegend zu verändern begann, mußten sich die grundsätzlichen Mängel dieser Einseitigkeit bemerkbar machen. Die Entstehung der Katholischen Soziallehre am Ende des 19. Jahrhunderts ist letztlich nichts anderes, als die gesunde, wenn auch verspätete und zunächst systematisch wenig in die christliche Ethik integrierte Reaktion eines wachen Glaubens auf diese Mängel.
Die aus verschiedenen Ansätzen wachsende und erst durch das Lehrschreiben von Papst Leo XIII. einigermaßen gebündelte Soziallehre findet jedoch nur langsam ihren festen Platz in der gesamten ethischen Theorie. Katholische Soziallehre will aber mehr sein als ein bloßer Appell zum politischen Engagement oder eine letztlich humanwissenschaftliche Überlegung über das optimale Funktionieren gesellschaftlicher Mechanismen zugunsten einzelner Menschen. Sie muß daher in die gesamte ethische Theorie eingebaut sein, und zwar als der mit den gesellschaftlich-strukturellen Belangen befaßte Teil der Ethik.[11]
Entsprechend muß auch die Soziallehre der Kirche als christliche Sozialethik methodologisch den Regeln der Vernunft, also der inneren Logik in ethisch-normativer Argumentation folgen, und zwar sowohl zur kritischen Sicherstellung der eigenen inneren Kohärenz wie vor allem um ihrer theologischen Verkündigungsfunktion willen. Diese hat sie gegenüber den selbständig denkenden, mündigen Gläubigen der eigenen kirchlichen Gemeinschaft als auch in einer weitgehend säkularisierten und pluralistischen Gesellschaft wahrzunehmen. Denn überzeugend zu Gehör gebracht werden kann nur die aus der klar deklarierten eigenen Wertgrundlage in rational durchsichtiger Argumentation begründete und ihre möglichen Folgen kri-

---

11 Vgl. K. Steigleder, Probleme angewandter Ethik, in: Conc 25 (1989) 242-247.

tisch bedenkende Aussage. D.h., es zählt nur das, was mit größtmöglicher Exaktheit aus der Erfahrung erhoben wird, was die gesellschaftlichen Tatbestände umschreibt und im Licht der eigenen Weltanschauung als Wertgrundlage zum konkreten sittlichen Werturteil und damit zu einer Handlungsmaxime weitergedacht wird.[12] Dies bedeutet gleichzeitig, daß scheinbar von einer christlichen Richtschnur gedeckte, aber faktisch nur pragmatische Argumentationen ohne klaren und kritischen Rückbezug auf die Wertgrundlage eines christlichen Humanismus und seiner unbedingten Achtung der Menschenwürde nicht genügen. Solche Scheinargumentationen reichen ebensowenig wie eine in fundamentalistischer Art vorgenommene direkte Übertragung evangelischer Impulse auf die konkrete soziale Wirklichkeit, welche auf die Überprüfung der möglichen globalen und langfristigen sozialen Folgen einer vorgeschlagenen Maßnahme glaubt verzichten zu können. Aber auch eine apriorisch bzw. deontologisch feste Anwendung sekundär naturrechtlicher Forderungen oder mittlerer Prinzipien auf konkrete Verhältnisse mag trotz ihrer scheinbaren logischen Klarheit nicht zu befriedigen. Ähnlich wie eine fundamentalistisch-biblizistische Ethik müßte auch eine solche Deontologie einzelner ethischer Aussagen ohne jeden Bezug zu ihrem historisch-kulturellen Entstehungshintergrund in Ideologieverdacht fallen. Für eine auf den Grundlagen des christlichen Glaubens aufbauende, kritisch-ethische Aussage ist sie aber keinesfalls hinreichend. Anstatt richtungsweisend auf die allgemeine Gesellschaftsgestaltung einzuwirken, würde sie sich selber sogar dort, wo sie sittlich Richtiges aussagt, auf den innerkirchlichen Binnenraum beschränken und keine Verkündigungswirkung nach außen erzielen.

Damit muß sich eine Soziallehre, die sich als streng nach den Regeln der sittlichen Vernunft vorgehende, also argumentative theologische Soziallehre versteht, zunächst abheben von einer für die innerkirchliche Verkündigung durchaus angemessenen, die sozialen Belange appellativ betreffenden Paränese. Während diese nämlich die normativen sittlichen Forderungen als anerkannt und gegeben schon voraussetzt und deren konkrete Befolgung einschärfen und fördern will, ist es gerade die Aufgabe der sozialethischen Argumentation, diese Forderungen aus ihren Grundlagen einer christlichen Anthropologie zu begründen. Daß diese beiden unterschiedlichen Vorgehensweisen oder "Sprachspiele" von Ethik und Paränese in kirchenoffiziellen Dokumenten nicht immer sauber unterschieden sind, ist zwar umständehalber verständlich, darf aber eine theoretisch-wissenschaftliche christliche Sozialethik nicht davon dispensieren, sich streng an die ethische Argumentationslogik zu halten. So ist es dann durchaus angemessen, wenn sich neuere lehramtliche Aussagen zur Soziallehre der Kirche wie etwa "Sollicitudo rei socialis" eindeutig des paränetischen Sprachgebrauchs bedienen und die sozialethische Argumentation den nachfolgen-

---

[12] "Veritas speculativa extensione fit practica", der die Findung sittlicher Urteile zusammenfassende Satz der Hochscholastik gilt nicht weniger für die moderne Normenfindung.

den Kommentaren überlassen. Hier muß im Glauben an das in Christus schon angebrochene, in seiner Vollendung aber noch ausstehende Gottesreich die Sorge um die gesellschaftliche Glaubensverpflichtung einsichtig und die Pflege der entsprechenden politischen Tugenden, also der Aufbau einer sozialverantwortlichen Persönlichkeit, deutlich gemacht werden. Nicht weniger geht es aber auch darum, Zielvorstellungen im Sinn einer je größeren Humanisierung der Gesellschaft als sog. "Realutopien" zu entwickeln. Schließlich muß aber eine so verstandene christliche Sozialethik aus der konkreten Erfahrung wie im Blick auf diese Zielvorstellungen normative Weisungen als Entscheidungshilfen in gesellschaftlichen Fragen zu erarbeiten versuchen. Daß sie dies in Anbetracht der Komplexität der sozialen Strukturen in modernen Gesellschaften nur im interdisziplinären Gespräch tun kann, weil nur im Gespräch mit den humanen Spezialwissenschaften deren Zusammenhänge richtig erfaßt zu werden vermögen, versteht sich dann von selbst.

Die spezifische Aufgabe christlicher Sozialethik bei solcher Normfindung liegt dann darin, ausgehend vom christlichen Menschenbild ihre Basisüberzeugung ethisch zu operationalisieren und die geschichts- und kulturunabhängigen Prinzipien von Personwürde und Gemeinwohl bzw. von Subsidiarität und Solidarität als richtungsweisende Grundlage in den Diskurs einzubringen. Insofern diese Prinzipien in der dem Menschen unveräußerlichen, doppelseitigen Wesensstruktur der stets gleichzeitig individuellen wie sozialen Persönlichkeit gründen und unabhängig von den verschiedenen Weltanschauungen dem Menschen als gesellschaftlich lebendem einsichtig sind, ist christlicher Sozialethik eben damit der menschheitsweite Dialog erschlossen. So verstandene christliche Sozialethik erweist sich dann zugleich als Kommunikationsbrücke christlicher Verkündigung in eine säkulare gesellschaftliche Wirklichkeit, deren Bedeutung in den letzten Jahren verkündigungstheologisch offensichtlich zunimmt und damit auch eine epochal besonders wichtige theologische Bedeutung christlicher Sozialethik zu signalisieren scheint.

Weil schließlich eine so verstandene Sozialethik, wie angedeutet, unerläßlicherweise auf den interdisziplinären Dialog angewiesen ist, hat sie sich für dieses notwendige "Teamwork" eigens zu qualifizieren. Anders, als das vielleicht in früheren, gesellschaftlich einfacher strukturierten Jahrhunderten zweckmäßig erscheinen mochte, ist sie keinesfalls der über den anderen Sozial- und Humanwissenschaften stehende sittliche Regulator, der von vornherein immer schon weiß, was im menschlichen Sinn richtig oder falsch ist und wohin die weitere Entwicklung zu gehen habe. Eben diese Haltung ist in existentiell besonders weitreichenden und völlig neuen sozialethischen Problemen, wie sie etwa von der atomaren oder der Gentechnologie aufgeworfen werden, schlechterdings unmöglich. Ihre ethische Tragweite läßt sich nicht von außen, sondern sozusagen nur von innen ermessen. Der Sozialethiker ist nicht mehr ein auch noch in anderen Humanwissenschaften, etwa in den Wirtschaftswissenschaften, der Biologie oder den Sozial-

und Rechtswissenschaften, zusätzlich qualifizierter Fachmann, der in eigener Auseinandersetzung dank seiner doppelten humanwissenschaftlichen wie ethischen Qualifikation die bindende Norm zu erarbeiten vermag. In Anbetracht der raschen Fortschritte in den einzelnen Fachwissenschaften ist eine solche Doppelqualifikation ein Ding der Unmöglichkeit, selbst wenn man die mit einer solchen Doppelfunktion stets gegebene Versuchung zu einer gewissen Überheblichkeit des philosophisch-theologischen, also geisteswissenschaftlich scheinbar über den Dingen stehenden Ethikers beiseite läßt.

Vielmehr stellt er einen für die humanethischen Fragen besonders sensibilisierten Dialogpartner dar, dem zudem von seiner christlichen Motivation her die "Armen" besonders nahestehen, d.h. jene Mitmenschen, die in der Wahrnehmung ihrer eigenen personalen Würde irgendwie benachteiligt sind. Deshalb sucht er die Momente von Mitmenschlichkeit, Gerechtigkeit und Liebe je neu in den Diskurs einzubringen. "Kritisch und stimulativ" (A. Auer), in phantasievoller, origineller und vor allem ausdauernder Weise für ethische Belange einzutreten und sie immer wieder in Erinnerung zu rufen, ist daher seine vordringliche Aufgabe. Gerade hier muß sich das spezifisch christliche Moment dieser Soziallehre vor allem als Geduld im neutestamentlichen Sinn des Ausharrens (griech. "hypomone") in einer u.U. wenig dankbaren und auch oft nicht unbedingt aussichtsreichen Aufgabe als Ausdruck schlichter Kreuzesnachfolge bewähren. Ohne Rücksicht auf bloß innerweltliche Interessenspekulationen am Schwerpunkt umfassender Mitmenschlichkeit festzuhalten, charakterisiert den je eigenen, vielleicht unscheinbaren, aber gerade so wirksamen Beitrag christlicher Sozialethik zur Gesellschaftsgestaltung im Sinne wahrer Menschlichkeit.

Gerade weil der christliche Sozialethiker damit wesentlich, d.h. um der letzten Ziele des Glaubens willen, innerweltlich engagiert bleibt, gibt seine Theorie in allen Weisungen und Lösungsvorschlägen stets nur die nach bestem Wissen und Gewissen bestmöglichen Vorschläge. Sozialethische Normaussagen sind daher als konkrete stets auch korrekturoffen, und zwar aus einem doppelten Grund. Einmal weil sie von Menschen erarbeitet wurden, die - obwohl erlöst - noch immer unter der Versuchung der Sünde, also des interessenbedingten Egoismus stehen. Dann aber auch, weil sie als endliche auch im Team niemals alle die soziale Wirklichkeit bestimmenden Faktoren voll zu erfassen vermögen und oft genug auf Ermessensurteile angewiesen bleiben. Aufmerksamkeit für sachliche Verbesserung und je neue Motivkontrolle gehören daher wesentlich zum methodologischen Rüstzeug gerade auch des christlichen Sozialethikers. Dabei darf man freilich nicht übersehen, daß sozialethische Überlegungen und mehr noch konkreter sozialethischer Einsatz Aufgabe und Glaubensverpflichtung eines jeden Christen sind. Entsprechend gelten diese Erfordernisse einer phantasievollen und korrekturoffenen Auseinandersetzung mit den gesellschaftlichen, politischen und wirtschaftlichen Belangen und Problemen zum sittlichen Auftrag jedes Christen.

Wie die Geschichte des Christentums in ihren gesellschaftsprägenden Heiligen wie Papst Gregor dem Großen, Franz von Assisi, Nikolaus von Flüe und in unseren Tagen Persönlichkeiten wie Martin Luther King, Helder Camara, Mutter Teresa usw. zeigt, haben Christen wenigstens implizit immer auch um diesen Auftrag ihres Glaubens gewußt. Wo unsere Gesellschaft trotz aller Mängel von wahrer Menschlichkeit geprägt ist, geht diese Prägung auf zahllose verantwortungsbewußte Einzelentscheidungen von Menschen zurück, die als Menschen ganz allgemein, aber in unserem Kulturkreis doch oft gerade als Christen um diese sittliche Verpflichtung gewußt haben. Der sozialethische Fachmann wird sich in dieser Hinsicht vom engagierten Christen somit nicht unterscheiden; seine Aufgabe als theologischer "Vordenker" ist es vielmehr, diese Zusammenhänge bewußtzumachen, kritisch je neu nach unterschwellig sich einschleichenden Mängeln abzusuchen und eben dadurch eine wachere Aufmerksamkeit für diese zunehmend wichtige sittliche Dimension im menschlichen Zusammenleben zu erhalten und zu fördern. Wenn sich die kirchliche Sozialverkündigung in den letzten 100 Jahren, d.h. seit der Enzyklika "Rerum novarum" von 1891, zu einer ausdrücklichen Soziallehre verdichtet hat, dann geschah dies in eben dieser Absicht, die es gemäß den je neuen Umständen, aber mit der gleichen Zielsetzung weiterzuführen und auszubauen gilt.

Sosehr kirchliche Soziallehre sich dabei den Impulsen prophetischer Gestalten wie eines Johannes Chrysosthomus, eines Bartolome las Casas, aber auch eines Leo XIII. oder eines Joseph Cardijn verdankt, sosehr sie auf der Argumentation ihrer bedeutenden Vordenker wie etwa eines Gustav Gundlach, Johannes Messner oder Oswald von Nell-Breuning weiter aufbaut und sosehr sie nur im mitverantwortlich engagierten Interesse der Kirche als der gesamten Glaubensgemeinschaft überhaupt gedeihen kann, sowenig wird sie als solche je zu einem festen System geschlossener Sätze erstarren dürfen. Vielmehr geht es stets neu darum, in den sozialen Strukturen und den darin mitgegebenen, aber oft nur scheinbar unvermeidlichen Sachzwängen die für menschliche Eigenbestimmung und Umgestaltung relevanten Knotenpunkte zu entdecken und zur Diskussion zu stellen. Dabei wird sie wohl in Zukunft weniger als bisher im Stil einer kohärenten Systematik oder Lehre zu einzelnen Problempunkten Stellung beziehen als vielmehr im Sinn stimulierender wie kritischer Impulse auf je größere Menschlichkeit ihre Ansichten und Vorschläge einbringen. Entscheidend ist dabei nicht, ob sie diese Funktion als wegweisendes "Licht der Welt" oder eher als vermenschlichender "Sauerteig" (Mt 5,14 bzw. Mt 13,33) erfüllt. Entscheidend ist allein, ob sie in der pluralistischen und säkularen Gesellschaft unserer Tage die Ideale und Zielsetzungen des Evangeliums als Denkanstoß und Ferment einzubringen vermag. Daß sie dabei weniger denn je auf die Mittel der eigenen Vernunft, also auf das weltweit kommunikationsfähige Argument verzichten kann, versteht sich von selbst. Es entspricht aber auch einer langen und trotz manchen Engführungen fruchtbaren theologischen Tradition in der Kirche.

3. Der dynamisch-naturrechtliche Ansatz: Das allgemein-ethische Argument christlicher Sozialethik

3.1 Das theologische Motiv

Wenn christliche Sozialethik zum allgemein-ethischen, also philosophischen Argument greift, dann geschieht dies weder aus einer Verunsicherung im Glauben an die weltgestaltende Kraft des Evangeliums noch aus einer opportunistischen Anpassung an den Lauf einer zunehmend aufgeklärt-säkularisierten Welt. Es geschieht vielmehr aus dem der kirchlichen Glaubensgemeinschaft spezifisch eigenen Verkündigungs- und Zeugnisauftrag, der diese schon in urkirchlicher Zeit um des universalen Anspruchs der Heilsbotschaft Christi willen zwang, sich über den semitischen Kulturraum ihres Ursprungs hinaus der hellenistischen Welt zuzuwenden. Wie es vor allem die paulinische Theologie des Neuen Testaments deutlich macht, galt es, eine Kommunikationsbrücke zu finden, die theologisch verantwortet dennoch interkulturell Verständlichkeit gewährleistete, um die Botschaft als solche, vor allem aber auch deren sittliche Dimension dort verständlich zu machen. Schon im Neuen Testament finden sich so Hinweise darauf, daß sich die nüchterne Philosophie der Stoiker mit ihrem feinfühligen Menschenbild und dem sich daraus ergebenden hochstehenden Ethos der Menschlichkeit für einen christlich-hellenistischen Dialog besonders eignen könnte.[13] Wenn Paulus von Forderungen des Gesetzes schreibt, die auch den Heiden ins Herz geschrieben sind (Röm 2,15), so dürfte dies, wie Parallelen in der zeitgenössischen jüdischen Literatur zeigen,[14] eine Anspielung auf jene stoische Ethik und ihr Verständnis von sittlichen Normen sein, die dann - wie schon mehrfach angedeutet - in der Vätertheologie und vor allem im Denken der mittelalterlichen Hochscholastik zum prägenden Denkmodell christlicher Ethik wurde.[15]

Neben der Funktion der Kommunikationsbrücke, welche dieses nüchterne, rationale, einem christlich-theologischen Verständnis von Schöpfung und Mensch aber durchaus angemessene Denkmodell erfüllt, hat es aber auch direkte theologische Bedeutung. Im Sinn von "fides quaerens intellectum" (Anselm von Canterbury) ermöglicht es, daß sich die Glaubenseinsicht ih-

---

[13] So etwa, wenn Seneca den "Menschen als dem Menschen heilig" (lat.: "homo homini sacer") bezeichnet und so "keimhaft" (wie es die Kirchenväter ausdrücklich nannten) etwas von der dem Menschen als Ebenbild Gottes eigenen Würde ahnen läßt oder wenn der Kaiser Mark Aurel, nun schon fast im Sinn moderner Menschenrechtsforderungen bzw. der sog. "Genfer-Konventionen", fordert: "Hostisdum vulneratus frater" (= "der verwundete Feind sei wie ein Bruder").

[14] So kann etwa K.H. Scheldle, Theologie des neuen Testamentes, Bd. 3: Ethos, Düsseldorf 1970, 34, im Anschluß an Spr 3,13-26 festhalten, daß gegenüber der hellenistischen Umwelt das mosaische Gesetz durchaus als "der vollendete Ausdruck des Sittengesetzes" gegolten habe, wie denn auch eine Apokryphe aus demselben Umfeld betont: "Wir glauben denn, dessen Gesetz von Gott stammt, wir wissen auch, daß der Gesetzgeber der Welt das Gesetz gemäß der Natur (d.h. der einsichtigen Wesensstruktur der Schöpfung, F.F.) gibt" (4 Makk 5,25).

[15] Für eine ausführliche Darstellung dieser Zusammenhänge in ethischer Systematik vgl. F. Furger, Einführung in die Moraltheologie, Darmstadt 1988, 130-174.

rer eigenen Vernünftigkeit vergewissert und der Glaube bei all seiner die menschliche Einsicht übersteigenden Tiefe diese doch nicht einfach aufhebt,[16] sondern bereichert und erfüllt. Im denkenden Argument (bzw. in seiner von Gott als Fähigkeit des Ebenbildes geschaffenen Vernunft) erkennt der Mensch so, wie die eigene Einsicht gerade als solche in eine zusätzliche Dynamik der Liebesoffenbarung Gottes in Jesus Christus hineingenommen ist. Dabei ist diese erfüllende Heilsdynamik nicht nur ein einmaliges punktuelles Ereignis, sondern ein die Menschheitsgeschichte als Heilsgeschichte prägender Prozeß. Das philosophisch-ethische Argument erweist sich so gerade für die mit gesellschaftlichen, also geschichtlich-kulturellen Prozessen befaßte Sozialethik als ein dem theologischen Selbstverständnis genuin zugehöriges Moment und ist somit alles andere als eine Konzession an den Zeitgeist oder an eine Selbstüberheblichkeit der Vernunft.

Ausgangspunkt dieses philosophischen Arguments in theologischer Verantwortung ist - wie bei jeder Ethik - das Menschenbild bzw. die Selbsterkenntnis des Menschen in ethischer Absicht, d.h. im Hinblick auf die Selbstgestaltung seiner persönlichen Existenz in Welt und Gesellschaft.

3.2 Der historische Hintergrund

Auszugehen ist für dieses philosophisch-ethische Argument in theologischer Verantwortung vom philosophisch-anthropologischen wie theologisch-biblischen Verständnis des Menschen als einem "zoon politikon", wie es schon verschiedentlich erwähnt wurde.[17] Als wichtiger Aspekt sei hier noch einmal herausgestellt, daß für den Menschen, anders als bei allen anderen sozialen Wesen, seine Existenz im Gemeinwesen trotz dessen Unerläßlichkeit für sein Überleben als einzelner wie als Gattung nicht einfach bis ins letzte vorgeprägt, instinktgesteuert ist. Vielmehr kann er sie - wenigstens bis zu einem gewissen Grade - selber gestalten.

Historisch läßt sich dieses Argument auf die Erfahrung eben dieser Tatsache zurückführen. Die für Aufbau und Gestaltung der aufblühenden griechischen Stadtstaaten bedeutsamen Lehrer politischer Kultur oder "Weisheit" (griech. "sophia"), die sog. Sophisten, kannten aufgrund der Tatsache, daß sie ihre Tätigkeit nicht immer am selben Ort, sondern in verschiedenen dieser "poleis" ausübten, auch deren unterschiedliche Ordnungsmodelle mit ihren respektiven Rechtsformen. Dabei fiel ihnen auf, daß bei aller Verschiedenheit der gesetzten Ordnungen - man denke nur etwa an die Unterschiede zwischen der stark disziplinierten Militärmacht Sparta und der Kultur- und Handelsstadt Athen - doch im Grunde stets gleichbleibende, mit

---

[16] Christlicher Glaube verlangt - so die feste Überzeugung aller Theologen - gerade kein "Sacrificium intellectus", also keine Aufgabe der eigenen Vernunft. Eben deshalb bleibt sie auch grundsätzlich kommunikationsfähig.
[17] Vgl. oben Abschnitt V.1.

der Existenz des Gemeinwesens schlechthin vorgegebene sittliche Rahmenbedingungen Geltung beanspruchten. Dementsprechend galt es, diese letzteren als von der Natur, der "physis", vorgegebene abzuheben von den bloß auf Setzung (griech. "thesis") beruhenden, also "positiven"[18] Normen. Während die nach Setzung oder bloß "nach Gesetz" (griech. "kata nomon") geltenden Regeln sich von Ort zu Ort (und damit auch von Zeit zu Zeit) ändern können und gerade so dem Gemeinwohl dienen, sind die anderen als "ungeschriebene", von Natur mit uns verwachsene "Sittengesetze" überzeitlich gültig; ihre Übertretung zeitigt an sich, "auch wenn niemand es sieht", Schaden. Denn sie beruhen nicht auf Meinung oder Ansicht, sondern auf Wahrheit[19] und werden daher vom Vater der Stoa, dem zypriotischen Staatslehrer Zenon von Kition (gest. 263 v.Chr.), auch als "göttliches Gesetz" bezeichnet.[20]

Zwar sollte dieses Verständnis einer politisch-normativen Ethik insbesondere über die Rezeption durch Aristoteles (gest. 322 v.Chr.) zukunftsweisende Bedeutung erlangen, doch war es nicht der einzige Denkansatz. Zeitweilig scheint er in der Bedeutsamkeit sogar von der unten angeführten sokratisch-platonischen Sicht verdeckt worden zu sein. Das aristotelische Verständnis erlaubt, die konkrete Erfahrung der politischen Wirklichkeit in ihren kulturell so verschiedenen Ausprägungen einzubeziehen, ohne einer relativistischen Beliebigkeit oder Willkür das Wort zu reden. Konkrete Verfassungen können so vielmehr an der übergreifenden Vernunfteinsicht bemessen und in die Zielsetzung von Gerechtigkeit und Gemeinwohl einbezogen werden. Damit verhindert dieses Verständnis aber zugleich die in einer straff durchorganisierten politischen Ordnung stets naheliegende Idee einer Generalisierung und damit Ideologisierung der jeweils gültigen Gesetze. Nach dem Zeugnis seines Schülers Plato (gest. 348 v.Chr.) scheint jedoch gerade diese Idee einer Verabsolutierung bestehender Gesetze Sokrates (gest. 399 v.Chr.) beseelt zu haben. Nicht umsonst rühmt er sich, anders als die übrigen Sophisten seine Heimatstadt Athen nie verlassen zu haben. Seiner Ansicht nach gelten die an sich ja offenbar guten Gesetze seiner politisch erfolgsgewohnten und einflußreichen Heimatstadt so unbedingt, daß sie auch dort korrekt zu beachten sind, wo sie offensichtliches Unrecht zeitigen. Für Sokrates gilt dies nicht nur theoretisch, sondern - wie im von Plato überlieferten Dialog mit Kriton nachzulesen ist - auch praktisch: Als er aufgrund dieser Gesetze zum Giftbecher verurteilt wird, weist er den Fluchtvorschlag seines Schülers Kriton entschieden mit der Entgegnung zurück, daß die Gesetze, denen er so manche Wohltat, ja eigentlich seine ganze Existenz verdankt, auch dann unbedingt zu befolgen sind, wenn sie einem ungerechterweise Schaden zufügen. Diese Konsequenz sittlicher Haltung mag man bewundern (und Generationen wurden im Verlauf der

---

18 Vom lateinischen "ponere" - setzen; daher auch das deutsche "Gesetz".
19 So Hippias (gest. um 400 v.Chr.), Antiphon Fragmenta 44.
20 Vgl. Fragmentsammlung Armin I, 42, 35.

Jahrhunderte auch in der christlichen Tradition dazu erzogen[21]). Dennoch werden damit Einzelregelungen, die unter gegebenen Umständen brauchbare und vielleicht sogar die damals bestmöglichen Verwirklichungsformen von Gerechtigkeit sein mochten, zu unbedingten, zeitlos gültigen Gesetzen hochstilisiert und damit nicht nur in einem naturalistischen Trugschluß zu einer eigentlichen Herrschaftsideologie umfunktioniert, sondern auch der Dynamik geschichtlicher Veränderungen entzogen. Entgegen allem möglichen Anschein steht dies aber, wo und unter welchen Vorzeichen auch immer, im Widerspruch zur Grundwahrheit christlichen Glaubens. Innerweltliche "Gemächte" der Menschen (und dazu gehören neben materiellen Götzenbildern auf jeden Fall auch politische Institutionen und Ordnungen, die unbedingte Gefolgschaft verlangen) sind in diesem Verständnis niemals absolut, sondern endlich und somit vorläufig. Als solche sind sie dann auch in die letztlich eschatologisch finalisierte Heilsdynamik des schon angebrochenen, aber eben noch nicht vollendeten Gottesreiches einbezogen und gerade nicht überzeitlich gültige (scheinbar "göttliche") Leitideen für die Gestaltung des Gemeinwesens.

Eben diese im christlichen Glaubensverständnis wesentliche, grundsätzliche Relativierung alles Innerweltlichen, die aber dieses doch nicht einfach in bloße Beliebigkeit abgleiten läßt, bleibt dagegen im ersten, auf die Stoiker zurückgehenden Denkmodell faßbar. Hier kommt der konkreten, weltlich-politischen Ordnung als einer von Menschen aufgestellten gerade nicht absolute Geltung zu; dennoch ist sie aus ihrem Bezug zu der "natura" (hier nun eindeutig als dem von Gott geschaffenen Wesen zu verstehen) und den mit ihr gegebenen Werten (also "relativ") von sittlicher Bedeutung. Inhaltlich ist diese Bedeutung allerdings nicht eindeutig ein für allemal festzumachen, sondern ist dynamisch in die Bewegung der Menschheitsgeschichte, die immer auch Heilsgeschichte ist, eingelassen und auf die Entfaltung weiterer Menschlichkeit angelegt. Insofern diese Heilsgeschichte jedoch nicht endgültig von ihrer Verfallenheit an die Sünde schon frei ist, bleibt sie zugleich der Möglichkeit ausgesetzt, zu verderben und zu "sündigen Strukturen"[22] zu generieren.

Unter diesen Voraussetzungen erstaunt es wenig, daß die mittelalterlichen Theologen (und unter ihnen mit besonders klarer Stringenz Thomas von Aquin) von diesem Ansatz her ihre Synthese christlicher Ethik zu konzipieren begannen. Trotz der genannten späteren Engführungen in ein essentialistisch-rationalistisches Naturrechtsdenken[23] bleibt dieser Denkansatz weiter erwägenswert. Denn einmal stand er bei der Ausarbeitung der Völker-

---

[21] So hat etwa noch Ende der 1970er Jahre in einem Rundfunkinterview der integralistische Bischof M. Lefèbvre das einem solchen Politikverständnis im Sinn von "Law and order" bzw. einer "Seguridad nacional" verpflichtete totalitäre Staatsverständnis des argentinischen Diktators J.R. Videla öffentlich verteidigt und diesen als einen der letzten wirklich christlichen Staatsführer bezeichnet.

[22] Dieser ursprünglich in der Befreiungstheologie in diesem Sinn eingeführte Ausdruck hat mittlerweile auch in die offiziellen Verlautbarungen des kirchlichen Lehramts Eingang gefunden (vgl. "Sollicitudo rei socialis" [1987], Nr. 36ff.).

[23] Im essentialistischen Denken schwingen dann wiederum platonisierende Elemente mit.

rechtsideen des 16. Jahrhunderts Pate, die für die Entwicklung eines kulturübergreifenden Weltethos der Menschenrechte bedeutsam wurden. Zweitens vermag er die die Menschlichkeit immer wieder neu gefährdenden Vereinseitigungen auf einer übergreifenden Grundlage kritisch zu beurteilen; diese Kritik wurde etwa wirksam, wenn eine nominalistisch-voluntaristische Begründung sozialethischer Normen unter biblischem Vorzeichen eine absolutistische Staatsautorität von Gottes Gnaden als unbedingt geltende zu legitimieren begann.[24] Sie kommt aber auch zum Tragen, wenn in der berechtigten befreiungstheologischen Sorge um die Armen die Entrechteten als "Basis des Volkes" emotional so idealisiert werden,[25] daß man in einer religiösen Übersteigerung die Gefahren der Eskalierung zu Fanatismus und Gewalt zu übersehen anfängt. So aktualitätsbezogen konkret nämlich die befreiungstheologischen Ansätze die weltweit brennenden sozialethischen Probleme ansprechen und in einen christlichen Horizont stellen, so wenig scheint es angezeigt, deshalb das differenzierte und eben darin auch dynamische, für neue Anregungen und Ergänzungen offene Naturrechtsmodell der thomasischen Tradition aufzugeben. Denn gerade das zum Schutz der Benachteiligten in der Neuzeit entwickelte, heute als allgemeiner Standard von Ethik grundsätzlich weltweit anerkannte und seit den 1960er Jahren auch von der Kirche als christlich-verpflichtend übernommene[26] Menschenrechts-Ethos kann durch einen naturrechtlichen Rekurs systematisch in den befreiungstheologischen Ansatz eingebracht werden. Christliche Sozialethik wird daher gut daran tun, differenziert-kritisch auf dieser Linie weiterzudenken.[27]

---

[24] Man denke etwa an die aus diesem Ansatz gewachsene lutherische Zwei-Reiche-Lehre und an die nun göttlich begründete Macht, die sie im weltlichen Reich den Fürsten verlieh.

[25] Der oft wenig kritische Umgang mit marxistischen Theoremen und die undifferenzierte Forderung nach sozialistischen Gesellschaftsmodellen als den allein ethisch zu verantwortenden (vgl. oben Abschnitt III.3) machen deutlich, daß hier mehr vom Erlebnis der faktischen Unrechtssituationen aus auf rasche Abhilfe getrachtet wird und die rationale Abwägung langfristiger Folgen zu wenig Berücksichtigung findet. So begreiflich dies in Anbetracht der jeweils anstehenden Probleme auch ist, so wenig mag es für eine sozialethische Überlegung genügen, zumal aller geschichtlichen Erfahrung nach auf lange Sicht die Kosten dafür doch wieder von den ärmsten Schichten zu tragen sind. Vgl. dazu E. Dussel, a.a.O., bzw. unsere kritischen Rückfragen dazu (ThRv, erscheint 1990), sowie H. Büchele, Christlicher Glaube und politische Vernunft, Wien - Düsseldorf 1987.

[26] So seit der Enzyklika "Pacem in terris" von Johannes XXIII. und den Konzilserlassen des II. Vatikanums von 1965 (vor allem das Dekret zur Religionsfreiheit "Dignitatis Humanae" und die Pastoralkonstitution "Gaudium et Spes"). Näheres dazu vgl. unten Abschn. VI.3.

[27] Es liegt auf der Hand, daß sich die Katholische Soziallehre mit diesem Rückgriff auf die von ihr wenigstens der Aussage nach stets bejahten Tradition leichter tut als die protestantischen, vor allem lutherischen Ansätze, die auch in der ersten Phase des sozialen Aufbruchs im sog. "Religiösen Sozialismus" noch stark situationsethisch bzw. von einem biblisch (oft fast fundamentalistisch) motivierten Veränderungspragmatismus her argumentierten (vgl. oben Abschn. III.2.). Neuere Arbeiten zeigen aber, wie sehr man sich inzwischen mancherorts, wohl auch nicht in der Terminologie, so doch in der Sache nach angenähert hat. Vgl. dazu vor allem A. Rich, Wirtschaftsethik, Bd. I: Grundlagen in theologischer Perspektive, Gütersloh 1984, welcher die Problematik unter dem Stichwort "sachgemäß und menschengerecht" zur Sprache bringt. In ähnlichem Sinn sind aber auch zu nennen M. Honecker, Sozialethik zwischen Tradition und Vernunft, Tübingen 1977 (neben den zu verschiedenen Anlässen verfaßten Aufsätzen, die wegen

3.3 Das Grundkonzept

Der Ausgangspunkt dieses Konzepts liegt - wie gesagt - erstens bei der Einsicht in die grundsätzlich soziale Wesensnatur des von Gott als sein Ebenbild geschaffenen Menschen bzw. in das diese Natur verwirklichende menschliche Gemeinwesen. Wenn auch nicht in all seinen konkreten Ausprägungen, so gehört doch auch das Gemeinwesen als solches zu Gottes Schöpfungs- und Heilsplan. Zweitens setzt dieses Konzept voraus, daß die diesem Geschöpf mitgegebene und für sein Überleben als Mängelwesen (als einzelner wie als Gattung) unerläßliche Vernunft ebenfalls zu dieser gottgewollten Ebenbildlichkeit gehört. Trotz der durch seine raumzeitliche Begrenzung bedingten Endlichkeit wie vor allem seiner interessenbedingten, egoistisch-sündigen Einseitigkeiten vermag der Mensch damit die Grundlinien der gottgewollten Schöpfungsordnung zu erfassen. Dies gilt zumindest hinsichtlich jener Parameter, deren Mißachtung die langfristige Weiterexistenz der menschlichen Gesellschaft und damit der einzelnen Menschen wie der Menschheit schlechthin gefährden würde bzw. ihre wesentlich auf Austausch auf allen Ebenen angewiesene Kommunikationsgemeinschaft in sukzessive Selbstzerstörung ausarten ließe. Es geht also um jene normativen Parameter, von welchen schon die altgriechischen Sophisten meinten, sie seien mit der "Physis", also der "Natura", dem Menschen so vorgegeben, daß ihre Mißachtung in jedem Fall gravierend sei, weil sie eben nicht "auf Meinung" als beliebig freier Setzung des Menschen, sondern in der "Wahrheit", also in der Existenz des Menschen als solchem gründeten.

Inhaltlich umschrieben finden sich diese mit der Natur des Menschen unveräußerlich verbundenen sittlichen Forderungen schon in der stoischen Tradition, klassisch gefaßt vor allem in der Tripel-Forderung des M.T. Cicero (gest. 43 v.Chr.): Ein höchstes Wesen ist zu ehren, die Eltern sind zu achten, jedem ist das Seine zuzuteilen.[28] Dieser Dreiklang ist alles andere als zufällig. Vielmehr zieht er aus den Abhängigkeiten die notwendige ethische Konsequenz, die den Menschen als endliches Sozialwesen konstituieren und damit als seinsmäßig wesentlich gelten müssen. Denn der, welcher meint, sich über diese Abhängigkeiten hinwegsetzen zu können, zerstört sich langfristig selbst. Wenn hier also aus dem Sein des Menschen auf sein Sollen geschlossen wird, so ist dies in diesem Fall kein naturalistischer Trug- oder Kurzschluß. Vielmehr steht - wenigstens implizit bejaht - zwischen der Seinsaussage der konstitutiven Abhängigkeit und der entsprechenden Sollensforderung das grundsätzliche, sinnstiftende, transzenden-

---

ihres konkreten Realitätsbezugs von Interesse sind, ist vor allem der Beitrag zu einer sozialethischen Relektüre der Zwei-Reiche-Lehre in diesem Zusammenhang beachtenswert), sowie T. Rendtorff, Ethik I, Stuttgart 1980 (dort vor allem der Abschnitt: "Das Gegebensein des Lebens", 32-42, auf den sich auch Rich bezieht, sowie der Abschnitt zu "Theoretische Rechtfertigung der Ethik", 122-148).

28 Vgl. de inv. reth. 2,53: "Summum numen est collendum; parentes sunt honorandi; suum cuique est tribuendum."

tale Werturteil, daß es besser sei, daß der Mensch und die Menschheit als solche existiere, als daß sie sich selber zerstöre.
So führt die grundsätzliche Abhängigkeit des endlichen und sterblichen Menschen von einem letzten absoluten Grund zur Forderung nach der Ehrung eines höchsten Wesens, während seine geschichtlich-zeitliche Abhängigkeit in einer menschlichen Generationenfolge die Elternachtung bedingt. Sozialethisch besonders bedeutsam ist aber vor allem die für ein soziales Lebewesen typische gegenseitige, also soziale Abhängigkeit in ihren vielfältigen Vernetzungen, die zur Grundforderung der Gerechtigkeit führt. Schließlich muß im Gegensatz zu früheren Jahrhunderten, wo die Technik im Vergleich zu heute noch kaum entwickelt und die dadurch mögliche Umweltgefährdung durch den Menschen nicht in einem solchen Maße gegeben war, dessen von seiner Körperlichkeit her nicht weniger wesentliche Abhängigkeit von der nichtmenschlichen Natur bedacht werden. Dies ruft dann als Viertes nach der nicht weniger kategorischen Forderung des Schutzes dieser Umwelt.
Von diesen vier Forderungen kann es keine wie auch immer gearteten Ausnahmen geben. Sie gelten, wie die mittelalterlichen Ethiker schon sagten, schlechthin "universaliter" und sind daher als unbedingt (im kantschen Sinn "kategorisch") geltendes, sog. "primäres Naturrecht" zu bezeichnen, während alle weiteren Ausfaltungen als sog. "sekundäres Naturrecht" nur mehr "im allgemeinen" (lat. "ut in pluribus") gelten, also zumindest theoretisch Ausnahmen zulassen können.[29] Wie kritisch klar und damit ideologiefern die mittelalterlichen Theologen diesbezüglich dachten - und damit für alle weitere Sozialethik eigentlich den ideologiekritischen Standard gesetzt haben -, zeigt nichts deutlicher als die Tatsache, daß sie sich nicht scheuen, dieser auf den Heiden Cicero zurückgehenden Formel die Zehn Gebote Gottes von vornherein und systematisch richtig als sekundäre, weil gerade um der primären Gerechtigkeit willen u.U. Ausnahmen zulassende nachzuordnen. Als direkt in Gottes Schöpfung gründende haben diese primären Normen aus sich heraus universell Geltung. In der Sinaioffenbarung finden sie auf das alttestamentliche Bundesvolk bezogen zu seinem Wohlergehen und Heil ihre gottgewollte, aber eben sekundäre Auslegung. Daß die dekalogische Auslegung nicht die einzig mögliche sein kann bzw. anderen Konkretionen, wie etwa den modernen Menschenrechten, analoge Bedeutung zukommt, versteht sich dann von selbst.[30]
Für die Sozialethik werden von diesen genannten Forderungen vor allem diejenigen nach der Gerechtigkeit und deren konkretere Ausfaltungen im

---

[29] Praktisch, d.h. aufgrund langer sittlicher Erfahrung, ist es freilich möglich, daß auch solche sekundären, konkret die Menschlichkeit garantierenden Normen als ausnahmslos geltend anerkannt werden können. Ein Beispiel dafür bildet etwa nach aller heutigen Erkenntnis das Verbot der Folter, für die man sich wirklich keinen Fall vorstellen kann, wo diese mehr an Menschlichkeit bewirken als zerstören könnte. Näheres dazu vgl. F. Furger, Was Ethik begründet, Zürich 1984, Teil I.

[30] Vgl. unten Abschnitt VI.3.1.

Vordergrund stehen,[31] ohne daß freilich die anderen einfach ausgeblendet werden dürften. Wichtig ist es aber, schon hier festzuhalten, daß diesen primär-naturrechtlichen Forderungen, die von ihrer Entstehungsgeschichte her wie im Inhalt ihrer Aussagen menschheitsweite Einsichtigkeit beanspruchen können, dennoch als Ausfaltung des christlichen Glaubensverständnisses der Schöpfung Gottes zu verstehen sind. Wenn auch noch sehr formal-abstrakt, sind sie trotzdem alles andere als bloß tautologische Leerformeln. Denn aus eigenem existentiellem Erleben "weiß" jeder Mensch zunächst negativ irgendwie, was Ungerechtigkeit, Frevel an der geschaffenen Umwelt usw. ist. Damit "weiß" er aber auch, in welche Richtung seine ethische Aufmerksamkeit und Verantwortung stets unbedingt eingefordert bleibt. In dieser Anforderung sind diese primär-naturrechtlichen Normen dann auch Grundlage für jede weitere ethische, gerade auch sozialethische Entfaltung.

4. Theologische Sozialethik in philosophischer Legitimation

Daß sich ein eindeutig glaubensmotivierter, in seinem Ursprung also theologisch-ethischer Ansatz in philosophischer, allgemein menschlicher Argumentation ausdrücken und vermitteln läßt, dürften die vorstehenden Überlegungen aufgezeigt haben. Noch nicht klar beantwortet ist damit jedoch die umgekehrte Frage, ob diese Vermittlung vom theologischen Ausgangspunkt her ebenfalls als legitim gelten kann bzw. ob damit nicht das ursprüngliche Anliegen der Glaubensverkündigung als Heilszusage Gottes in Mitleidenschaft gezogen oder gar ihr eigenstes Spezifikum verraten wird. So entspricht es dem religiösen Glauben, daß er sich in Zeichen und Symbolen ausdrückt wie auch, daß er im Binnenraum des eigenen Bekenntnisses nicht die Sprache der Begründung, sondern der Aufmunterung und Ermahnung, also der Paränese braucht. Denn hier handelt es sich um gemeinsame Überzeugungen und Erfahrungen, die vorausgesetzt werden können, die allenfalls gestärkt und bestätigt werden sollen, die aber keiner weiteren Begründung mehr bedürfen. Wo immer aber die religiöse Gemeinschaft sich nicht nur als eine Erweckungsbewegung versteht, die sich dementsprechend nur an letztlich irgendwie gleichgesinnte Mitmenschen wenden kann, sondern wo sie glaubt, mit ihrer Weltanschauung allen Menschen etwas zu sagen zu haben, da kann sie sich nicht auf die paränetische Rede beschränken. Vielmehr muß sie, um überhaupt verstanden zu werden, eine begriffliche Sprache entwickeln. D.h., sie muß - wie oben gezeigt - eine ihrem kulturellen Umfeld angepaßte Theologie entwickeln und dabei unter bewußtem Bekenntnis ihre grundlegenden Glaubensüberzeugungen, deren inneren Zusammenhang wie deren Bedeutung für Lebensgestaltung und -voll-

---

31 Näheres dazu vgl. unten Abschn. VI und VIII.

zug offenlegen. Ansonsten bliebe ihr lediglich, auf eine Verkündigung nach außen zu verzichten - jedoch entgegen dem evangelischen Auftrag selber. Sobald sie den Schritt nach außen macht, begegnet sie notwendigerweise philosophischen Gedankengängen. Diese kann sie zwar ohne inneren Widerspruch als dem Göttlichen grundlegend unangemessen ablehnen. Sie kann sie aber auch als von Gott geschaffene Ausdrucksformen des weltwirksamen Gottesgeistes anerkennen. Dem christlichen inkarnatorischen Glauben, nach welchem sich Gott als der menschenfreundliche wesentlich im Menschlichen offenbart und in Jesus von Nazareth selber Mensch geworden ist, steht diese zweite Sicht besonders nahe. So wie Jesus als der Christus sich in menschlichen Worten und Taten unscheinbar, aber wirksam ausdrückte, so werden sich auch die Grundabsichten seiner Botschaft und darin vor allem die Weisung von der unbedingten mitmenschlichen Liebe im mitmenschlichen Wort und Argument ausdrücken können. Wo diese Botschaft sich an eine pluralistische Weltgesellschaft richtet, kann gerade der christliche Glaube auch die kritisch-philosophische Begründung als legitimen und gegebenenfalls sogar als den angemessenen Ausdruck anerkennen. Daß dann der in der Glaubensmotivation wurzelnde, theologische Anspruch nur insofern Beachtung verdient, als er das aus seinem Anstoß überlegte philosophische Argument prägt, versteht sich. Ein Blick in die Geschichte der Katholischen Soziallehre zeigt, daß sie zwar diesem Anspruch trotz eigentlicher Absicht nicht immer voll genügte. Dies ist aber kein prinzipieller Hinderungsgrund, den theologischen Anspruch in philosophischer Begründung unbeschadet für die innere Konsistenz beider auszudrücken. Ja, die gegenwärtigen Umstände und Anforderungen an eine christliche Sozialethik scheinen diese argumentative Denkfigur sogar dringend vorauszusetzen und zu verlangen.
Ausgehend von den anthropologischen Voraussetzungen und unter Beachtung dieser methodologisch sauberen, philosophischen Begründung und Kontrolle ihrer Argumente, muß damit eine christliche Sozialethik ihre Sicht in den weltweiten sozialethischen Diskurs einzubringen versuchen. Dabei hat sie sich ihrer eigenen kulturell-geschichtlich wenig einheitlichen Formgebungen ebenso bewußt zu sein wie der konkreten gesellschaftlichen Wirklichkeit, in ihren prägenden Eigenheiten nicht weniger als in ihren wichtigsten Aufbauelementen. Denn auf deren sich am Evangelium und seinen Leitprinzipien ausrichtende Gestaltung hin hat Sozialethik Überlegungshilfe zu leisten. Daß sie darin keine geschlossene Doktrin sein kann, sondern eine dynamische Systematik, "ein Gefüge offener Netze" (H.J. Wallraff), liegt auf der Hand. Wie sehr sie dabei von einer menschheitsweit einsichtigen Grundlage ausgeht, haben diese Überlegungen gezeigt. Wie sie die Brücke zur konkreten Lebenswirklichkeit findet, muß im folgenden dargelegt werden.

Weiterführende Literatur

A. Auer, Autonome Moral und christlicher Glaube, Düsseldorf ²1984
F. Böckle (Hrsg.), Das Naturrecht im Disput, Düsseldorf 1966
H. Büchele, Christlicher Glaube und politische Vernunft, Wien - Düsseldorf 1987
J. David, Das Naturrecht in Krise und Läuterung, Köln 1967
W. Dreier, Sozialethik, Düsseldorf 1983
E. Dussel, Ethik der Gemeinschaft, Düsseldorf 1988
F. Furger, Einführung in die Moraltheologie, Darmstadt 1988 (dort auch weitere Literaturangaben)
J. Höffner, Christliche Gesellschaftslehre, Kevelaer ⁸1983
Kongregation für das Katholische Bildungswesen (Hrsg.), Leitlinien für das Studium und den Unterricht der Soziallehre der Kirche, Rom 1989
W. Kroh, Kirche in gesellschaftlichem Widerspruch, München 1982
O. von Nell-Breuning, Gerechtigkeit und Freiheit. Grundzüge katholischer Soziallehre, Wien ²1985
A. Rich, Wirtschaftsethik - Grundlagen in theologischer Perspektive, Gütersloh 1984
A. Verdroß, Statisches und dynamisches Naturrecht, Freiburg 1971
H.D. Wendland, Einführung in die Sozialethik, Berlin ²1971

VI. Soziale Prinzipien, Leitsätze und Normen

Unter den Stichworten von Personal- und Gemeinwohlprinzip als der aus der anthropologischen Begründung sich ergebenden Grundlage der Soziallehre, von Subsidiaritäts- und Solidaritätsprinzip als hermeneutischen Leitsätzen wie von den Menschenrechten als den menschheitsweit wenigstens im Prinzip und theoretisch anerkannten Hauptnormen der Menschlichkeit wurden bislang jene Schlüsselbegriffe der Sozialethik vorgestellt, nach denen sich auch partikuläre Staatsverfassungen und Grundgesetze auszurichten haben. In dem hier zu skizzierenden ethischen Gerüst der Katholischen Soziallehre wurden sie jedoch vor allem unter historischen Gesichtspunkten bedacht. Die systematische Aufarbeitung des Angedeuteten als sittliches Fundament für die konkreten, sozialethisch relevanten Problemfelder wie auch der Rückbezug dieser Prinzipien auf die anthropologische Basis in einer Überlegung über das, was wir spontan mit "Gerechtigkeit" bezeichnen, steht dagegen noch aus. Als das Leben im menschlichen Zusammensein erst ermöglichende Prinzip muß daher von ihr als der Grundlage aller anderen sozialethischen Prinzipien und Normen zunächst die Rede sein.

1. Gerechtigkeit als Mittelpunkt christlicher Sozialordnung

1.1 Begriffliche Klärung

So spontan der alltägliche Sprachgebrauch sowohl von Gerechtigkeit spricht als auch die Kontrasterfahrung, nämlich die uneinsichtige Zurücksetzung der eigenen Person, als "ungerecht" taxiert, so schwierig ist es, sie in Worte zu fassen. Diese menschliche, weit in die Kindheit zurückreichende Urerfahrung von Sittlichkeit bzw. von deren Gegenteil entzieht sich stets irgendwie dem exakten Begriff: Obwohl man existentiell genau zu wissen meint, welche Verhaltensweisen oder Zuteilungen als unfair und damit als ungerecht erfahren und bezeichnet werden, fällt es meist schwer, dafür eine genaue Umschreibung zu geben, und doch bleibt für die Ethik eine genauere Definition unerläßlich.
Ausgangspunkt dafür kann die Definition sein, die auf den schon bei Plato zitierten Vorsokratiker Simonides (gest. 467 v.Chr.) zurückgeht und die dann vom römischen Rechtsgelehrten und Philosophen M.T. Cicero (gest. 43 v.Chr.) aufgegriffen und vom Rechtslehrer Ulpian (gest. 228 n.Chr.) definitiv gefaßt wurde: "Gerechtigkeit ist der feste und beständige Wille, jedem das Seine zuzuteilen."[1] Vom Menschenbild her setzt dies die Überzeugung voraus, daß die Menschen trotz aller sonstigen Unterschiede als

---

1   Lat.: "firma et constans voluntas suum cuique tribuendum."

grundsätzlich gleiche anerkannt werden und deswegen bei aller möglichen Ungleichheit zumindest die gleichen Chancen zur eigenen Entfaltung haben müßten. Daraus ergibt sich zweierlei: Mit Gerechtigkeit wird da offenbar zunächst subjektiv eine Haltung des Menschen angesprochen, die auch dort, wo es ihm seine Macht erlauben würde, nicht allein die eigenen Interessen zum Entscheidungskriterium erhebt. Im Sinn der "Goldenen Regel"[2] sollen andere so behandelt werden, wie man selber in gleicher Situation von jedem anderen behandelt sein möchte. D.h., ich muß mich so verhalten, daß ich, auch ohne die geringste Ahnung über mein eigenes Schicksal zu haben, also diesbezüglich unter einem völligen "Schleier des Nichtwissens" (J. Rawls) stehe, die beabsichtigte Handlung auch mir selber als zumutbar erachte. Gerechtigkeit ist hier also zuerst verstanden als eine das handelnde Subjekt auszeichnende Tugend. Nicht weniger visiert diese antike Definition aber auch den von einer derartigen Tugend geprägten objektiven Zustand einer sozialen Ordnung an, in welcher die konkurrierenden Interessen, Ansprüche und Pflichten der einzelnen Glieder einer Gemeinschaft nicht nur pragmatisch-funktional, sondern unbedingt, also "kategorisch", ohne Privilegien oder Diskriminierungen, mit gleichen Chancen und Möglichkeiten ausgeglichen sein sollen. Gerechtigkeit in diesem objektiven Sinn meint damit mehr als bloße Konformität mit bestehenden Gesetzen. Gerade Rechtsordnungen können ungerechte Rangunterschiede festschreiben. Sie zielt vielmehr auf eine umfassende Mitmenschlichkeit unter unbedingter Achtung der für alle gleichen menschlichen Würde als sittlichem Ziel schlechthin ab.

Unterschwellig sagt so diese Ulpiansche Definition als Drittes aus: Gerechtigkeit ist nie ein fester, ein für allemal festschreibbarer Zustand, sondern ein stets neu anzustrebendes Ziel, das in jeder geschichtlich-kulturell oft sehr unterschiedlich geprägten Gesellschaft als ethische Herausforderung je neu aufgetragen bleibt.

Neben dieser sich der antiken griechisch-römischen Tradition verdankenden Definition steht für eine christliche Ethik ergänzend und vertiefend jene Auffassung, die aus der semitisch-biblischen Tradition herausgewachsen ist. Hier ist Gerechtigkeit als "sedakah" bzw. "dikaiosyne" zunächst eine Eigenschaft des sich dem Menschen gnädig zuwendenden Gottes. Gerechtigkeit für den Menschen ist damit das ihm von Gott zugesagte und geschenkte Heil. Insofern der Mensch sich auf diese Heilszusage gläubig einläßt, kann er selber dann sekundär ebenfalls als ein Gerechter bzw. ein Gerechtfertigter gelten. Wenn diese "Gerechtigkeit" gelegentlich im Gegensatz zur antiken (und später von den christlichen Philosophen und Theologen der Hochscholastik übernommenen) Sicht stehend aufgefaßt wurde,[3] so hat

---

[2] Im Sprichwort lautet diese sog. "Goldene Regel": "Was du nicht willst, daß man dir tu, das füg auch keinem andern zu", während sie das Evangelium positiv und damit anspruchsvoller ausdrückt: "Alles, was ihr wollt, daß euch die Menschen tun, das sollt auch ihr ihnen tun" (Mt 7,12).

[3] So vor allem in der auf Martin Luther zurückgehenden theologischen Rechtfertigungslehre, die in der sog. dialektischen Theologie vor allem bei Karl Barth für die protestan-

die christliche Ethik doch immer wieder die vermittelnde Linie zwischen dem philosophischen und dem biblischen Verständnis vermerkt und in letzterem eine Vertiefung der allgemein einsichtigen philosophischen Auffassung gesehen. Betrachtet man nämlich die christliche "justitia evangelica" nicht bloß als aus Gottes gnädigem Richtspruch dem sündigen Menschen zugesagt, sondern als ein ihn wirklich, wenn auch erst ansatzhaft neu schaffendes Geschenk der erlösenden Gnade Gottes (d.h. als ein Geschenk, das ihn zum Bürger des schon angebrochenen, wenn auch in seiner Vollendung noch ausstehenden Gottesreiches macht), dann kann auch die innerweltliche "justitia civilis" davon nicht einfach abgetrennt sein. Vielmehr ist sie das der Welt zugewandte Verwirklichungsfeld für die dem Menschen als Gabe geschenkte, nun aber von daher auch übertragene Auf-Gabe.

Weil der Mensch, von Gottes Gerechtigkeit berührt, selber heil und damit gerecht gemacht ist, ist er seinerseits verpflichtet, seinen gleichermaßen zu Gottes Heil bestimmten Mitmenschen gegenüber subjektiv gerecht zu sein, um so objektiv den Ordnungszustand größtmöglicher Gerechtigkeit anzustreben. Die Herausforderung, die gerade seitens der Befreiungstheologie besonders deutlich thematisiert wurde und die eine Zuspitzung der christlichen Gläubigkeit allein auf die jenseitige Gerechtigkeit als Heuchelei ablehnt, entspricht also dem Verständnis des Evangeliums und hat daher eine christliche Sozialethik auch zu prägen. Nicht aus eigener Gerechtigkeit, sondern weil Gott ihm zuvor die Gerechtigkeit in Jesus Christus erlösend zugesagt hat, hat der Christ Gerechtigkeit in der Welt bestmöglich zu verwirklichen.

1.2 Begründungszusammenhänge

Wenn gerade unter christlichem Vorzeichen das Bemühen um die zwischenmenschliche Gerechtigkeit als eine aus dem Glauben an Gottes gerechtmachende Zuwendung erwachsene sittliche Pflicht verstanden wird, dann bleibt es dennoch Aufgabe der reflektierenden Theologie, die innere Notwendigkeit einer solchen Verpflichtung einsichtig zu machen. Ausgangspunkt für eine solche Überlegung ist die anthropologische Grundtatsache des Menschseins in einer zugleich personellen wie sozialen Lebensstruktur. Weil der Mensch, wie oben gezeigt, nur im sozialen Verband individuelle Person sein kann, muß er, um seine Freiheit als Selbstverwirklichung überhaupt realisieren zu können, eben diese Freiheit um der gleichen Freiheitsansprüche der anderen willen einschränken lassen. Freiheit, die nur als soziale, d.h. in Gesellschaft von gleichen existieren kann, ist notwendigerweise begrenzte Freiheit.

Diese Beschränkung der Freiheit unter prinzipiell Gleichen bedingt aber, daß sie nicht beliebig vorgenommen werden kann, sondern stets dieser

---

tische Sozialethik nach 1950 relevant wurde. Vgl. C. Frey, Die Ethik des Protestantismus von der Reformation bis zur Gegenwart, Gütersloh 1989.

grundsätzlichen Gleichheit nach dem Willen Gottes des Schöpfers bestmöglich Rechnung zu tragen hat. Gerechtigkeit bedeutet dann nichts anderes als das stete Bemühen des Menschen um diese sittliche Berücksichtigung von Gleichheit in je anderen Lebensumständen bzw. das Festschreiben und institutionelle Stabilisieren von konkret sich bewährenden Strukturen zur Gewährleistung solcher prinzipieller Gleichbehandlung aller Beteiligten. Dabei macht freilich nicht die rechtliche Festschreibung im Sinn eines Rechtspositivismus die Gerechtigkeit aus, sondern erst das dahinterstehende Bemühen um die Achtung der Gleichheit. Gerechtigkeit geht der legalen Umschreibung also immer voraus, bedient sich ihrer, aber ist nicht notwendigerweise immer darauf angewiesen. Dafür steht die sittliche Gerechtigkeitsbemühung, wie die klassische Tradition christlicher Ethik es seit je festhielt, stets in einem dreifachen Beziehungsgeflecht: Der einzelne Mensch steht erstens in seinem direkten sozialen Bezug zum Mitmenschen in einer zwischenmenschlich-persönlichen Gegenseitigkeit, er steht ferner in der Beziehung als einzelner zum Gemeinwesen, und schließlich steht das Gemeinwesen als solches auch in einer ethischen Verpflichtungsbeziehung zum einzelnen.

Diese klassische Aufteilung wurde in Anbetracht der Komplexität der sozialen Beziehungen in modernen Gesellschaften noch weiter ausdifferenziert. So redet man etwa von Leistungsgerechtigkeit, welche verlangt, daß im Wettbewerb, vorab im wirtschaftlichen Bereich, die Tauschgerechtigkeit ausdrücklich von der sozialen Verteilgerechtigkeit überhöht werden soll.[4] Erst so könnten nämlich Diskriminierungen zugunsten einer allgemeinen Chancengleichheit behoben werden. In diesem Sinn sind dann auch die individuellen Freiheitsrechte der klassischen Menschenrechtslehre zu überhöhen von den partizipativen und vor allem den sozialen Anspruchsrechten, wie sie erst ca. 150 Jahre nach den klassischen Menschenrechtsdefinitionen verbindlich festgehalten worden sind.[5]

Die Katholische Soziallehre, die wie oben gezeigt gegenüber kollektivistischen Tendenzen über längere Zeit besonders das Subsidiaritätsprinzip herausstellte, hat seit den 1960er Jahren das Schwergewicht ebenfalls deutlich auf die soziale Gerechtigkeit gelegt und damit die aktuelle Bedeutung dieser Sicht hervorgehoben. Dennoch ist damit nicht mehr als ein epochal wichtiger Akzent gesetzt. Die Gesichtspunkte einer Unterscheidung zwischen der "justitia commutativa" (der einzelnen Personen unter sich) und einer "justitia distributiva" (der Gerechtigkeitsverpflichtung der Gemeinschaft zum einzelnen) und der "justitia legalis" (Verpflichtung des einzelnen gegenüber der Gemeinschaft, die oft durch feste Regeln bestimmt ist) bleiben zum klärenden Verständnis konkreter Probleme weiterhin hilfreich, obwohl in der Praxis die verschiedenen Beziehungen sich oft überschnei-

---

[4] So vor allem die italienischen Pioniere der Katholischen Soziallehre L. Taparelli (gest. 1852) und A. Rosmini (gest. 1855).
[5] So erstmals eindeutig und mit weltweitem Anspruch in der UNO-Menschenrechts-Charta von 1948.

den. Man denke nur etwa, wie die Festlegung eines gerechten Arbeitslohnes einerseits aus einem Vertragsverhältnis zwischen Unternehmer und Arbeitnehmer resultiert, wie diese Beziehung andererseits aber zum Schutz des Schwächeren gleichzeitig vom Gemeinwesen her kontrolliert und ausgeglichen werden muß. Tauschgerechtigkeit und Verteilgerechtigkeit greifen hier direkt ineinander. Insofern ein solcher Ausgleich aber nur über die Steuermittel (bzw. über Steuerermäßigungen als Vergünstigung für den Schwächeren) erreichbar ist, greift in diese Beziehung auch die Legalgerechtigkeit direkt ein.

In jedem Fall aber müssen die zwischenmenschlichen Beziehungen vom Bemühen um Gerechtigkeit als Chancengleichheit für alle geprägt sein. Eine wirklich menschliche Gemeinschaft und Gesellschaft beruht auf Gerechtigkeit. Diese ist damit das grundlegende und erste Prinzip jeder menschlichen und damit auch jeder christlichen Sozialethik, wobei die letztere aus der im Glauben wurzelnden Motivation noch eine eigene Zuspitzung erhält.

1.3 Die christliche Zuspitzung

Wie jede menschliche Ethik hat auch die christliche Sozialethik ihren Wurzelgrund in der Gerechtigkeitsforderung. Sie hat dabei jedoch stets zu bedenken, daß sie für diesen Anspruch nicht nur dem Mitmenschen und dem Gemeinwesen, sondern vor allem dem gerechten und gerechtmachenden Gott Verantwortung schuldet. Dabei steht sie unter dem besonderen Anspruch des Liebesgebotes Jesu Christi. Dies bedeutet konkret, daß die christliche Sozialethik es zum einen mit der Gerechtigkeitsforderung besonders ernst nehmen und, wie die Befreiungstheologie in den letzten Jahren mit Recht besonders deutlich hervorgehoben hat, wach darauf achten muß, bestehende Benachteiligungen einzelner oder ganzer Gruppen von Menschen in weltweiten Zusammenhängen wie in den eigenen nationalen Grenzen nicht einfach als Sachzwänge anzusehen. Vielmehr geht es darum, unter dem dynamischen Impuls des Liebesgebotes nach Abhilfe und Verbesserung zu suchen. Es bedeutet ferner, daß christliche Ethik, dem Vorbild Jesu selbst entsprechend, diese Sorge um Gerechtigkeit besonders auf die Benachteiligten und irgendwie Unterdrückten, die "Armen", zu konzentrieren hat. Sie muß dies nicht etwa, weil die "Armen" auf irgendeine Weise mehr wert wären als andere Menschen. Weil man von ihnen kaum Gegendienste erwarten kann und sie sich für ihre gerechten Ansprüche auch kaum selber stark machen können, werden sie jedoch leicht vergessen und übergangen und bedürfen daher besonderer Aufmerksamkeit. Gerechtigkeit ist damit die unerläßlich vorausgesetzte Basis für die Dynamik der Liebe, die darüber hinaus stets bereit ist, um des anderen willen etwas vom Eigenen und gerechterweise einem Zustehenden zu dessen Gunsten abzugeben. Liebe kann nie auf Gerechtigkeit verzichten, sie ruft aber über die

Gerechtigkeit hinaus dazu auf, dem anderen mit dem Eigenen beizustehen. Christliche Verpflichtung zur Gerechtigkeit und damit die unbedingte Achtung der personalen, für alle Menschen gleichen Würde eines jeden bedeutet schließlich drittens, die Einsatzbereitschaft für Gerechtigkeit auch dann ohne Resignation zu bewahren, wenn sich kein direkter Erfolg abzeichnet oder u.U. sogar mit eigenen Nachteilen gerechnet werden muß. Gerade darin steht sie in der Nachfolge Jesu, welche immer auch die Kreuzesdimension als reales Risiko einschließt. Dabei gründet ein solches konkret tätiges Durch- und Festhalten an den eigenen, als menschlich verbindlich anerkannten Zielsetzungen nicht nur in einer bloß menschlichen Treue, sondern auch in der sicheren Glaubenshoffnung auf die endgültige Erfüllung im Gottesreich. Diese gläubige Hoffnung ist dann keinesfalls eine Religion als "Opium des Volkes" (K. Marx), sondern eine im Glauben wurzelnde Kraft des Durchhaltens wahrer Menschlichkeit auch unter widrigen Umständen. Weil das Gottesreich des menschgewordenen Gottessohnes Jesus Christus in seiner Existenz schon innergeschichtlich angebrochen und wirklich ist und daher gerade als solches auch verkündigt werden muß, stellt dieser hoffnungsvolle Glaube eine sittliche Herausforderung für wahre Vermenschlichung der mitmenschlichen wie der gesellschaftlichen Beziehungen dar. Zugleich verbietet es diese auf die endzeitliche Vollendung ausgerichtete Sicht, einen konkret einmal erreichten und u.U. auch nach bestem Wissen als gerecht empfundenen Zustand endgültig zu verabsolutieren und festzuschreiben. Vielmehr gilt es je neu, ihn auf mögliche Verbesserungen, aber auch auf mögliche Abweichungen kritisch zu hinterfragen. Christliche Sozialethik hat in diesem Sinn zunächst kritisch gegenüber dem Bestehenden zu sein. Zugleich aber muß sie dynamisch-stimulativ auf Verbesserung sinnen und alle Ansätze zu einer solchen kritischen Verbesserung integrierend bündeln.[6]

So sehr eine in diesem Sinn christlich verstandene Gerechtigkeitsforderung damit die Grundlage jeder christlichen Soziallehre sein muß, so wenig kann diese Forderung allein für eine echte Hilfestellung bei einer gerechten Gesellschaftsgestaltung angesehen werden. Dafür muß sie vielmehr in konkretisierender Absicht weitergedacht werden, wie es in der klassischen Katholischen Soziallehre in Form von Leitprinzipien seit je versucht worden ist.

2. Die Leitprinzipien der Sozialethik

2.1 Das Person- und Gemeinwohlprinzip

Das Verwirklichungsfeld, in welchem sich die christlich motivierte sozialethische Gerechtigkeitsforderung zu bewähren hat, ist, wie schon mehrfach erwähnt, geprägt durch die heute immer komplexer werdenden gesell-

---

[6] So die zum Gemeingut gewordene Begrifflichkeit von A. Auer für das Spezifische einer christlichen Ethik.

schaftlichen Institutionen einerseits und die personal-soziale Verfaßtheit des Menschen andererseits. Ziel jeder christlichen Ethik ist es infolgedessen, durch klärende Überlegung Grundsätze und Leitlinien herauszuarbeiten, welche die volle Entfaltung jeder menschlichen Persönlichkeit in mitmenschlicher Gemeinschaft bestmöglich verwirklichen helfen. Als Ebenbild Gottes kommt dem Menschen eine so unveräußerliche und unbedingte Würde zu, daß er niemals anderen Zielen als bloßes Mittel untergeordnet und so verzweckt werden dürfte. Die menschliche Person ist in sich trotz all ihrer Endlichkeit nach dem Schöpfungswillen Gottes Selbstzweck, ein Selbstzweck, der zwar nicht absolut, sondern immer durch den Schöpfer bedingt ist, den es aber deswegen in keiner Weise weniger ernst zu nehmen gilt. Im Gegenteil, der Satz aus der Gerichtsrede Jesu: "Was ihr dem geringsten meiner Brüder getan habt, das habt ihr mir getan" (Mt 25,40) hat auch im gesellschaftlich-sozialen Bereich seine unbedingte Gültigkeit. Die Achtung der menschlichen Person, wie sie vor allem auch I. Kant in seinem kategorischen Imperativ formulierte, muß daher als sog. *"Personprinzip"* Ausgangspunkt jeder Sozialethik sein.

Gleichzeitig - so hatten vorangehende Überlegungen gezeigt - ist aber die mitmenschliche Gemeinschaft wie auch die Gesellschaft als ganze unerläßliche Voraussetzung für eine personale Entfaltung des Menschen. Daher ruft das Personprinzip notwendigerweise nach dem "Gemeinwohlprinzip" als dessen notwendigem Korrelat. Dies gilt so sehr, daß eine Priorität des einen oder anderen Prinzips sachlich gesehen eigentlich eine müßige Frage ist.[7] Erkenntnismäßig steht allerdings je nach kulturellem Hintergrund jeweils eines der beiden Prinzipien stärker im Vordergrund. So sind fernöstliche Kulturen deutlich stärker auf das Gemeinwohl hin ausgerichtet, dem sich der einzelne in jedem Fall unterzuordnen hat, während der westlich-abendländische Kulturkreis den einzelnen in den Vordergrund stellt und ihn auf das Gemeinwohl hin ausgerichtet sein läßt. Vom biblischen Menschenbild als dem Ebenbild Gottes her scheint sich letztere Gewichtung ebenfalls nahezulegen, obwohl gerade der alttestamentliche Mensch nur als Glied des Gottesvolkes überhaupt Mensch sein kann, ein Gesichtspunkt, der sich im neutestamentlichen, grundsätzlich die ganze Menschheit umgreifenden Gottesvolk harmonisch fortsetzt. Das Gemeinwohl als das gemeinsame, je beste Wohl einer Vielheit von Menschen, die in gegenseitiger Verflechtung hinsichtlich ihrer Daseinsgestaltung und Bedürfnisbefriedigung leben, ist in jedem Fall Ziel jeder Form von Gesellschaft, von der Familie bis zum Staat, ja sogar bis zur Menschheit als ganzer, und dies nicht trotz, sondern wegen und zugunsten der zu achtenden einzelnen Personen. Gemeinwohlsicherung aus personaler Verpflichtung, und zwar letztlich ohne gruppenmäßige oder nationale Grenzen, ist daher die erste von der

---

7   Die in den 1950er Jahren geführte, letztlich aber ergebnislose Debatte zwischen dem das Personprinzip besonders hervorhebenden G. Gundlach und dem für die Priorität des Gemeinwohls sich einsetzenden E. Welty dürfte dafür Beleg sein.

Gesellschaftslehre zu betonende Verpflichtung. Diese muß für den Christen zudem unter dem Anspruch der universalen Tragweite des Evangeliums stehen, das keine Grenzen von Stand, Geschlecht, Herkunft oder Rasse gelten läßt.
So schlüssig die Forderung des Gemeinwohlprinzips somit der eigenen Einsicht wie der christlichen Lehre nach ist, so wenig stellt es sich im freien Spiel der Kräfte unter den Menschen von selber ein. Die Geschichte lehrt nur allzu deutlich, daß ein derart optimistisches Vorurteil, wie es vor allem die Philosophie der Aufklärung mit ihrer Idee des von Natur aus guten Menschen pflegte, in keiner Weise garantiert ist. Vielmehr führt dieses freie Spiel der Kräfte bzw. ein völlig freier Wettbewerb immer wieder dazu, daß sich das Recht des Stärkeren durchsetzt. Dies gilt sowohl für einen reinen Wirtschaftsliberalismus, wie er sich zu Beginn der Industrialisierung im sog. "Manchester-Kapitalismus" ausprägte, als auch in der gegenteiligen kommunistisch-kollektivistischen Idee, welche die Sicherung des Gemeinwohls einer Partei und damit einer Funktionärselite übertragen wollte. Die Konzentration wirtschaftlicher wie staatlich-verwaltungsmäßiger Macht auf einen kleinen Kreis führte noch immer dazu, daß dieser sich auf Kosten der Schwächeren Privilegien und Vorteile, aber auch das dazu nötige Machtmonopol zu sichern wußte.
In dieser geschichtlichen Erfahrung bestätigt sich eindeutig die biblische Botschaft: Zwar ist der Mensch von Gott als gutes Geschöpf gewollt. Da er sich jedoch in seiner Freiheit selbstüberheblich gegen Gott und seine Mitmenschen auflehnte (Gen 3 und 4), ist er nicht mehr einfach und von sich aus gut, sondern neigt stets neu zu Selbstsucht, Machtstreben und Egoismus, also zu dem, was theologisch mit Sünde bezeichnet wird. Gerade wegen dieses fatalen Hangs zur Sünde bedarf das Gemeinwohl der aktiven Pflege, welche durch konkrete Regelungen die Möglichkeiten zum Egoismus einschränkt, ohne allerdings dabei einen freien Spielraum, der zum Wesen des Menschen als Person nicht weniger wesentlich gehört, einfach in totaler Planung zu vereinnahmen. Sozialethik hat daher immer wieder neu und je nach kulturellen Bedingungen nach einem Mittelweg zu suchen, der die einzelne Persönlichkeit vor Übergriffen des Gemeinwesens ebenso schützt wie das Gemeinwesen vor Übergriffen starker einzelner. Würde nämlich der Mensch als Einzelpersönlichkeit dem Kollektiv grundsätzlich untergeordnet, wäre das Gemeinwohl letztlich nicht weniger gestört, als wenn das Gemeinwesen im Sinn eines bloßen "Nachtwächterstaates" den einzelnen nur vor böswilligen Übergriffen von Verbrechern schützen und ihn im übrigen allen Freiheiten eines ungeregelten Wettbewerbs aussetzen würde.
Selbst wenn gelegentlich eine gewisse einseitige Betonung eines Prinzips als Gegengewicht zu einer langfristigen Überbetonung des anderen eine gute Lösung zugunsten der Menschlichkeit darzustellen scheint, sind die sozialethischen Folgen einer solchen neuerlichen Einseitigkeit dem Gemeinwohl wie dem Personwohl zumindest auf lange Sicht abträglich. So war der im

18. Jahrhundert von den englischen Moralphilosophen F. Hutcheson und A. Smith vertretene Wirtschaftsliberalismus ohne Zweifel ein befreiendes Moment im Sinn der Menschlichkeit im Vergleich zur starren, vom Adel getragenen Sozialordnung jener Zeit. Man handelte jedoch in dem Glauben, bei voll zugelassener Freiheit würden sich die gesellschaftlichen Belange wie "von unsichtbarer Hand geleitet" von selbst zum Besten aller entwickeln. Diese Vorstellung brachte freilich schon bald das bekannte Proletarierelend der Frühindustrialisierung hervor. Aber auch die marxistische Gegenreaktion, welche sich die Sozialisierung der Produktionsmittel bis hin zum vollkommenen Kommunismus mit straff geregelter, durch die Partei erlassener Staatsplanung zum Ziel setzte, führte zu einer dem Gemeinwohl abträglichen wirtschaftlichen Dekadenz unter der privilegienbewußten Machtelite der kommunistischen Parteien, wie die Entwicklung der letzten Jahre in der UdSSR und den von ihr abhängigen osteuropäischen Ländern, aber auch in der Volksrepublik China zeigte.

Christliche Sozialethik wird daher undifferenzierten Forderungen nach einem Sozialismus zur Behebung der weltwirtschaftlichen Ungerechtigkeiten entsprechend skeptisch begegnen müssen. Nicht Patentlösungen, wohl aber die je neu zu suchende Zuordnung der beiden Prinzipien Gemeinwohl und Personwohl in einem allerdings stets labilen Gleichgewicht ist in der konkreten kulturell-geschichtlichen Wirklichkeit ihre eigentliche Aufgabe. Extremlösungen können damit selbst dann, wenn sie unter gewissen Umständen bessere funktionale Abläufe in einem Sozialkörper als denkbar erscheinen lassen, ethisch nicht in Frage kommen. Weder liberaler Individualismus noch Kollektivismus sind christlich-ethisch zu verantwortende Organisationsmodelle der Gesellschaft. Um nun diese Zuordnung von Gemeinwohl- und Personprinzip aber in die konkrete soziale Normfindung und Gesellschaftsgestaltung einbringen zu können, empfiehlt es sich, zwei andere, diesmal weniger sachlich-inhaltliche als formal-operative bzw. heuristische Prinzipien als eine Art "Such-Hilfe" ins Spiel zu bringen.[8]

---

[8] Die hier vorgeschlagene, an der Reflexion des zugrundeliegenden Menschenbildes sich orientierende systematische Anbindung der Sozialprinzipien ist in dieser Form nicht die durchgängig übliche. Denn "über Zahl und Zuordnung der Sozialprinzipien ist noch nicht das letzte Wort gesprochen", meint W. Harth zu Recht in seiner didaktischen Einführung in die SozialLehre (vgl. Christlicher Dienst an der Welt, Paderborn ²1979, 43). Wenn er freilich unter Nennung der auch hier angeführten Prinzipien beifügt, "mehr aus Zweckmäßigkeit spricht man von vier Sozialprinzipien", so scheint dies doch zu schwach. Zwar erscheinen die einzelnen Prinzipien oft eher nebeneinander gestellt als innerlich vernetzt (vgl. J. Höffner, Christliche Gesellschaftslehre, Kevelaer ⁸1983, 43-55). Ausgangspunkt ist stets das Menschenbild und die darin sich abzeichnende Komplementarität von Gemeinwohl und Eigenwohl. Dabei steht je nach dem Schwerpunkt der Blickrichtung dann das Personprinzip (z.B. G. Gundlach, W. Harth, A. Rauscher) oder das Gemeinwohlprinzip (z.B. E. Welty, aber auch J. Höffner unter dem vermittelnden Stichwort des "Ganzheitsprinzip" O. von Nell-Breuning) im Vordergrund. Stets korreliert genannt werden dagegen Solidaritäts- und Subsidiaritätsprinzip, wobei O. von Nell-Breuning für das letztere beifügt: "Der Name und die heute gebräuchliche Formulierung stammen von Gustav Gundlach und erschienen erstmals in der Enzyklika Pius' XI. 'Quadragesimo anno'." (vgl. O. von Nell-Breuning, Gerechtigkeit und Freiheit. Grundzüge katholischer Soziallehre, Wien ²1985, 49), was zugleich besagt, daß die primäre Aufmerksamkeit traditionell eher dem Solidaritätsprinzip gilt. Wenn jedoch O.

2.2 Das Subsidiaritäts- und Solidaritätsprinzip

Obwohl allgemein ethisch einsichtig und von jeder ausgeglichenen Sozialethik zumindest implizit in irgendeiner Form eingebracht, ist es doch das Verdienst der Katholischen Soziallehre (und dort vor allem der Enzyklika "Quadragesimo anno" Pius' XI. von 1931), diese beiden Prinzipien unter diesen Stichworten auf den Begriff gebracht zu haben. Dabei versteht man unter dem Subsidiaritätsprinzip die Forderung, daß überall dort, wo der einzelne oder eine kleinere Gruppe das Gemeinwohl allein auf eine alle befriedigende Weise sicherzustellen vermag, keine größere, übergeordnete Instanz eingreifen soll und darf. Wo diese dagegen dazu nicht bzw. wegen veränderter Umstände nicht mehr oder nicht mehr umfassend fähig ist, ergibt sich für die je größere gemeinschaftliche Einheit die Verpflichtung zu einer entsprechenden Hilfestellung, einem "subsidium". Ein Kollektivismus, der von vornherein alles einer zentralen Behörde zur Regelung überläßt, wird mit diesem Prinzip trotz scheinbarer Rationalität als dem Person- wie dem Gemeinwohl gleichermaßen abträglich ausgeschlossen. Denn jede Gesellschaftstätigkeit ist ihrem Wesen nach subsidiär. Sie soll die Glieder des Sozialkörpers unterstützen, niemals aber darf sie sie zerschlagen oder aufsaugen.

Umgekehrt aber - und dies betont nun nicht weniger intensiv das von den neueren päpstlichen Rundschreiben seit der Enzyklika "Mater et Magistra" Johannes' XXIII. von 1961 besonders herausgestellte, weltweit geltende Solidaritätsprinzip - darf eine solche Eigenständigkeit in der Selbstentfaltung niemals auf Kosten anderer und schon gar nicht Schwächerer gehen. Deshalb verlangt Solidarität vom irgendwie Stärkeren eine stets wache Rücksicht auf die Bedürfnisse und Interessen der Schwächeren, wobei diese Solidarität die helfend-ordnende Autorität des Stärkeren, aber auch der übergeordneten gemeinschaftlichen Instanz anerkennt und zugleich in Pflicht nimmt. In Anbetracht der steten Gefährdung selbstsüchtiger Überhöhung des Machteinflusses dieser übergeordneten Instanzen muß im Sinne des Gemeinwohlprinzips Solidarität auch deren wache Kontrolle fordern. Dies bedeutet dann sowenig grundsätzliches Mißtrauen gegenüber der Einzelinitiative, wie das Subsidiaritätsprinzip Skepsis gegenüber den größeren gesellschaftlichen Einheiten bedingt. Vielmehr kann gerade eine

---

von Nell-Breuning darauf hinweist, daß es sich dabei eher um ein "Zuständigkeits-, also Rechtsprinzip" handle (ebd.), so zeigt dies, daß auch er den im Vergleich zu den eher auf den anthropologischen Sachverhalt bezogenen Prinzipien den operativen Charakter von Subsidiarität und Solidarität hervorhebt. Die hier vorgeschlagene systematische Zuordnung ist vielleicht ungewohnt, jedoch nicht eigentlich neu. Sie verdeutlicht vielmehr das, was in den vorliegenden Übersichten ansatzhaft oder implizit schon angedeutet vorliegt. Wenn die "Leitlinien für das Studium und den Unterricht der Soziallehre der Kirche" der Röm. Kongregation für das Bildungswesen von 1989 das Gemeinwohl dem Personprinzip zuordnen, die Solidarität mit "Sollicitudo rei socialis" als Tugend (Nr. 39/40), die Subsidiarität dagegen als Schutzprinzip vor Vereinnahmungen darstellen (Nr. 37/38) und in die Nähe zur Mitbestimmung rücken (Nr. 30), so scheint hier, wenn auch ausdrücklich ohne systematische Absicht, doch eine ähnliche Sicht vertreten zu werden.

starke und gesicherte Gemeinschaft föderativ ihren Gliedern Selbständigkeit belassen, um selber durch selbständige, gut funktionierende Teile als Ganzes gestärkt zu werden. Während der Zentralismus trotz seiner scheinbaren Rationalität die individuellen Kräfte von Originalität, Phantasie und Eigeninitiative neutralisiert und letztlich aufhebt, vermag eine solidarische Subsidiarität sie koordiniert und ohne Angst vor Zersplitterung zu steigern - eine Einsicht, die für die staatlich sozialen Gebilde ebenso gilt wie für wirtschaftliche und kirchliche[9] Sozialkörper.

So ist es auch verständlich, daß in einer Zeit, in welcher vor allem zentralistische Totalitarismen (wie in den 1930er Jahren der Stalinismus und der Nationalsozialismus) die Situation prägen, von einer christlichen Gesellschaftslehre mehr die Subsidiarität betont werden mußte.[10] Wenn dagegen im Gefolge des Abbaus der Kolonialsysteme und der wachsenden gegenseitigen weltwirtschaftlichen Abhängigkeit die entsprechenden Ungleichgewichte zunehmen, fordert die Gerechtigkeit eine stärkere Betonung der Solidarität. Zu deren Schutz können sogar gegen egoistische Einzelinteressen Interventionen der gesellschaftlich institutionalisierten Autoritäten gefordert sein. Gesetzliche Rahmenordnungen oder Schiedsrichterfunktionen, wie sie das II. Vatikanische Konzil in seiner Pastoralkonstitution "Gaudium et spes" und die sich daran anschließenden päpstlichen Botschaften erwähnen, gilt es dann sozialethisch zu erwägen. Gerade diese geschichtlichen Hinweise zeigen erneut die wesentliche Komplementarität der beiden Prinzipien, welche die individuell personale wie die soziale Wesensart des Menschen in eine bestmögliche Verwirklichung überführen helfen wollen. Dabei geben sie als heuristische Prinzipien allerdings nicht auch schon konkret an, wie das gesellschaftliche Zusammenleben organisiert und geregelt werden muß. Noch viel weniger wollen sie eine einmal in einer bestimmten Situation befundene konkrete Lösung überzeitlich festschreiben. Vielmehr zeigen sie als dynamische Kriterien, welchen Anforderungen konkretere sozial-normative Maßnahmen in jedem Fall zu genügen haben, um weder einen unkontrollierten und damit stets für das Menschliche zer-

---

9 Daß dies in Anbetracht ihres christologischen, also inkarnatorischen Ursprungs auch für die Kirche gilt und folglich die Wirksamkeit dieser beiden Prinzipien keinesfalls auf die staatlichen Gesellschaftsformen beschränkt werden darf, müßte sich moraltheologisch eigentlich von selbst ergeben. Eine Ausnahme für die Kirche als das neue Gottesvolk (so die Kirchenkonstitution des II. Vatikanischen Konzils "Lumen Gentium") von diesen Prinzipien würde nämlich, entgegen der Meinung gewisser Kirchenrechtler (vgl. dazu J. Beier, Subsidiarität auch für das Recht der Kirche, in: ThBer 15, Zürich 1986, 113-137), die Kirche in ihrer spezifischen Eigenart in der Welt und der Geschichte fortlebender "mystischer Leib Christi" (Kol 1,18) nicht stärken, sondern sie letztlich einem christologisch-ekklesiologischen Monophysitismus aussetzen. Vielmehr ist hier das Wort von Papst Pius XII. zu beherzigen, daß auch für das Leben der Kirche unbeschadet ihrer hierarchischen Struktur das Subsidiaritätsprinzip gelte (Ansprache vom 20.2.1946, in AAS 38 [1946], 144).
10 Die Sozialenzyklika "Quadragesimo anno" Pius' XI. von 1931 wie die sozialen Botschaften Pius' XII., die vor allem vom Personalismus G. Gundlachs geprägt sind, sind dafür ein eindrücklicher Beleg. Vgl. dazu A.F. Utz, J.F. Groner, Soziale Summe Pius' XII., 3 Bde., Freiburg/Schweiz 1943 u. 1961, sowie G. Gundlach (Hrsg.), Die Ordnung der menschlichen Gesellschaft, 2 Bde., Köln 1964.

störerischen Individualismus noch einen nicht weniger fatalen, zentralistischen Kollektivismus zum Zuge kommen zu lassen. Dies bedeutet jedoch in keiner Weise, daß eine Gesellschaftslehre es mit dem Aufzeigen solch allgemeiner Prinzipien bewenden lassen dürfte. So wichtig diese als Impulse zu weiteren Konkretionen und wohl mehr noch als Kontrollfunktionen gegenüber bestehenden Sozialnormen sind, so sehr muß die sozialethische Reflexion ausformulierte normative Grundsätze entwickeln, wie sie vor allem die Menschenrechte darstellen.

3. Die normativen Grundsätze der Menschenrechte

Die Menschenrechte, wie sie beispielsweise von der UNO in ihrer Charta von 1948 festgehalten und von den Unterzeichnern der europäischen Menschenrechtserklärung sogar völkerrechtlich verbindlich angenommen wurden, stellen solche ersten normativen Grundsätze für das menschliche Zusammenleben ganz allgemein dar. Dies gehört wenigstens theoretisch zu den wenigen weltweit akzeptierten sozialethischen Grundsätzen der Menschheit. Diese seit dem 18. Jahrhundert (d.h. seit der mit der Unabhängigkeitserklärung der Vereinigten Staaten von Amerika 1887 zusammengestellten Liste bzw. seit der in der Französischen Revolution von 1789 erarbeiteten Deklaration) offiziell erklärten individuellen Grundrechte von Freiheit und Gleichheit sichern zunächst die Integrität der menschlichen Person gegenüber den staatlichen Behörden. Durch die Forderung nach Partizipation bei der Gestaltung der wesentlichen Belange des Gemeinwesens ist zugleich eine politische Kontrolle von dessen Machtträgern gewährleistet, eine Kontrolle, die sinnvollerweise über entsprechende Mitbestimmungsrechte auch auf andere, vor allem die wirtschaftlichen Bereiche ausgedehnt werden sollte. Während diese beiden Gruppen der Menschenrechte somit vor allem das Subsidiaritätsprinzip der gelebten gesellschaftlichen Wirklichkeit näherbringen, wird das Solidaritätsprinzip in den allerdings erst im 20. Jahrhundert ausformulierten Sozialrechten nun ebenfalls angemessen berücksichtigt, indem diese hinsichtlich der Gesundheitserhaltung, der Bildung wie der Sicherung von Arbeit und Lebensunterhalt der Politik des Gemeinwesens deren bestmögliche Gewährleistung auferlegen.
In diesem Zusammenspiel von Individual- und Sozialrechten haben somit Subsidiaritäts- wie Solidaritätsprinzip als Leitkriterien Beachtung gefunden, was um so bedeutsamer ist, als die Menschenrechtserklärung der UNO wenigstens theoretisch von nahezu allen Staaten der Welt grundsätzlich anerkannt ist. Trotz aller Verletzungen in der Praxis stellen diese Rechte wohl erstmals in der Geschichte der Menschheit im Ansatz eine Art Weltethik dar, die zudem dem christlichen Menschenbild voll entspricht und damit auch grundsätzlich mit der Katholischen Soziallehre übereinstimmt.[11]

---

[11] Vgl. dazu allgemein F. Furger, C. Strobel-Nepple, Menschenrechte und katholische Soziallehre, Bern 1985.

3.1 Der grundsätzlich christliche Gehalt

Von den Redakteuren der ersten Menschenrechtserklärung, der "Virginia Bill of Human Rights" von 1776, wird berichtet, daß sie sich als aufgeklärte Christen ihrer Zeit bei ihrer Arbeit keineswegs nur auf die antiken stoischen Quellen, sondern in gleichem Maße auch auf die Bibel und dabei besonders auf die alttestamentliche 10-Gebote-Liste[12] gestützt hätten. Ihr Denkansatz dürfte sich also kaum von demjenigen unterschieden haben, der die Leitung christlicher Kirchen in der Bundesrepublik Deutschland in der Grundwertedebatte der 1970er Jahre bewegte, gemeinsam unter dem Titel "Grundwerte und Gottes Gebot"[13] auf diesen inneren Zusammenhang zwischen der biblischen Weisung und den Menschenrechten hinzuweisen. Dennoch lehrt die teilweise umstrittene Aufnahme, welche diese Schrift erfuhr,[14] wie schon die gesamte schwierige Rezeptionsgeschichte der Menschenrechte vor allem in der katholischen Kirche,[15] daß diese Harmonie alles andere als eine Selbstverständlichkeit darstellt. Ja, bereits die biblische Aussage selber scheint zwar nicht vom Inhalt, wohl aber vom Geltungszusammenhang her nicht zu den Menschenrechten zu passen. Während nämlich die Menschenrechte ihren Geltungsanspruch von der Einsicht des sich aus "selbstverschuldeter Unmündigkeit befreienden" Menschen (I. Kant), also aus der Einsicht seiner autonomen Vernunft herleiten, erhält der Dekalog seine Geltung aus der Mose am Sinai zugesagten direkten Weisung Gottes. Die Konvergenz zwischen dem Dekalog, ja dem biblischen Denken überhaupt und den sich der Aufklärungsphilosophie verdankenden Menschenrechten bedarf daher einer eigenen Begründung.

Dabei muß auffallen, daß der Vergleich der dekalogischen Aussagen mit gleichzeitigen und teilweise älteren Gesetzesformulierungen anderer Völker im kulturellen Umfeld des Gottesvolkes so große Parallelen aufzeigt, daß man es als historisch gesichert ansehen kann, daß hier auf der inhaltlichen Seite Beeinflussungen aus dem assyrisch-babylonischen Raum stattgefunden haben müssen.[16] Deutlicher noch als diese historische Erkenntnis dürfte die Analyse der Gehalte der einzelnen Weisungen die Parallele bestätigen. Denn offensichtlich gliedert sich diese Liste in zwei Teile, deren erster die gottbezogenen Weisungen enthält, während der zweite sich mit den mitmenschlichen Belangen befaßt.[17] Was aber auf dieser sog. "Zweiten Tafel" festgehalten wird, sind allgemein ethische, dem Menschen als solchem durchaus einsichtige Forderungen konkreter Mitmenschlichkeit, ohne

---

12 Vgl. Ex 20,1-17; Dtn 5,6-21.
13 Kirchenkanzlei der EKD und Sekretariat der DBK (Hrsg.), Grundwerte und Gottes Gebot, Trier 1979.
14 Vgl. dazu die kritische Besprechung von H.R. Reutter in: ZEE 24 (1980) 74-76.
15 Vgl. unten den Abschnitt VI.3.2.
16 Dabei ist auch schon rein äußerlich die Tatsache auffällig, daß diese Gebote als "auf Tafeln geschriebene" geschildert sind und beschriftete, gebrannte Tontafeln die übliche Form für das Festhalten von Verträgen und Gesetzen im Zweistromland waren.
17 Die Gebote 1-3 (bzw. 1-4 nach der hebräischen und reformierten Zählweise) gehören so zur ersten, die restlichen zur zweiten Tafel.

deren Beachtung das Zusammenleben so erschwert würde, daß ein Gemeinwesen (das Bundesvolk Gottes nicht ausgenommen) auseinanderbrechen müßte. Vorsorge für die Älteren, Sicherung von Leben, Eigentum und Integrität der Familie, Gewährleistung des guten Rufes bzw. Schutz vor falscher Anklage sind derart unerläßliche Voraussetzungen für den inneren Frieden und damit den Bestand eines Volkes, daß es zu ihrer Verkündigung kaum einer eigenen Gottesoffenbarung bedurft hätte.

Dies bedeutet, daß es dem biblischen Gesetzeswerk offenbar nicht allein um diese materiell-inhaltliche Seite der Gebote ging. Vielmehr steht deren formal-religiöse Bestätigung im Zentrum des Interesses: Dem Bundesgott der Juden kann man nicht treu sein ohne Achtung der Mitmenschlichkeit, gerade auch den Schwächeren (den Witwen und Waisen, wie die Propheten es immer wieder einschärfen müssen) gegenüber. Noch viel weniger kann jemand aber in die Nachfolge Jesu eintreten, wenn er nicht bereit ist, sich für den Mitmenschen u.U. sogar unter Einsatz des eigenen Lebens einzusetzen. Was die biblische Ethik also vermittelt, ist nicht eine völlig neue, von der menschlichen Vernunfterkenntnis abgehobene Weisung, sondern ein menschenrechtlicher Inhalt in religiösem Kontext.[18] Obwohl auf einem kulturell ganz anderen Hintergrund gewachsen, haben aber auch die Menschenrechte, wie sie etwa in der UNO-Erklärung von 1948 festgehalten sind, ausdrücklich den Sinn, das friedliche Zusammenleben der Menschen und Völker der Erde zu gewährleisten. Entsprechend lassen sie sich überall dort inhaltlich leicht in Einklang mit dem Dekalog bringen, wo nicht spezifisch zur modernen Gesellschaft gehörende Belange angesprochen sind, wie es etwa für den Lebensschutz oder die Gewährleistung des Privateigentums deutlich wird.[19]

Eigentlich neu ist diese Einsicht für die christliche Ethik freilich in keiner Weise. Denn ohne sie ausdrücklich zu thematisieren, vertrat die Naturrechtslehre des Hochmittelalters eine ähnliche Auffassung, wie oben gezeigt worden war.[20] Ausgehend von der unbedingt gültigen Gerechtigkeitsforderung, die in Anlehnung an die stoische Philosophie als primäres Naturrecht bezeichnet wurde, verstand man den Dekalog mit seinen für das menschliche Zusammenleben unerläßlichen Weisungen als "sekundäres Naturrecht", das der menschlichen Vernunftserkenntnis zugänglich ist und so gerade als solches seinen Geltungsgrund in Gott hat, dem Schöpfer aller "natura". Sachlich wie historisch stützen sich damit die Indizien für die Berechtigung jenes parallelen Verständnisses von biblischem Glaubensethos und modernem Menschenrechtsethos, so daß die in der kirchlichen Lehrverkündigung seit dem II. Vatikanischen Konzil hervorgehobene besondere

---

[18] Vgl. F. Furger, Der Dekalog - eine Urcharta der Menschenrechte, in: R. Moses, L. Rupper (Hrsg.), Der Mensch von und zu Gott. FS A. Deissler, Freiburg/Br. 1989.
[19] Als solche erst für die Moderne relevanten Menschenrechte wären etwa zu nennen: das Recht auf Bildung oder Freizügigkeit sowie der Anspruch auf Meinungsfreiheit als Medienfreiheit.
[20] Vgl. Abschn. V.4.

Verpflichtung der Christen für die Achtung der Menschenrechte einen soliden Grund zu haben scheint.[21]

In Anbetracht der biblischen Schilderung der Übergabe der Gesetzestafeln an Moses stellt sich allerdings die Frage, ob für die ethische Verbindlichkeit solcher Menschenrechte die Einsicht in das Wesen des Menschen an sich genüge oder ob es für ihre Geltung eines zusätzlichen verbindlichen Imperativs Gottes bedürfe.[22] Sosehr ein solches Verständnis den naturalistischen Trugschluß vom faktisch Bestehenden, also ontischen Sein auf das Sollen vermeidet, sowenig scheint er einer kohärenten, nun allerdings ontologischen Systematik zu entsprechen. Denn der zusätzliche göttliche Imperativ erscheint eher als ethischer "Deus ex machina" denn als das Fundament sittlicher Begründungszusammenhänge. Diese Begründung ist auch im biblischen Verständnis darin festzumachen, daß sie dem Menschen jene schlechthin einleuchtenden Ordnungszusammenhänge seiner sozialen Existenz in dieser Welt (die ihm im Glauben zugleich als die vom Schöpfer so und gut gewollte Schöpfung gilt) aufdeckt, denen als sittlich gut gewertete Grund und Zielstruktur auch sittliche Verbindlichkeit zukommt. Die gesamte Schöpfungsordnung, die als solche und nicht bloß akzidentiell im Schöpfungsbericht als "gute" bewertet wird, ist die sachliche wie die systematische Grundlage, auf der jede weitere in ihr begründete sittliche Norm über die bloß feststellbare Tatsächlichkeit hinaus Geltung zu erhalten vermag. Auf dieser Grundlage kann auch Paulus von den Heiden, die das jüdische Gesetz nicht kennen, annehmen, daß sie "von Natur aus tun, was vom Gesetz gefordert ist" (Röm 2,14). Mit dieser Sicht steht er übrigens im zeitgenössischen Judentum alles andere als isoliert da. Vielmehr sahen die für hellenistische Philosophie, insbesondere die Stoa aufgeschlossenen jüdischen Denker (z.B. Philo von Alexandrien oder der Verfasser des apokryphen 4. Makkabäer-Buches) im mosaischen Gesetz geradezu den vollendeten Ausdruck des natürlichen Sittengesetzes: "Wir glauben, daß das Gesetz von Gott stammt, wir wissen aber auch, daß der Gesetzgeber der Welt das Gesetz gemäß der Natur gibt."[23] Hier wird die ursprünglich auf die sophistischen Ethiker zurückgehende stoische Tradition einer auf dem Wesen des Menschen, der "physis" oder "natura", gründenden Ethik mit der biblischen Lehre parallel gestellt und deren Übereinstimmung festgehalten. Wenn Zenon von Elea (gest. 430 v.Chr.) diese mit uns von Natur aus verwachsenen Gesetze als göttliches Gesetz bezeichnet und die dem griechischen Denken verbundene alttestamentliche Weisheitsliteratur von der Weisheit und Einsicht Gottes redet, mit der er Himmel und Erde erschaffen habe

---

21 Vgl. unten Abschn. 3.2.
22 Neben den nominalistischen Ansätzen im Spätmittelalter und dem davon abhängigen ethischen Voluntarismus gerade auch in der lutherischen Theologie sind hier die neuscholastischen katholischen Ethiker L. Billot, V. Cathrein (vgl. Moralphilosophie Bd. 1, Freiburg/Br. [5]1899, 323-332) sowie F. Utz zu nennen, der ausdrücklich festhält: "Der Charakter des Soll leitet sich vom Sein nicht ab, sondern nur von einem Befehl, den wir Christen einzig als göttlichen verstehen können." (Sozialethik Bd. 1, Heidelberg 1964, 315).
23 Vgl. 4 Makk 5,25.

(Spr 3,19), so entsteht hier das, was später als eine "Synthese zwischen Thora und Naturgesetz" bezeichnet worden ist.[24]
Dies heißt, daß die Sinai-Perikope offenbar den göttlichen Ursprung des Sittengesetzes narrativ zum Ausdruck bringen will, als solches aber keinen direkten meta-ethischen Begründungscharakter hat. Dieser kann vielmehr vom Ordnungsgehalt der einzelnen Forderungen im Gesamt des Schöpfungszusammenhangs als schon gegeben angenommen werden. Der eigentliche Sinn der göttlichen Offenbarung am Sinai liegt also im Einbezug der sittlichen Norm in den religiösen Kontext des Bundes des Volkes mit seinem Gott. Die Bibel unterstreicht damit zugleich die auch eschatologisch letztentscheidende Bedeutung der Sittlichkeit, wie sie in der Gerichtsrede Jesu (Mt 25,31-46) ihren deutlichsten Ausdruck gefunden hat: Man kann nicht in einem guten Gottesverhältnis bzw. einer Bundesverbindung mit Gott dem Schöpfer stehen und zugleich die für die sinnvolle Bewahrung dieser Schöpfung wesentlich gültige Ordnung in der Theorie oder auch nur im praktischen Tatvollzug mißachten. Sittlichkeit und Religiosität als Gottesbeziehung, die immer weitergeht als bloßer Kult, werden damit in eine unzertrennliche Wechselbeziehung gestellt.
Damit ist aber auch klar, daß sich eine so verstandene, religiös motivierte sittliche Weisung nicht epochal auf die damalige Kulturstufe des alttestamentlichen Volkes beschränken kann, sondern stets neu die sich geschichtlich-kulturell entwickelnde Schöpfungsordnung in ihre normative Überlegung einbeziehen muß. Eben dies geschah mit der Entwicklung der Menschenrechte in der Neuzeit. Diese sind damit von ihrem Inhalt her nicht weniger im Glauben als Gottesgebot zu betrachten, als die auch im babylonisch-syrischen Raum geltenden und in den Dekalog eingeflossenen sittlichen Normen. Dies gilt um so mehr, als sich auch schon in der innerbiblischen Ethik deutliche Entwicklungen in der sittlichen Ordnung ausmachen lassen, die grundsätzlich auf eine feinfühligere Gerechtigkeit und Mitmenschlichkeit hingehen, wie dies etwa für die Stellung der Frau (von einem - freilich besonders wertvollen - Besitztum des Mannes zur echten Partnerin) oder für das Strafrecht (von der Blutrache über das Talionsgesetz bis hin zur Verzeihungsforderung Jesu) zu beobachten ist. Diese personalisierende Vermenschlichungstendenz muß aber in der eschatologischen Dynamik der Heilsgeschichte über die biblische Zeit hinaus in den Lebensvollzug des gesamten Gottesvolkes ausgedehnt werden. Eben deshalb kann die Menschlichkeits-Entwicklung, die sich in den Menschenrechten kundtut, theologisch keinesfalls außer acht gelassen werden. Der in der gesamten Heilsdynamik der biblischen Verkündigung stehende Dekalog verlangt vielmehr, seine Forderungen nicht nur als eine menschenrechtliche Urform zu verstehen, sondern sie zugleich grundsätzlich für weitere Entwicklungen offenzuhalten und dabei technische und zivilisatorische Entwicklungen ebenso zu berücksichtigen wie echte Fortschritte an Mensch-

---

[24] Näheres dazu s. H. Schelkle, Theologie des Neuen Testaments, Bd. 3: Ethos, Düsseldorf 1970, 34 (vgl. oben Teil V., Anm. 13).

lichkeit im gesamtkulturellen und geistigen Bereich. Dabei darf es keine Rolle spielen, wo eine solche sittliche Einsicht zuerst entstanden ist. Entscheidend ist, daß sie der Menschlichkeit dient, denn damit ist sie im biblischen Sinn als göttliche Forderung zu verstehen. So gut, wie die Verfasser des Dekalogs altbabylonisches Recht berücksichtigen konnten, und sowenig Paulus sich scheute, stoisches Ethos in seine Ethikverkündigung an die urchristlichen Gemeinden zu übernehmen, so wenig darf heutige christliche Ethik davon absehen, in Richtung von mehr Menschlichkeit weisende Ideen zu übernehmen, die im Umfeld anderer Weltanschauungen gewachsen sind. Vielmehr gilt es, sie je neu als kritisches Moment am bestehenden (auch dem christlich geprägten) Ethos zu beachten, sie als stimulativ für mögliche Verbesserungen ernst zu nehmen und sie damit in die gesamte heilsgeschichtliche Dynamik zu integrieren.[25]

Dies bedeutet dann aber auch, daß die sich direkt an den einzelnen wendenden dekalogischen Verbote, die von ihrem Ursprung her wie in ihrer katechetischen Verwendung in der ethischen Verkündigung der Kirche stets der Gewissensüberprüfung des einzelnen gedient haben,[26] keineswegs auf diese individualethische Dimension beschränkt werden dürfen. Wenn die modernen Entwicklungen in der Gesellschaft eine Sozialethik der Institutionen unerläßlich nötig gemacht haben, so ist dem genuinen Sinn der biblischen Weisung entsprechend auch diese Dimension in eine Sozialethik einzubeziehen. Wie neuere, sich am Dekalog orientierende Versuche einer Ethikverkündigung und Moralpädagogik zeigen,[27] wird diese Einsicht zunehmend zu einem Gemeingut in der christlichen Ethik. Damit können die Erkenntnisse über die biblische Verwurzelung der modernen Menschenrechte knapp, aber theologisch richtig in dem Satz zusammengefaßt werden: Wenn Gott heute einem Mose Gesetzestafeln überreichen sollte, würde er ihm ohne Zweifel die Menschenrechtscharta der UNO in die Hand geben.[28]

---

[25] Für diese Begrifflichkeit vgl. A. Auer, Autonome Moral und christlicher Glaube, Düsseldorf ²1984.

[26] Vgl. N. Lohfink, Bibelauslegung im Wandel, Frankfurt 1967, 129-157, wo der Dekalog als kultische "Checklist" zur Gewissenserforschung des alttestamentlichen Gottesvolkes vorgestellt wird, eine Funktion, die er in der nachtridentinischen Beichtpastoral in der katholischen Kirche bis in die Neuzeit hinein ebenfalls erfüllte.

[27] Als Beispiele für eine solche aktuelle Auseinandersetzung mit der dekalogischen Ethik sei verwiesen auf H. Albertz (Hrsg.), Die zehn Gebote, Bd. 1, Stuttgart 1985 (weitere Bände sind in Vorbereitung); A. Deissler, Ich bin dein Gott, der dich befreit hat. Wege zur Meditation über das Zehngebot, Freiburg/Br. 1975; G. Eberling, Die zehn Gebote in Predigten ausgelegt, Tübingen 1973; F. Furger, Zehn Gebote - Spielregeln des Lebens, Freiburg/Schweiz 1983; J.N. Lochman, Wegweisung der Freiheit. Abriß der Ethik in der Perspektive des Dekalogs, Gütersloh 1979; W. Loff, Die zehn Gebote, Hamburg 1970; O.H. Pesch, Die zehn Gebote, Mainz 1976; S. Ben-Chorin, Die Tafeln des Bundes, das Zehnwort von Sinai, Tübingen 1979; H. Schüngel-Straumann, Der Dekalog - Gottes Gebote, Stuttgart 1973.

[28] Vgl. dazu M. Limbeck, Aus Liebe zum Leben. Die zehn Gebote als Weisung für heute, Stuttgart 1981.

3.2 Die verzögerte Rezeption

Trotz dieser theologisch nachweisbaren Verwurzelung der Menschenrechte in den biblischen Quellen und trotz der vielfältigen und gerade auch ethisch befruchtenden Wechselwirkungen zwischen biblischem Denken und philosophischen Ansätzen erfolgte die Rezeption des modernen Menschenrechtsgedankens in den christlichen Kirchen nur nach einer Phase längerer und scharfer Ablehnung und zudem mit einer Verzögerung von fast zwei Jahrhunderten. Da diese Tatsache für die hinsichtlich Gerechtigkeit und Menschlichkeit besonders geforderte christliche Ethik nicht nur ungemein bedauerlich ist, sondern auch die Glaubwürdigkeit der evangelischen Botschaft umfassender Nächstenliebe schwer belastet, muß unbedingt nach den Gründen dafür gefragt werden, um künftig ähnliche Ärgernisse zu vermeiden.

Dazu soll zunächst die geschichtliche Entwicklung der Menschenrechte nachverfolgt werden. Als erste bedeutsame Beobachtung ergibt sich dabei, daß zwar die stoische Sicht - die Achtung vor jedem Menschen - einige praktische Konsequenzen zeitigte - etwa in der Forderung, einen verwundeten Feind wie einen Bruder zu behandeln (Mark Aurel), oder im Versuch, die Gladiatorenspiele einzudämmen. Doch blieb es bei Einzelinitiativen, die sich im römischen Reich langfristig nicht durchzusetzen vermochten und schon gar nicht die Wirren der Völkerwanderung überstanden. Aber auch die biblischen Ansätze - man denke an die Empfehlung des Paulus an Philemon, seinen entlaufenen Sklaven Onesimus als wirklichen Bruder in Christus aufzunehmen - führten weder in der Theologie der Kirchenväter noch in der nach dem geistesgeschichtlichen Einbruch der Völkerwanderung auf die antiken Quellen zurückgreifenden theologischen Tradition zu einer unbedingten Ablehnung der Sklaverei oder gar zu einer verallgemeinernden Systematik personaler Menschenrechte. Dafür war das Individuum offenbar zu stark in die geschlossenen ständischen Strukturen der Gesellschaft eingebunden. Nur als voll integriertes Glied dieser Gesellschaft und ihrer festen Ordnung vermochte es sich zu verwirklichen. An eine Ausprägung von individuellen Personrechten konnte in diesem Zusammenhang noch nicht gedacht werden. Selbst dort, wo von so etwas wie genuinen Menschenrechten die Rede sein kann, wie beispielsweise in der englischen sog. "Magna charta libertatum" von 1215, betrafen diese Freiheitsrechte weder alle Menschen noch den einzelnen Mitmenschen als solchen. Vielmehr sicherten sie einem bestimmten Stand, hier dem der englischen Krone zugeordneten Stand von weltlichen und geistlichen Feudalherren (die in der damaligen Gesellschaft nicht als einzelne Personen, sondern als Rollenträger anzusehen sind), bestimmte Rechte gegen Übergriffe des Königs. Ähnlich wie die alten germanischen Rechte, etwa die "Lex salica" aus dem 6. Jahrhundert oder der bedeutsamere "Sachsenspiegel" aus dem 13. Jahrhundert, gewährleisten sie Rechtssicherheit vor Gericht und Mitsprache nur für den eigenen Kreis von Stamm und Stand. Ähnliches gilt auch für die bei Völkern und Stämmen aller Zeiten in Spruchweisheiten, Lehrerzählungen oder Geboten festgehaltenen menschlichen Regelungen und Maximen.[29] Sie beziehen sich auf Volksgenossen, allenfalls auf akzeptierte Verbände, nicht aber auf den Fremden als den "Barbaren, Heiden oder Goi", der, wie die Bezeichnung andeutet, gar nicht voll als Mensch angesehen wird.[30]

Um von Menschenrechten im eigentlichen, wenn auch noch im weitesten Sinn überhaupt reden zu können, muß man an den Beginn der Neuzeit bzw. zu den spanischen Völkerrechts-Moralisten des 16. Jahrhunderts gehen. Letzteren, so war schon deutlich geworden, stellte sich mit der kolonialen Expansion die existentielle Frage, ob die nach spanischem Verständnis "nackten Wilden", die Indios Amerikas, überhaupt Menschen seien und welche sozialethischen Konsequenzen dies gegebenenfalls für den Umgang mit ihnen haben sollte.[31] Die Antwort darauf wurde damals in der Tradition der mittelalterlichen Scholastik und ihrer Naturrechtslehre gesucht. Danach hat das Völkerrecht und noch mehr das positive Recht im Wesen, in der "Natura", des Menschen zu wurzeln. Nur so ist es unlöslich mit ihm verknüpft und damit auch unbedingt gültig. Entsprechend kann es von keiner Autorität, auch nicht von einem "Allgemeinwillen" eines Volkes (J.J. Rousseau) relativiert werden. Es gilt vor jeder weiteren von Menschen gesetzten Ordnung. Diese "Wilden" waren aber offensichtlich Menschen, denn - so die Argumentation der Völkerrechtler - die Spanier zeugten ja mit den Indio-Frauen Kinder, sie hatten also eine gleiche menschliche "Natura" und somit auch Anspruch auf eine völkerrechtliche Gleichstellung. Obwohl, wie schon angedeutet, bald abgeschwächt und drei Jahre nach ihrem Erlaß sogar widerrufen, gelang es auf dieser Grundlage doch, 1542 in den sog. "Leyes Nuevas" auch den Indios den Status von "Subjekten der spanischen Krone" zuzuerkennen.[32]

Erst mit den geschilderten Überlegungen und den nachfolgenden Ausfaltungen des Völkerrechts durch Ethik-Philosophen des 17. Jahrhunderts (wie etwa Hugo Grotius [gest. 1645]) und Theologen kann von einer systematischen Aufarbeitung der Menschenrechtsidee geredet werden. Die kurzfristige Dauer der spanischen "Neuen Gesetze" zeigt aber gleichzeitig, wie wenig gesichert diese Idee gerade auch in der kirchlichen und theologischen öffentlichen Meinung noch war.

---

[29] Vgl. dazu die im Auftrag der UNESCO erstellte Übersicht von J. Hersch (Hrsg.), Le droit d'être un homme, Lausanne 1968.

[30] Die wohl einzige Ausnahme zu dieser sonst stets standesbezogenen Regel stellt der vor allem gegen Klerikalprivilegien gerichtete sog. "Pfaffenbrief" der Schweizerischen Eidgenossen von 1370 dar, der ausdrücklich "Pfarr oder Laie", "Edel oder Unedel" gleichbehandelt wissen will, der aber in seiner Wirkung auf diesen lokal begrenzten Staatenbund in den Alpen beschränkt blieb.

[31] Vgl. oben Abschnitt II.3. und V.3.2.

[32] Der konkrete Impuls dafür ging aus von B. las Casas (gest. 1566), dem aber für die theoretische Begründung die Ethiker F. de Vitoria (gest. 1546) sowie später G. Vázquez (gest. 1604), F. Suarez (gest. 1617) an die Seite zu stellen wären. Vgl. dazu J. Höffner, Kolonialismus und Evangelium, Trier ²1969.

An dieser Tatsache ändert auch die in Harmonie mit dem christlichen Glauben gewachsene Menschenrechtserklärung der Vereinigten Staaten Amerikas von 1776 noch wenig. Denn einmal handelt es sich bei jenen Christen um Mitglieder kirchlicher Gruppierungen, die sich im Konflikt mit der Staatskirche des Mutterlandes zur Auswanderung in die Neue Welt entschlossen hatten und so kaum Einfluß auf die bestimmenden europäischen Kirchen auszuüben vermochten. Da sie zudem dem protestantischen Umfeld entstammten, wurden sie innerhalb der katholischen Kirche kaum zur Kenntnis genommen. Bei dieser stand die Auseinandersetzung mit der von der amerikanischen Entwicklung allerdings beeinflußten Aufklärungsphilosophie und -ethik in Frankreich im Vordergrund, welche in einem scharfen Gegensatz zu den Interessen der Staatskirche standen. Gerade die Staatskirche verlor aber in jener Zeit als eine durch die Anlehnung an den Staat in ihren Privilegien gesicherte, den pastoralen Bedürfnissen der Gläubigen zumindest im hohen Klerus oft fernstehende Kirche an Ansehen und wurde in ihrer staatskirchlichen Intoleranz von vielen als Belastung empfunden. Die enorme Diskrepanz zwischen den aktuellen staatspolitischen Ideen für das gesellschaftliche Zusammenleben und ihren Idealen von Freiheit, Gleichheit und Brüderlichkeit einerseits und der politischen Wirklichkeit des "Ancien-Regime" andererseits trug so den Keim der revolutionären Explosion schon in sich, eine Revolution, von der dann auch die mit dem Staat so eng verbundene Kirche nicht unberührt bleiben konnte.

Für die Menschenrechte bedeutete dies, daß in Frankreich - anders als in den Vereinigten Staaten von Amerika, wo die Erklärung von 1776 weitgehend das Festschreiben einer in sich abgeschlossenen Entwicklung darstellte - deren Idee und Erklärung an sich schon ein revolutionäres Potential enthielt: Gegenüber einem trotz drohendem Staatsbankrott reformunfähigen Regime wird die politische Vergangenheit programmatisch angeklagt und verurteilt. Zugleich wird die Zukunft moralisch in Pflicht genommen, in welcher die genuin der christlich-abendländischen Tradition verpflichtete Idee sich im schroffen Gegensatz zu den Kirchen durchsetzen mußte. Dieser Gegensatz spitzte sich in Frankreich zu, als in Anbetracht der desolaten politischen Zustände 1788 die Generalstände einberufen wurden und die vorherige Zensur für Druckerzeugnisse praktisch dahinfiel. Eine breite, durch spitz-kritische Flugblätter und Broschüren kräftig geschürte öffentliche Diskussion über die staatlichen und kirchlichen Mißstände setzte ein, in der im Sinn des bürgerlichen "Dritten Standes" unter ausdrücklicher Berufung auf die fundamental jedem Menschen zustehenden Rechte Reformen, Freiheit und Sicherheit, aber auch die Unverletzlichkeit von Person und Eigentum polemisch eingefordert wurden. Zugleich wurden Steuergleichheit, Volkssouveränität und Pressefreiheit sowie bald auch Gewissens- und Religionsfreiheit verlangt.

Obwohl der niedere Klerus als Teil des Dritten Standes diese Forderungen zunächst unterstützte, war die Kirchenleitung als Ganzes, von wenigen Ausnahmen abgesehen, dieser Herausforderung in keiner Weise gewachsen.³³ In kleinlicher Sorge um eigene Stellung und Privilegien war sie der Auseinandersetzung mit der Philosophie der Aufklärung stets ausgewichen und hatte damit die säkulare Chance zur Mitgestaltung an einer menschlicheren modernen Gesellschaft vertan. Statt Aufarbeitung und kreative Mitarbeit "erschöpften sich ihre Beziehungen zur Entwicklung des Denkens in stereotypen und sterilen Protesten"³⁴. Es blieb bei der Abwehr vor allem mit den Mitteln machtmäßiger Repression, die unter dem Druck der Revolution von 1789 definitiv zum Scheitern verurteilt waren.

Wenn die Revolution von 1789 die bekannte antiklerikale und kirchenfeindliche Wende nahm, so erfolgte diese also keineswegs aus dem Nichts. Vielmehr hat sie in radikaler Weise auf Ideen zurückgegriffen, die zunächst von engagierten Christen um das Ansehen der Kirche als einer moralischen Instanz und um der Vermenschlichung der Gesellschaft willen lanciert worden waren, die aber in Anbetracht der etablierten Trägheit nicht zum Zuge kommen konnte.³⁵ In der verfassunggebenden Versammlung, welche die Menschenrechtserklärung vorbereitete und in welcher nach altem Recht der Klerus ein Drittel der Sitze einnahm, war zunächst keine Opposition gegen die Menschenrechte vorhanden. Das Bedürfnis nach Reformen war vielmehr so stark, daß auch der Klerus der Abschaffung des Feudalsystems und damit des für die kirchlichen Einkünfte bedeutsamen Zehnten zustimmte. Bedenken kamen erst auf, als der Einzug der Kirchengüter bzw. deren Versteigerung an Dritte beschlossen wurde und die Ordensgelübde als menschenrechtswidrig erklärt wurden. Hier ging es aber nicht mehr um Menschenrechte an sich, sondern um deren politische Verzweckung. Dies wurde noch deutlicher, als in der sog. Zivilkonstitution des Klerus von 1790 neben der Abschaffung der Stolgebühren und der Ablehnung der katholischen Kirche als Staatskirche auch eine Neueinteilung von Bistümern und Pfarreien eingeführt werden sollte und sich der Klerus zudem eidesstattlich auf diese Zivilkonstitution verpflichten lassen mußte.

Erst diesen nach altem gallikanischem Muster die Freiheit der Kirche zerstörenden Teil der Verfassung lehnten die Deputierten des Klerus ab (zwei Drittel verweigerten sogar den Eid). Die Verurteilung durch Papst Pius VI. war damit nur eine Frage der Zeit. Unglücklicherweise verband er diesen berechtigten Widerspruch mit einer strengen Verurteilung der Menschenrechte, "da ihre Prinzipien im Widerspruch zur katholischen Lehre über den Ursprung der Staatsgewalt, die Religionsfreiheit und die gesellschaftlichen Ungleichheiten stünden"³⁶. Zusammen mit der Erhebung der Ver-

---

[33] Die Aufhebung des die Religionsfreiheit der protestantischen Hugenotten (als Privileg, nicht als Recht) garantierenden Toleranzedikts von Nantes Heinrichs IV. von 1598 durch Ludwig XIV. im Jahr 1685 hatte die privilegierte Stellung der Kirche äußerlich zwar gefestigt, sie aber für Menschenrechtsideen noch zusätzlich unempfindlich gemacht.
[34] Vgl. R. Aubert, Die katholische Kirche und die Revolution, in: H. Jedin (Hrsg.), Handbuch der Kirchengeschichte, Bd. VI/1, Freiburg/Br. 1971, 4.
[35] Zu nennen wären hier der Bischof von Toulouse, Loménie de Brienne, aber auch der der Konstituante angehörende Bischof Henri Grégoire.
[36] Aubert, a.a.O., 52.

nunft zur Göttin der Revolution und vor allem mit der harten Verfolgung der eidesverweigernden Priester machte diese päpstliche Verurteilung den Bruch zwischen der Revolution und der Kirche perfekt. Leider versuchte dabei niemand, die von dem politischen Konflikt ja eigentlich unberührte Idee der Menschenrechte zu retten. Vielmehr wiederholte Papst Pius IX. in seinem "Syllabus errorum" von 1864 die Verurteilung in schärfster Weise und verbannte damit die Menschenrechtsdiskussion für fast 100 Jahre aus der theologisch-ethischen Diskussion.

Diese konnte erst wieder Platz greifen, als nach den Greueln des Zweiten Weltkrieges - diesmal auf der angelsächsisch-amerikanischen Tradition fußend - der Gedanke der Menschenrechte erneut aufgegriffen und zur künftigen Verhinderung solcher Exzesse an Unmenschlichkeit eine neuerliche Erklärung vorbereitet wurde, die dann 1948 als UNO-Charta in Kraft trat. Auf diesem Hintergrund und nach ersten wohlwollenden Äußerungen von Papst Pius XII. konnte schließlich im allgemeinen Aufbruch des II. Vatikanischen Konzils Papst Johannes XXIII. in seiner Enzyklika "Pacem in terris" von 1963 die Menschenrechte zu einer auch die Christen in Pflicht nehmenden ethischen Norm erklären und damit eine ethische Verkündigung der Kirche begründen, welche die Konzilsväter in ihrer Pastoralkonstitution von 1965, aber auch die ganze weitere päpstliche Lehrverkündigung von Paul VI. und Johannes Paul II. prägen sollte.

So mag vieles an dieser verzögerten Rezeption der grundlegend christlichen Idee der Menschenrechte historisch verständlich sein. Dennoch bleibt es eine Belastung, daß geschichtliche Ereignisse, an denen die Christen und ihre Kirchen ja alles andere als unschuldig sind, diesen Schritt zu größerer Menschlichkeit so lange aufzuhalten vermochten. Die Ursache für diesen Mangel an geistiger Beweglichkeit, die das, was das II. Vatikanische Konzil in seiner Konstitution "Dignitatis humanae" als eine Grundforderung des christlichen Glaubensverständnisses verkündigte, nämlich die Religionsfreiheit, als einen "Wahnwitz" bezeichnete und sie als eine "Freiheit, sich ins Verderben zu stürzen" ablehnte,[37] muß tiefer liegen. Ein wichtiger, wenn nicht gar der hauptsächliche Grund scheint darin zu liegen, daß die Kirchen mit der Glaubensspaltung im 16. Jahrhundert in ihrer inneren geistigen Kraft geschwächt waren und sich zu ihrem Überleben - die protestantischen Kirchen ausdrücklich, die katholische Kirche zumindest faktisch - an den Staat anlehnen mußten. Beschäftigt mit kontrovers-theologischen Problemen und einer Apologetik der eigenen Position, vermochten sie sich nicht mehr in die geistige Entwicklung einzuschalten und mit neuen Ideen stimulativ-kritisch, wie es ihre Aufgabe seit jeher gewesen wäre, auseinanderzu-

---

[37] Vgl. dazu die Verurteilung der Gewissensfreiheit in dem mit der Enzyklika "Quanta cura" von 1864 verbundenen "Syllabus errorum" (D 1689f), der dafür aus der Enzyklika "Mirari vos" Gregors XVI. von 1832 zitiert. Daß die Ablehnung des II. Vatikanischen Konzils durch den dissidenten Erzbischof M. Lefèbvre in dieser Anerkennung der Religionsfreiheit ihre Ursache hat, die er unter Berufung auf die Verurteilungen im 19. Jh. als einen gravierenden Bruch mit der gesamten Tradition der Kirche empfindet, zeigt, wie stark das hier angesprochene Problem nachwirkt.

setzen. Die falsche Abhängigkeit von der staatlichen Stütze, verbunden mit dem Bewußtsein, von der Gegenkonfession bedroht zu sein, führte so zu jener Stagnation, die eine solche Ablehnung (die übrigens in Verbindung mit den Fürstenhäusern in den protestantischen Kirchen nicht geringer war) zur Folge hatte. Die sozialethische Konsequenz aus dieser Erkenntnis müßte dann dahin gehen, daß eine Überwindung der kirchlichen Spaltung wie eine kritische Distanz zu den staatlichen Machtträgern unerläßliche Voraussetzungen sind, wenn christliche Glaubensüberzeugung prospektiv (d.h. im Sinn der eschatologischen Dynamik des Gottesreiches) gesellschaftsgestaltend wirksam werden soll. So gesehen könnte dann die für die abendländische Geistesgeschichte so bedenkliche Verzögerung der Rezeption der Menschenrechte auf Zukunft hin dennoch eine fruchtbare Wirkung zeitigen.

Grund zur Hoffnung für diese Einsicht liegt darin, daß dort, wo keine politisch-weltanschauliche Kontroverse im Weg stand, nämlich in der Ausarbeitung der sozialen Menschenrechte und damit der Bewältigung der sog. "sozialen Frage", die Kirchen bedeutend rascher zu reagieren vermochten[38] und heute in vielfältigen, vor allem befreiungstheologischen Ansätzen an der Spitze der Vermenschlichungsinitiativen in einer vor allem wirtschaftlich ungleichgewichtigen Weltgesellschaft mitarbeiten.

3.3 Übersicht der wichtigsten Inhalte

Im Anschluß an die Menschenrechtstradition der Philosophie der Aufklärung und der ersten Erklärung haben zunächst die Freiheitsrechte der menschlichen Person rasch eine weltweite Gültigkeit erhalten und bestimmen so auch problemlos den ersten Teil der UNO-Charta von 1948. Ebenso ist der zweite, den politischen Partizipationsrechten gewidmete Abschnitt ein fester Bestandteil dieser Erklärung, auch wenn er aus innerer Logik noch weiter auf die wirtschaftlichen Belange ausgedehnt werden muß. Ebenfalls eingebracht sind in die gerade auch für die christliche Sozialethik wegleitende Charta die sog. Sozialrechte. Anders als die bloßen Freiheitsrechte erfordern diese im Sinne aktiver Solidarität nicht nur das zulassende Freigeben seitens des Gemeinwesens, sondern ebenso dessen aktive Intervention, sei es in der Arbeitsmarktpolitik, in der Bildungs- oder Gesundheitspolitik usw. Was von sozialistischen Theorien gefordert und in gewerkschaftlicher Politik durchgesetzt wurde, was aber auch in vielen kirchlichen Verlautbarungen aufgegriffen wurde, hat hier eine rechtliche Festschreibung erfahren. Die neueren päpstlichen Enzykliken haben deshalb mit Recht vor allem diese Sozialrechte immer wieder neu in Erinnerung gerufen und sogar über die Forderungen der UNO-Charta hinaus für alle an Wirtschaftsprozessen Beteiligten oder von ihnen Betroffenen Mit-

---

[38] Vgl. oben Abschn. III.1.4-3.1.

bestimmung wie auch Beteiligung am erwirtschafteten Gewinn gefordert. Deutlicher als die UNO-Charta haben sie aber auch die dort nur knapp angedeuteten, im Gegenzug zu den einem zustehenden Rechten vom einzelnen geforderten Pflichten angemahnt.

Insofern spätere Zusätze, wie etwa das Recht der Kinder oder der geistig Behinderten, die UNO-Charta nutzbringend ergänzen, aber auch deren völkerrechtlicher Status in eigentlichen Staatsverträgen (wie z.B. in der europäischen Menschenrechtscharta) gefestigt zu werden vermochte, bietet diese Erklärung eine sozialethische Grundlage, die dynamisch auch auf mögliche Verbesserungen hin angelegt ist. Zudem werden nach dem Grundsatz des Subsidiaritätsprinzips die einzelne menschliche Person und kleinere Gruppierungen besonders durch die Freiheits- und Mitbestimmungsrechte geachtet, während das Solidaritätsprinzip in den das Gemeinwohl voranbringenden Sozialrechten zur Geltung kommt. Gerade damit setzen aber die modernen Menschenrechte die grundsätzlichen Leitlinien einer christlichen Gesellschaftslehre in eine konkrete gesellschaftliche Wirklichkeit um und stellen damit eine Basis für eine menschenwürdige Entfaltung der Einzelperson wie ihrer verschiedenen Gruppierungen in der größeren Gesellschaft dar.

Aus dieser Erkenntnis der Übereinstimmung im Grundsätzlichen wie auch aus den seitherigen theologischen Entwicklungen ergibt sich daher die christlich-sozialethische Verpflichtung, diese grundlegenden Normen der Menschlichkeit zu achten und ihrer konkreten Verwirklichung besonders wache Sorge zuzuwenden. Sie setzt damit nicht nur ihre beste Tradition, nämlich die hochscholastische Naturrechtslehre, aktuell und ideologiefrei fort, sondern bewahrt auch jene Wachheit für wirkliche Menschlichkeit, die in der Tradition des Wirkens der spanischen Völkerrechtler hinsichtlich der rechtlos den spanischen Konquistadoren ausgesetzten amerikanischen Indios steht. Zugleich liegt sie auf der Linie der gesamtkirchlichen Lehrverkündigung seit dem II. Vatikanischen Konzil, wie sie aus den päpstlichen Stellungnahmen und verschiedenen Dokumenten großer regionaler Bischofskonferenzen spricht. Sie alle bestätigen diese Linie deutlich und legen sie den Christen ans Herz.

Wie die Menschenrechtslisten seit jeher betonen, erfordert dies eine entsprechende demokratische Staatsform, in der über eine Gewaltentrennung die Machtkontrolle des Staates und seiner Behörden wirksam möglich ist. Dem Aufbau eines so organisierten Gemeinwesens muß daher auch unter widrigen Umständen und den damit gegebenen Gefährdungen die besondere Aufmerksamkeit des sozialethisch engagierten Christen gelten. Daß er dabei nur dann glaubwürdig sein kann, wenn er einen entsprechenden Aufbau auch für die eigene Kirche trotz mancher noch anstehender Schwierigkeiten und trotz weiter wirksamer Versuchungen zu einem ekklesiologischen Monophysitismus[39] einfordert, versteht sich dann von selber.

---

[39] Vgl. oben Abschn. VI.1.3.

So hilfreich aber für die Sozialethik die Feststellung und Auflistung solcher Menschenrechte als Standortbestimmung und Ausgangspunkt für den kritischen Umgang mit konkreten sozialethischen Weisungen ist, so kann die praktische Bewährung ihrer theoretischen Einsicht doch erst im gesellschaftlichen Anwendungsfeld selber erfolgen. Der eine christliche Sozialethik bestimmende Rahmen läßt sich für alle weiteren Überlegungen in folgende maßgebende Thesen zusammenfassen:

1. Der Mensch ist eine gemeinschaftsbezogene Person, und er hat die Möglichkeit und damit auch die Verpflichtung, diese Gemeinschaft menschenwürdig für alle zu gestalten.

2. Diese allgemein menschliche Sicht wird vom christlichen Selbstverständnis sowohl hinsichtlich der Personenwürde des Ebenbildes Gottes wie einer universellen Solidarität aller Menschen noch verstärkt, insofern es die Unbedingtheit des Gottesbezugs einbringt und unter den Anspruch des Liebesgebotes Christi stellt.

3. Als Grundkriterium dieser spannungsgeladenen Zuordnung von Individuum und Gemeinschaft erweist sich die Gerechtigkeit als jene Basis, welche auch von der Liebe im Sinne des Evangeliums vorausgesetzt ist.

4. Gerechtigkeit wird im gesellschaftlichen Rahmen verwirklicht, wenn das Gemeinwohl als Zielprinzip, die Personenwürde aber als deren Grundprinzip festgehalten wird. Deren wechselseitige Zuordnung erfolgt nach den heuristischen Kriterien von Solidarität und Subsidiarität, welche in etwa die Gesichtspunkte der legalen bzw. der distributiven Gerechtigkeit operationalisieren und so aus christlicher Sicht die Liebe als Achtung vor Fähigkeit und Bedürftigkeit der Mitmenschen (bzw. deren gruppenmäßigen Zusammenschlüsse) in einer pluriformen und universalen Solidarität zum Tragen bringen wollen.

5. Inhaltlich äußert sich diese Achtung der Personenwürde in der Anerkennung eines menschenrechtlichen Rahmens, d.h. in der Gewährleistung der Freiheits- und Partizipationsrechte wie auch in der Sicherung der sozialen Rechte der Menschen.

6. Innerhalb dieses Rahmens hat jede gesellschaftliche Gruppe in ihrer Organisation von Autorität und Macht ihre je eigene konkrete Gestalt zu finden, um sich an der Zielsetzung eines personalen Gemeinwohls stets neu und kritisch bemessen lassen zu können.

7. Erst aus und in diesen ethischen Rahmenbedingungen ergeben sich die sozialen Verpflichtungen für den einzelnen wie für die verschiedenen sozialen Gruppierungen unter- und zueinander, die schließlich in ihrer gegenseitigen Zuordnung und Vernetzung eine ethisch verantwortete Gesellschaftsgestaltung oder Politik ausmachen.

Wenn man unter solchen Voraussetzungen die Menschenrechte auch als "mittlere Prinzipien der Gerechtigkeit" (O. Höffe) bezeichnet hat und sie in der hochscholastischen Terminologie als sog. "sekundäres Naturrecht" analog zum Dekalog gegolten haben, so sind sie nicht nur als Konkretionen der distributiven Gerechtigkeit im Sinn des Gewährenlassens bezüglich der Freiheitsrechte wie des aktiven Einsatzes für die sozialen Rechte seitens des Gemeinwesens anzusehen. Vielmehr haben sie vor allem auch hinsichtlich der partizipativen Rechte (diesmal aus "legaler Gerechtigkeit") als ethischer Anspruch an den einzelnen bzw. als sittliche Pflicht zu sozialem Einsatz zu gelten. Zwar situativ und damit seltene Ausnahmen zulassend und langfristigen Veränderungen unterworfen, sind Menschenrechte folglich mittlere Prinzipien zur konkreten Vermittlung von Gerechtigkeit in Weltwirklichkeit, eine Vermittlung freilich, die sachbezogen nach weiteren Konkretionen ruft. Bevor diese abschließend wenigstens in Umrissen skizziert werden, muß aber noch geklärt werden, was in all diesem Bemühen um die systematische Grundlegung einer christlichen Sozialethik als Soziallehre der katholischen Kirche ihre spezifisch christliche Eigenheit ausmacht.

4. Die Frage nach dem spezifisch Christlichen

Wenn man zum Schluß dieser Überlegungen zu den normativen Grundlagen einer christlichen Sozialethik die Frage stellt, worin denn das spezifisch Christliche dieses Ansatzes liege, dann wird man zwar ohne Zweifel das Anliegen der Menschlichkeit als ein der biblischen Botschaft durchaus entsprechendes Moment hervorheben können. Auch wird die Verknüpfung der mitmenschlichen Gerechtigkeit mit der dem Menschen zugesagten Heilsgerechtigkeit Gottes als deren eigentlicher Ermöglichungsgrund sich als das christliche Anliegen schlechthin erweisen. Aber gerade dieses Anliegen muß sich in einer pluralistischen Gesellschaft zu seiner Außenlegitimierung in besonderer Weise um seine philosophische, also allgemein menschlich einsichtige, rationale Begründung bemühen. Dennoch bleibt die Frage, ob sich das genuin Christliche dieses Ansatzes darin auch schon erschöpft.

Rein material-inhaltlich wird man diese Frage wohl bejahen müssen. Schon bei den mittelalterlichen scholastischen Ethikern stammte das systematische Instrumentarium weitgehend aus der Erkenntnis antiker Philosophen, und auch heute deckt es sich mit demjenigen einer soliden metaethischen Methodologie.[40] Wo man darüber hinaus eindeutig christliche Originalität am Werk sieht, wie etwa hinsichtlich der besonderen Sorge dem irgendwie Benachteiligten gegenüber, sind solche Ideen und die daraus entstandenen

---

[40] Vgl. dazu die für die theologische Ethik hinsichtlich einer sauberen Methodologie grundlegenden Werke B. Schüller, Die Begründung sittlicher Urteile, Düsseldorf ²1980; ders., Pluralismus in der Ethik. Zum Stil wissenschaftlicher Kontroversen, Münster 1988, sowie als Übersicht H. Juros, T. Styczen, Methodologische Ansätze ethischen Denkens und ihre Folge für die theologische Ethik, in: ThBer 4 (1974) 89-108.

sozialen Institutionen, z.B. Krankenhäuser, Rehabilitationszentren, aber auch Schulen und Bildungsinstitutionen usw., in sich so selbständig und als humane Institutionen einsichtig, daß sie auch außerhalb des christlichen Glaubenskontextes wenigstens grundsätzlich kopierbar (so etwa in manchen Institutionen der reformhinduistischen Rahma-Krishna-Bewegung des 19. Jahrhunderts) und vor allem auch im Sozialstaat säkularisierbar sind.
Stellt man dagegen die Frage nicht nach dem inhaltlichen "Was", sondern nach dem "Wie" des Umgangs mit diesen Prinzipien, so zeigen sich bald typisch christliche Momente, wie z.B. der schon früher genannte nüchterne Realismus hinsichtlich der Gefahr einer Korruption der grundsätzlichen Gerechtigkeitsverpflichtung durch einen oft latenten und gerade so sehr wirksamen Egoismus einzelner oder bestimmter Gruppen. Eine besonders kritische Aufmerksamkeit auf solche Verkrümmungen bei gleichzeitiger Wachsamkeit für mögliche Verbesserungen des Gerechtigkeitszustandes müßte daher den sozialen Einsatz der Christen auszeichnen.
Neben diesem genuinen, kritisch-stimulativen Beitrag des christlichen Glaubens zu den gesellschaftsethischen Belangen ist es aber vor allem das trotz mancher Rückschläge, Gefährdungen und Anfeindungen immer wieder festzustellende geduldige Ausharren (griech. "hypomonè") im Dienst an der Gerechtigkeit, welches christliches Engagement im Sinn einer echten Kreuzesnachfolge auszeichnet. Daneben vermittelt das präsentisch-eschatologische Verständnis der Weltgeschichte als Heilsgeschichte eine Dynamik, die nicht nur auf einen steten Fortschritt an Menschlichkeit hin angelegt ist, sondern auch keinen bestehend gegebenen Zustand als den endgültigen, nun von Kritik ausgeschlossenen anzunehmen bereit ist. Dabei geht es um eine Haltung, die dem im sozial-gesellschaftlichen Bereich engagierten Christen alle politisch verfestigten Machtpositionen verdächtig macht, insbesondere dort, wo sie totalitären Charakter angenommen haben. Oft genug hat das Ausharren in einer solch kritischen Position Christen in die Situation des Martyriums, also des Blutzeugnisses für ihren Glauben gebracht. Dies trifft zu für die christlich-römischen Legionäre, die zwar des Kaisers treue Soldaten waren, aber die Kaiseropfer und damit den absoluten Machtanspruch des vergöttlichten Kaisers über ihr Gewissen ablehnten. Es trifft nicht weniger zu für jene Christen, die in Anbetracht ihrer Forderungen für soziale Gerechtigkeit sogar von sich christlich nennenden Machthabern um dieses ethischen Zeugnisses willen umgebracht werden.
Umgekehrt aber gibt diese Haltung dem Christen auch eine grundsätzliche Offenheit gegenüber allem, was mitmenschlicher Gerechtigkeit förderlich sein könnte. Er ist wirklich dazu bestimmt, im Sinn der paulinischen Mahnung, alles zu prüfen und das Gute zu behalten (1 Thess 5,21), neuen Möglichkeiten und einer gesunden Vielfalt unter den Menschen offen, wenn auch nicht unkritisch gegenüberzutreten. Auch wenn gerade diese Offenheit trotz ihres breiten biblischen Fundaments von einer ängstlichen, um Einheitlichkeit statt um Einheit besorgten Christenheit oft genug blockiert worden ist, so ist doch gerade dieses Moment typisch für ein glaubensstar-

kes Sozialengagement, das dann selbst eigene kulturelle Werte nicht absolut setzt, dafür aber die Entfaltung der Eigenwerte des anderen (auch von Minderheiten oder Fremden) ernst zu nehmen bereit ist und daraus eine Bereicherung des Ganzen zu erwarten vermag.

All dies ist im Sinn der neutestamentlichen Bilder vom "Salz der Erde" oder vom "Sauerteig", den die Christen unter den Menschen zu sein hätten, nicht einfach verborgen. Spuren davon lassen sich bei genauerem Betrachten der Kirchengeschichte durchaus feststellen. Dennoch sind sie eindeutig als christliche nicht nachweisbar. Gerade im sozialethischen Bereich steht das christliche Wirken daher im Zeichen der "Kenosis", der Entäußerung. Es prägt unterschwellig, aber in seinem letzten tragenden Motivationsgrund ist es innerweltlich so wenig ausweisbar, wie sich Jesus von Nazareth selber als Christus und menschgewordener Gottessohn beweisbar ausgewiesen hat. Jesu Christi Großtaten der Mitmenschlichkeit geschehen meist unscheinbar, vor allem aber sind sie Zeichen und Appell zur Umkehr wie Einladung zum Glauben, nicht aber zwingender Beweis. Der Menschlichkeit zerstörende Egoismus, d.h. die Sünde, wurde in ihm überwunden, weil er sich erniedrigte und Mensch wurde bis zum Tod, ja bis zum Tod am Kreuz (Phil 2,6-8). Christliches soziales Handeln, das aus dieser Nachfolge hervorgeht, wird daher nicht triumphal als Welterfolg markiert werden können, sondern im Unscheinbaren das Große wirken.[41]

Damit ist die im sozialethischen Gerechtigkeitsbegriff schlummernde vermenschlichende und personalisierende Dynamik, die ihre Wurzeln letztlich in der auf die eschatologische Erfüllung hin angelegten Heils- oder Gerechtigkeitszusage Gottes an den Menschen hat, das Element, das all diese Normen und Leitprinzipien christlich von innen her prägt. Es entsprechend den epochal je anderen sozialen Problemen stimulativ wie kritisch in die Wirklichkeit umzusetzen, ist daher die Aufgabe des Christen, zu welcher ihm die Reflexion der Sozialethik eine Hilfestellung bringen soll. So verschieden diese konkreten Probleme dann auch sein mögen, ob es das Verhältnis des entlaufenen Sklaven Onesimus zu seinem Herrn Philemon im Urchristentum betrifft, die Errichtung von Pfandleihanstalten oder Sparkassen gegen den Zinswucher im 15. oder im 19. Jahrhundert oder gar die Friedensfragen und die ökologischen Probleme um die Bewahrung der Schöpfung an der Schwelle zum dritten Jahrtausend: Sie ändern nichts am Grundsätzlichen der Stoßrichtung. Die Umsetzungsstrategien sind dabei je neu und anders problembezogen zu wählen.

---

41 Vgl. Näheres dazu F. Furger, Kenosis oder das Christliche einer christlichen Ethik, in: K. Demmer, B. Schüller (Hrsg.), Christlich glauben und handeln. F.S. Fuchs, Düsseldorf 1977, 96-101.

Weiterführende Literatur

F. Furger, Weltgestaltung aus Glauben, Münster 1989
O. Höffe, Politische Gerechtigkeit, Frankfurt ²1987
J. Höffner, Christliche Gesellschaftslehre, Kevelaer ⁸1983
F. Küber, Grundriß der katholischen Gesellschaftslehre, Osnabrück 1971
O. von Nell-Breuning, Gerechtigkeit und Freiheit. Grundzüge katholischer Soziallehre, Wien ²1985
ders., Soziallehre der Kirche, Wien 1977
J. Rawls, Eine Theorie der Gerechtigkeit, Frankfurt 1975
E. Welby, Herders Sozialkatechismus, Freiburg ²1952-58

VII. Die menschenrechtliche Gestaltung heutiger Gesellschaft

Es wurde bereits aufgezeigt, wie Information, Verkehr, Handel und Wirtschaft zunehmend sonst starre politische Grenzen durchdringen und sich die moderne Gesellschaft immer mehr zu einer globalvernetzten Gesellschaft entwickelt. Trotz dieser Realitäten sind aber die darauf ausgerichteten institutionellen Strukturen noch wenig ausgebildet. Insbesondere in Konfliktfällen erweisen sie sich kaum als stark genug, um sich als ordnende Kraft durchzusetzen. So bleiben denn entgegen dem eigentlichen Zeittrend die traditionellen Staaten noch immer weitgehend als souveräne Sozialgebilde die bestimmenden Strukturelemente der Gesellschaft, welche die Gestaltung der öffentlichen Angelegenheiten, die Politik, übernehmen. Deshalb tut auch eine christliche Sozialethik trotz des ihr eigentlich entsprechenden Universalismus gut daran, sich vordringlich mit der staatlichen Gesellschaftsgestaltung zu befassen, wobei sie freilich die globalisierende Tendenz als zukunftsträchtige Friedensdynamik nie aus dem Auge verlieren sollte.

1. Der demokratische Aufbau

1.1 Die menschenrechtliche Grundlage

Als Kriterium für eine ethisch verpflichtende Politik darf nicht nur deren reibungslose Funktionalität gelten bzw. ihre Ausrichtung an einem pragmatischen Utilitarismus. Vielmehr muß sie den Zielsetzungen von Menschlichkeit und Gerechtigkeit genügen, denen im heutigen Selbstverständnis des Menschen gerade auch im Licht einer christlichen Sozialethik allein eine menschenrechtlich garantierte, demokratische Ordnung entsprechen kann. Dies will jedem Menschen gleicherweise die Möglichkeit der Mitbestimmung oder Teilhabe (Partizipation) in einem aktiven und passiven, periodisch wahrzunehmenden, allgemeinen, gleichen und freien Wahlrecht erschließen. Ferner will sie in einer sozialen Ordnung dessen Rechte und Freiheiten gewährleisten, aber auch die Pflichten des einzelnen der Gemeinschaft gegenüber betonen.[1] Allerdings ist diese heute als dem Menschen wesentlich erklärte demokratische Ordnung alles andere als selbstverständlich. Der platonischen Staatsphilosophie galt sie sogar als die unmittelbare Vorstufe zur Tyrannis und damit als denkbar schlechte Staatsform. Dieses Urteil hinderte nicht nur Thomas von Aquin, das Wort "demo-

---

[1] Vgl. dazu die Art. 21 bzw. 28 und 29 der UNO-Menschenrechtscharta von 1948; für die Rezeption der Menschenrechte in der christlichen Ethik vgl. oben Abschn. II.3 und VI.3.

cratia" für die von ihm vorgeschlagene, wenigstens von einem Teil der Bürger partizipativ mitgetragene Staatsform zu gebrauchen,[2] sondern trug auch dazu bei, daß teilweise bis heute mit dem Wort "Demokratisierung" ein Abgleiten in den Opportunismus bloßer Mehrheitsentscheide verstanden und befürchtet wird. Entsprechend wichtig ist daher die ethische Begründung der sittlichen Forderung nach demokratischem Staatsaufbau.

Tatsächlich wurde die Art und Weise, wie die öffentlichen Angelegenheiten durch staatliche Autorität im Sinn des Gemeinwohls zu regeln seien, im Verlauf der Geschichte sehr verschieden erklärt. So verstand etwa das sog. Gottesgnadentum des Absolutismus zu Beginn der Neuzeit (17./18. Jahrhundert) diese Autorität als allein von Gott kommend. Daher wurde sie dem Herrscher besonders sinnfällig in quasi-sakramentalen Königssalbungen in der Kirche auch öffentlich übertragen. In klarem Gegensatz dazu wurde staatliche Autorität dann in der Aufklärung, vor allem von J.J. Rousseau (gest. 1778), als allein vom Volk ausgehende "Volonté générale" begriffen, die keiner anderen Norm auch nur irgendwie verpflichtet ist. Zwischen diesen extremen Meinungen liegen ferner die vor allem von der katholischen Staatslehre vertretenen Mischformen, nämlich die sog. Designationstheorie, nach welcher die Träger der Autorität zwar vom Volk bestimmt oder wenigstens implizit sanktioniert sind, die Autorität selber aber direkt von Gott dem Regierenden übertragen wird, sowie die etwas demokratiefreundlichere Delegationstheorie. Auch hier wurzelt jede weltliche Macht in Gott, dem Schöpfer. Aber innerweltlich ist ihr eigentlicher Träger das Staatsvolk, welches sie dem Herrschenden überträgt.[3] Einmal delegiert, ist sie jedoch - von Ausnahmen bei extremem Mißbrauch, wofür die Absetzung des Herrschenden, u.U. sogar über den "Tyrannenmord", erwogen wird - nicht revozierbar, so daß in der Praxis wenig Unterschied zwischen den beiden Theorien besteht.[4]

Eine Ausnahme davon bilden nur die im Zusammenhang mit den Menschenrechten schon mehrfach erwähnten spanischen Völkerrechtsmoralisten des 16./17. Jahrhunderts. Ihrer Ansicht nach liegt die Gewalt des Staates nicht nur ursprünglich, sondern auch unveräußerlich beim Staatsvolk. Dieses kann sich ihrer gar nicht entäußern, sondern nur Funktionäre bestellen und mit der Ausübung der Staatsgewalt betrauen. Es bleibt aber immer nicht nur berechtigt, sondern sogar verpflichtet, von dieser seiner

---

[2] Für die dem Fürsten in seiner staatlichen Aufgabe der Sicherung von Einheit, Ordnung und Frieden "ergänzenden aristokratischen (Rat der Weisen) und demokratischen (gewählte Volksvertreter) Einrichtungen zur Vermeidung der Tyrannei" braucht er daher das Kunstwort "politia". Vgl. nach Thomas' Schrift "De regimine principum", in: R. Bruch, KStL, Innsbruck ²1980, 3035f.

[3] Vgl. dazu in knapper Zusammenfassung O. von Nell-Breuning, Gerechtigkeit und Freiheit, Wien ²1985, 69-71.

[4] Dem Weiterwirken dieses Verständnisses dürften wenigstens zum Teil die Reserven mancher Katholiken (besonders auch zahlreicher Adliger unter ihnen - man denke etwa an F. v. Papens [gest. 1969] Präsidialkabinett) gegenüber der demokratisch verfaßten Weimarer Republik zuzuschreiben zu sein. Leider hat dies bei deren Ungenügen aber eher zu einer Stärkung autoritärer statt zur Verbesserung der demokratischen Strukturen rufen lassen.

159

unveräußerlichen Gewalt Gebrauch zu machen, um nicht nur die "Regenten" auszuwechseln, sondern auch die Staatsform zu ändern, wenn sich dies als notwendig erweist, um zu gewährleisten, daß der Staat imstande ist, seine Aufgabe zu erfüllen.[5] Auf dieser Tradition aufbauend, haben im 20. Jahrhundert bedeutende Vertreter der Katholischen Soziallehre wie etwa J. Messner oder O. von Nell-Breuning die demokratische Staatsform als die dem christlichen Bild vom gemeinschaftsbezogenen Menschen am besten entsprechende dargestellt. Diese Sicht hat mittlerweile auch in die offiziellen Lehrdokumente der Kirche Eingang gefunden.

Insofern menschliche Gemeinschaften sich stets aus gottebenbildlichen Individuen mit personaler Würde zusammensetzen und deren Gemeinwohl zum Ziel haben, sind diese als Personen auch die Träger all jener Organisationen, die zur Erreichung dieses Ziels nötig sind. Staatliche Strukturen sind davon in keiner Weise ausgenommen. Träger der Autorität im Staat sind somit die zum Staatsvolk vereinten Menschen, wobei für die Ausübung dieser Autorität die angemessenen (d.h. unter diesen Voraussetzungen stets irgendwie demokratisch strukturierten) konkreten Formen je neu gefunden werden müssen. Dagegen droht jede Theorie, welche menschliche Staatsautorität direkt von Gott herleitet, in eine Ideologie abzugleiten, welche die stets in menschlicher Hinfälligkeit ausgeübte Staatsautorität der notwendigen Kontrolle entzieht und sie als vermeintlich gottgewollte, konkret aber stets menschliche gesellschaftliche Autorität in einem falschen Verständnis von staatlicher Hoheit absolut zu setzen beginnt.[6]

All diese Überlegungen bedingen jedoch noch nicht notwendigerweise die in der Menschenrechtscharta der UNO von 1948 vorgesehenen demokratischen Formen. Eine Legitimation staatlicher Autorität kann prinzipiell auch durch eine faktische Anerkennung eines monarchischen Herrschers erfolgen. Umgekehrt bleiben allgemeine Wahlen gelegentlich - etwa bei einer weitgehend aus Analphabeten bestehenden Bevölkerung - als authentischer Ausdruck des Volkswillens problematisch, ganz abgesehen davon, daß auch eine "One man - one vote"-Theorie Gerechtigkeit nur annähernd zu gewährleisten vermag.[7] Demokratie als Staatsorganisation stellt somit stets nur einen optimierenden Näherungswert an eine vollständig gerechte Gesellschaftsordnung dar. Ebensowenig vermag sie diese als solche mit Sicherheit zu garantieren. Dennoch bietet sie unter allen in der Geschichte entwickelten Staatsformen offenbar die größte Chance, die auf der staatlichen Gemeinschaft als ganzer ruhende Autorität wirksam und kontrolliert zur Geltung zu bringen.

---

[5] O.v. Nell-Breuning, a.a.O., 71; sachlich ähnlich argumentiert aber auch der protestantische Herborner Rechtsgelehrte J. Althusius (gest. 1638). Vgl. dazu E. Rebstein, Johannes Althusius als Fortsetzer der Schule von Salamanca, Karlsruhe 1955.

[6] Hier kann eine christliche Sozialethik der von R. Guardini vertretenen Sicht von staatlicher Hoheit kaum folgen. Vgl. Briefe zur Selbstbildung (1930), Mainz [13]1985, 153: "Der tiefste Sinn des Staates ist nicht, zu nützen, sondern Hoheit zu sein."

[7] So etwa, wenn ein für eine Familie mit Kindern verantwortliches Ehepaar gleichviel Stimmkraft besitzt wie zwei ledige Erwachsene.

Lange geschichtliche Erfahrung hat diese Einsicht immer neu bestätigt. So wird sie zu Recht als die dem Menschen zumindest auf dem heutigen Kulturstand der abendländischen Welt am besten entsprechende angesehen und als Zielsetzung für jede Organisation menschlicher Gemeinschaft unter Betonung der entsprechend nötigen Kontrollinstanzen auch als ethische Forderung herausgestellt werden können. Diese Einsicht wurde aber nicht aus einem stringenten Schluß, sondern aus der Erfahrung im Vergleich mit den ethischen Zielsetzungen induktiv gefunden. Daher muß betont werden, daß eine derartige Staatsform nur unter der Bedingung und im Rahmen der Beachtung der menschenrechtlichen Voraussetzungen ihre Gültigkeit hat. Auch demokratische Staatsformen bedürfen deshalb der Machtkontrolle.

1.2 Machtkontrolle durch Gewaltentrennung

Die wohl bedeutsamste und in der Geschichte meist mit dem Demokratiegedanken direkt verknüpfte derartige Kontrollmöglichkeit im Blick auf Gerechtigkeit und Menschlichkeit ist die Idee der sog. Gewaltentrennung. Sachlich entstand sie in der langen Auseinandersetzung zwischen Krone und Adel in England, die seit der "Magna Charta" von 1215, vor allem aber mit der von Wilhelm III. von Oranien anerkannten "Bill of Rights" von 1689 langsam zu einer faktischen Unterscheidung der Gewalten nach Ständen geführt hatte. Indem die königliche Machtausübung durch das Parlament und seine Gesetze beschränkt wurde und die Gerichte sich Unabhängigkeit von der Krone zu sichern wußten, entstand eine faktische Dreiteilung der Staatsmacht. Deren Instanzen unterteilten sich in die ausführende oder exekutive Gewalt des Herrschers, die gesetzgeberische oder legislative des Parlaments und die richterliche oder judikative Gewalt, welche sich gegenseitig kontrollierten und über die Rückbindung des Parlaments in die breitere Bevölkerung auch demokratische Legitimation erhielten. Diese faktische Entwicklung, die sich in den amerikanischen Kolonien noch akzentuiert hatte,[8] faßte der Franzose Ch. de Montesquieu (gest. 1755) in seinem Werk "Vom Geist der Gesetze" zu einer eigentlichen Theorie zusammen. Scharfsinnig hatte er nämlich erkannt, daß durch eine solche Verteilung von Kompetenzen gegenseitige Kontrolle möglich und dem Mißbrauch wie der Ideologisierung von Macht vorgebeugt wird, dem Gemeinwohl aber bestmöglich gedient werden kann.[9]
Obwohl Demokratie ohne eigentliche Gewaltentrennung und Gewaltentrennung ohne Demokratie rein theoretisch denkbar sind, so lehrt doch die

---

[8] Man denke an das bis heute oft informell, aber sehr feingliedrig und sehr wirksam staatliche Macht kontrollierende System von "check and balance" zwischen Präsident, Kammern und Gerichten in den USA.
[9] Dem originellen Werk Montesquieus von 1748 an die Seite gestellt zu werden verdient auch die sich ebenfalls amerikanischer Demokratie-Erfahrung verdankende zweiteilige Studie des Franzose C.A.H.C. de Tocqueville (gest. 1859) mit dem Titel: De la démocratie en Amérique von 1835/40.

Erfahrung der Geschichte, daß erst ihre Kombination eine hinsichtlich Gerechtigkeit und Menschlichkeit wirklich kontrollierte Machtausübung in einem Gemeinwesen sicherzustellen vermag. Dies führt dann sozialethisch zu einem zweiten praktischen Urteil, nämlich daß eine Staatsautorität nach den Prinzipien von Demokratie *und* Gewaltentrennung aufgebaut sein sollte. Allerdings wird in dieser aus der europäischen Aufklärung stammenden Idee der Gewaltentrennung oft zu wenig beachtet, daß sie nur die direkt politischen Gewalten in ihre Überlegungen einbezieht und vor allem folgende drei, ein Gemeinwesen ebenfalls wesentlich und heute wohl zunehmend prägende Faktoren nicht weiter reflektiert: die die öffentliche Meinung prägenden Medien, die wirtschaftlichen Einflußmöglichkeiten sowie die direkten staatlichen Gewaltträger von Polizei und Armee.
Gerade diese Machtpotentiale, insbesondere wo sie monopolartigen Charakter haben, bedürfen jedoch einer eigenen und besonderen Kontrolle durch andere politische Gewalten. Diese haben dafür zu sorgen, daß auch solche "Mächte" im Rahmen der gesetzlich geregelten und demokratisch kontrollierten menschenrechtlichen Ordnung bleiben und nicht allein (und zumeist auf Kosten des Gemeinwohls) ihre Macht ausüben. Pressegesetze mit fairem Recht auf Gegendarstellung, strikte Unterstellung von Polizei und Militär unter die zivile Gewalt sowie Öffentlichkeitspflicht über Geschäftsgang und Bilanzen, ein Monopolstellungen beschränkendes Kartellrecht und vor allem eine von den anderen politischen "Gewalten" unabhängige Notenbank sind Mittel, um der Zielsetzung der traditionellen Gewaltentrennung auch in den komplexen modernen Gesellschaften Rechnung tragen zu können. Dies gilt um so mehr, als im wirtschaftlichen, aber auch zunehmend im Medienbereich eine die Staaten übergreifende internationale Vernetzung zunimmt und die Machtpotentiale der einzelnen Träger sich entsprechend vergrößern. Wenn daher seit der Enzyklika "Mater et Magistra" Johannes' XXIII. von 1961 in den päpstlichen Dokumenten zunehmend "Partizipation", also Teilnahme an Entscheidungsprozessen durch alle von diesen Entscheidungen Betroffenen gefordert wird, so ist dies gerade im genannten wirtschaftlichen Umfeld als eine für die christliche Sozialethik besonders dringliche Forderung zu beachten. Dies bedeutet freilich weder eine unternehmerische Entscheidungsfindung auf basisdemokratischer Ebene durch Vollversammlungen aller in einem Betrieb Arbeitenden noch eine Delegation des Mitentscheidungsrechtes an gewerkschaftliche Vertreter der Interessenverbände, welche die Folgelasten der Entscheidungen nie am eigenen Leib zu spüren bekommen. Vom Ungenügen solcher Modelle aber auf die Undurchführbarkeit einer partizipativen Ordnung im wirtschaftlichen Bereich schließen zu wollen, ist nicht nur kurzschlüssig, sondern zeugt auch von wenig innovativer Kraft der Führungskräfte in der Wirtschaft, die gerade als Christen neben dem organisatorischen und produktiven Bereich auch die menschlichen Belange nie außer acht lassen dürften. Vielmehr gilt es, die im politischen Bereich bewährten und vielfältigen Formen echter Demokratisierung auch auf andere Lebens-

bereiche und hier vor allem auch auf die Belange der Wirtschaft und Unternehmensführung sinnvoll auszudenken. Angepaßt an die jeweiligen kulturellen und geschichtlichen Umstände, hat hier eine konkrete Sozialethik im Bereich der Wirtschaft, aber auch in anderen sozialen Subsystemen wie den Kirchen, dem Gesundheits- oder Bildungssystem usw. noch große Aufgaben vor sich.

1.3 Menschenrechte und Verfassung

Wenn die Menschenrechtscharta an einer demokratischen Organisation als von der menschlichen Würde gefordert festhält und diese sich außerdem nur unter der Voraussetzung einer sorgfältigen Gewaltentrennung als wirksam kontrollierbar erweist, sind einer den einzelnen wie kleinere Untergruppen überspielenden Machtkonzentration in der Gesellschaft schon erhebliche Grenzen gesetzt. Solche Grenzziehungen, die sich aus der gesellschaftlichen und geschichtlichen Erfahrung als für die Wahrung des Gemeinwohls nützlich, ja notwendig erweisen, werden eben dadurch auch als solche zur sittlichen Forderung. Noch grundlegender aber als diese funktional-institutionellen Bedingungen sind jene, die von der Würde der menschlichen Person her der Gemeinschaft und ihren Organen direkt gesetzt sind und daher als persönliche Menschenrechte von vornherein, also vor jeder staatlichen Festlegung in Verfassung und Gesetz Geltung beanspruchen können: Rechtsschutz vor Gericht, Glaubens- und Gewissensfreiheit, Anspruch auf freie Meinungsäußerung wie auf den Zusammenschluß in freien Vereinigungen gehören als Freiheitsrechte dazu, während die sozialen Ansprüche auf Existenzsicherung, Bildung, Gesundheit, Arbeit und Freizeit als materielle Voraussetzungen für die Wahrnehmung der personalen Rechte ebenfalls festzuhalten sind und von seiten des Gemeinwesens nicht nur die Gewährung, sondern auch die Bereitstellung von entsprechenden Infrastrukturen erfordern. Unter dem grundlegenden Prinzip des Gemeinwohls sind damit dem staatlichen Gemeinwesen Zielsetzung und Rahmen für seine Verfassung wie für die weitere Gesetzgebung vorgegeben. Diese haben rechtswirksame Kraft nur dann, wenn sie der Gewährleistung und Förderung des vorgegebenen menschlichen Rahmens dienlich sind. Andernfalls verlieren sie ihre moralische und damit letztlich auch ihre rechtlich verbindliche Kraft.
Vom christlich-ethischen Glaubensverständnis her müssen diese Gesichtspunkte besonders kritisch im Bewußtsein gehalten werden, weil gerade der Christ darum wissen müßte, wie rasch sich die Staatsmacht bzw. deren Träger und Funktionäre in der noch unvollkommenen Welt von ihrem Grund, d.h. dem von allen getragenen Gemeinwohl, lösen können und sich eigennützig als sakralisierten Selbstzweck hochzustilisieren vermögen. Nur allzu leicht wird dann der einzelne einer vermeintlichen Staatsräson geopfert, der Mensch als Ebenbild Gottes also verzweckt. Die bis ins 19. Jahrhundert

auch unter Christen übliche Sklaverei oder Leibeigenschaft, die teilweise jedem gerechten Prozeßablauf widersprechende Praxis der Inquisition, das Gottesgnadentum absolutistischer Herrscher in der beginnenden Neuzeit, aber auch die Totalitarismen in kommunistischen Parteien wie in faschistischen Militärdiktaturen zeigen, wie hochaktuell eine kritische Sozialethik aus christlicher Motivation nach innen und nach außen hinsichtlich solcher Versuchungen "gelegen oder ungelegen" (2 Tim 4,2) immer neu zu sein hat. "Achtung der Menschenrechte als ein Teil der Verherrlichung Gottes" (K.T. v. Guttenberg) verlangt daher, daß die Menschenrechte die Ordnung des Staates, vor allem aber auch dessen Verfassung bestimmen, und zwar nicht nur dem Wortlaut nach, sondern in ihrer prägenden Wirkung. Christliche Sozialethik muß dazu beitragen, daß die Menschenrechte sozialwirksames Grundrecht des Staates sind und jeder rechtspositivistischen Anmaßung staatlicher Rechtssetzung von vornherein entgegengetreten wird. Daß diese Aufgabe dann nicht nur den einzelnen Christen als Bürger und Politiker, sondern ebenso sehr die kirchliche Gemeinschaft bzw. deren Amtsträger in Pflicht nimmt, versteht sich von selbst.

In der Anerkennung und Förderung der Menschenrechte liegt daher - wie die neueren päpstlichen Dokumente immer wieder herausstellen - eine erste und wesentliche Aufgabe jeder politischen Ethik. Dennoch kann sie sich in der konkreten Lebenswirklichkeit nicht auf den kritischen Rückverweis auf diese Rahmenordnung bzw. auf die entsprechende Bewußtseinsbildung beschränken. Es gehört nicht weniger zu einer wachen politischen Verantwortlichkeit, sich um Mittel und Wege zu kümmern, wie demokratische und menschliche Staatsordnungen konkret aufgebaut und in steter Selbstkontrolle verwirklicht werden können. Mitwirkung an der staatlichen wie der wirtschaftlichen Ordnungspolitik als einer situativen Umsetzung der menschenrechtlich verfassungsmäßigen Ordnung in die konkreten alltäglichen Belange eignet somit einem christlich-sozialethisch gebildeten gesellschaftlichen Verantwortungsbewußtsein zu. Offenheit für Verbesserungen in der Wahrung und Förderung von Menschenwürde und Mitmenschlichkeit sowie die Initiative zu entsprechenden Veränderungen gehören nicht weniger dazu.

1.4 Dezentrale Organisation

Obwohl mit dieser Forderung nach einer dem menschenrechtlichen Rahmen angemessenen Ordnungspolitik deren konkrete Organisationsformen noch nicht festgelegt sind, scheint ein straff zentralistischer Aufbau des Gemeinwesens trotz all seiner scheinbaren Rationalität den Grundprinzipien von Solidarität und Subsidiarität der Katholischen Soziallehre nicht angemessen. Nicht nur fördert ein solches zentralistisches Organisationsmodell die Konzentration stattlicher Macht an einer Stelle, die dann auch entsprechend schwieriger zu kontrollieren ist. Es behindert auch in nicht unerheblichem Maß die eigenständige Entfaltung der einzelnen geschichtlich und kulturell unterschiedlichen Gruppierungen in einem Gemeinwesen und verunmöglicht es kleineren Minderheiten oft sogar, ihre Eigenständigkeit und Identität zu bewahren. Sosehr übergeordnete gemeinsame Aufgaben auch nach zentralen Regelungen rufen, die die heutigen Staatsgrenzen übersteigen können,[10] sosehr hat doch eine solche weltweite Solidarität immer zugleich auch das Subsidiaritätsprinzip zu beachten. D.h., es gilt in der notwendigen Vereinheitlichung den kleineren Gruppierungen ein größtmögliches Maß an Eigenständigkeit zuzugestehen.

In diesem Sinn kann eine apriorische Option für eine rational-zentralistische Organisation nicht auf der Linie einer Katholischen Soziallehre liegen. Vielmehr wird sie unter Berücksichtigung verschiedener, geschichtlich gewachsener Ordnungsvorstellungen nach einer Gesellschaft in möglichst föderalistischen Formen zu suchen haben. Zwar weiß eine christliche Soziallehre nicht von vornherein, welches die je beste Lösung sein könnte, noch läßt sich diese aus den menschenrechtlichen Prinzipien als solchen einfach ableiten. An konkreten Lösungsfindungen jedoch so mitzuarbeiten, daß die Eigenständigkeit und bereichernde Vielfalt von Untergruppierungen bestmöglich zum Tragen kommt, Minderheiten in ihrer Identität geschützt werden und vor allem die irgendwie Schwächeren und Benachteiligten zu ihrem Recht kommen, gehört in jedem Fall zu den Aufgaben der Christen als Glieder ihrer Kirche wie als politisch verantwortliche Bürger in der weltlichen Gesellschaft. Kritisch als "Stimme der Stummen", aber auch stimulativ als eine der technologischen Vereinheitlichung entgegenwirkende Förderung bereichernder Vielfalt ist christliche Sozialethik gemäß ihren Prinzipien von Personal- und Gemeinwohl wie auch von Subsidiarität und Solidarität in einer die Machtkonzentrationen kontrollierenden gesellschaftlichen Gestaltung des Gemeinwesens engagiert. Entsprechend ihrem Menschenbild des gottebenbildlichen und in Gemeinschaft sich verwirklichenden Menschen und den sich daraus ergebenden grundlegenden Prinzipien muß sie in einem interdisziplinären Dialog den menschenrechtlichen Rahmen als unerläßliche Vorbedingung für Gesellschaftsgestaltung immer neu einbringen, betonen und beharrlich an seiner Durchsetzung mitarbeiten.

---

[10] Man denke etwa an Sicherheitsnormen im internationalen Flugverkehr, an ökologische Regelungen, ohne die bei der generell grenzüberschreitenden Umweltbelastung deren Schutz unmöglich wird, an Vorschriften für Produktstandards, ohne die wirtschaftliche Zusammenarbeit meist zu Lasten der schwächeren Partner erschwert würde usw.

2. Das Geflecht sozialer Subsysteme

2.1 Die Bedeutung von Subsystemen in der Gesellschaft

Bei den sozialen Gruppierungen und Elementen, die im folgenden zur Sprache kommen sollen, handelt es sich nicht um die vorher erwähnten formellen Strukturen und Institutionen, welche über Behörden und Verwaltung die gesellschaftliche Macht im staatlichen Gemeinwesen im Sinne des Gemeinwohls aufbauen und ordnen sollen. Vielmehr geht es hier um den inneren Aufbau der Gesellschaft in einem konkreten Gemeinwesen, also um gesellschaftliche Subsysteme, welche zusammen die Infrastruktur einer funktionierenden demokratischen Gesellschaft ausmachen und die in soziologischer Terminologie als "informelle Organisationen" bezeichnet werden. Neben den natürlichen Gruppierungen von Familien und Sippen, aber auch von Dorfgemeinschaften oder von Regionen, die vor allem in den vorindustriellen Gesellschaften ein Gemeinwesen prägten, sind es heute in der komplexen Industriegesellschaft vor allem sog. "sekundäre" Gruppierungen, denen eine strukturierende Funktion zufällt, die aber ihrerseits in ihrem eigenen Aufbau wieder soziale Strukturierungen aufweisen. Die auf die Kleinfamilie reduzierte Primärgruppe bildet zwar nach wie vor die Zelle einer Gesellschaft, die man sich als Ort des Heranwachsens und der Integration des einzelnen in die Gesellschaft wie umgekehrt als Hort der Geborgenheit und der individuellen Privatsphäre sichern möchte. Direkt gesellschaftsstrukturierend aber vermag sie kaum mehr zu wirken. Das zunehmende Verschwinden von eigentlichen Familienbetrieben und -unternehmungen in der Wirtschaft dürfte dafür ein typisches Symptom darstellen.

Gesellschaftsprägend sind vielmehr organisierte Subsysteme, unter denen vor allem die folgenden herausragen. Es sind erstens die Träger der öffentlichen Meinungsbildung in den Print- wie in den elektronischen Medien (Rundfunk und Fernsehen), die zusammengenommen eine eigene soziale Institution darstellen. Es sind zweitens nach wie vor die politischen Parteien, die als geschichtlich gewachsene auf bestimmten Interessen, aber auch auf bestimmten staatspolitischen Leitvorstellungen als (im neutralen Sinn) ideologischer Basis aufbauen. Dazu gehören aber auch die direkten, vor allem wirtschaftlichen oder regional bedingten Interessenverbände wie die Gewerkschaften, Unternehmervereinigungen, Heimatverbände u.ä. Schließlich gehören auch die Kirchen als (soziologisch gesehen) "religiöse Interessenverbände oder weltanschauliche Zusammenschlüsse" zu den eine Gesellschaft auf der informellen Ebene prägenden Subsystemen. Fünftens sind die privaten Vereine mit ihren äußerst vielfältigen Zielsetzungen Teil dieser soziologisch prägenden Infrastruktur, die es im Sinn des Subsidiaritätsprinzips um einer möglichst vielfältigen echten Menschlichkeit willen sozialethisch zu erhalten und zu fördern gilt. Da es wesentlich von der inneren Ausrichtung und Zielsetzung dieser Subsysteme abhängt, inwieweit eine staatlich organisierte Gesellschaft als Ganze die Würde des Menschen achten und wahren kann, hängt die Sittlichkeit eines Gemeinwesens als solches wesentlich von der Sittlichkeit dieser Subsysteme ab. Entsprechend bedeutsam ist dann auch die sozialethische Auseinandersetzung mit ihnen.

2.2 Die Träger der Meinungsbildung

Das Recht auf freie Meinungsäußerung wird als ein personales Freiheitsrecht seit Beginn der Menschenrechtsbewegung genannt und findet sich als Artikel 19 auch in der UNO-Charta von 1948. Dieses individuelle Personalrecht hat neben seiner Funktion der Sicherung von zur individuellen Entfaltung nötigen freien Ausdrucksmöglichkeiten zugleich eine eminent soziale Funktion. Denn einmal ist eine allgemeine politische Meinungsbildung im demokratischen Sinn nur dann möglich, wenn jeder seine Meinung wie seine Interessenlage offen und ohne Nachteile in Kauf nehmen zu müssen äußern kann. Eine solche Meinungsbildung ist nur dort möglich, wo Sachinformationen in ausreichender Weise offen angeboten werden, wodurch die Meinungsäußerung und Information in Konsequenz einer ethisch bejahten Demokratie zur Pflicht werden. Denn wo immer es gelingt, wesentliche Informationen der Öffentlichkeit faktisch oder gar prinzipiell vorzuenthalten, entsteht ein unkontrolliertes Machtpotential, das statt freiem Austausch von Meinung die Meinungsmanipulation begünstigt. Daher haben die Medien in der Demokratie stets auch eine wichtige politische Kontrollfunktion auszuüben. Entsprechend gilt es ethisch einen freien Meinungs- und Kommunikationsaustausch zu sichern, der nur durch das Gemeinwohl (etwa hinsichtlich des Informationsrechtes von Beamten oder Schweigepflicht von Vertrauenspersonen) gewisse Begrenzungen erfahren darf. Ferner ist eine Informationspflicht immer dort zu postulieren, wo das Gemeinwohl von einem entsprechenden Sachverhalt wesentlich berührt wird. Das Recht auf Privatsphäre beispielsweise, das die UNO-Menschenrechtscharta mit ihrem Artikel 12 schützt, erhält damit dort eine sozialethische Grenze, wo das allgemeine Interesse berührt wird. Wenn unter dem Druck von Neugier und dem Geschäft mit Sensationslust gewisse Begrenzungen verständlich und nötig sind, so ist etwa im wirtschaftlichen Bereich eine Geheimhaltung des Geschäftsganges unter Hinweis auf private Eigentumsrechte dann nicht mehr berechtigt, wenn eine Gemeinde oder Region so von einzelnen Unternehmen abhängt, daß ihr Wohlergehen zu einem wesentlichen Teil vom Geschäftsgang dieser Betriebe bestimmt wird. Diese bedeutende soziale Funktion des Informationswesens setzt in den modernen Gesellschaften aber auch eine technische Infrastruktur voraus, die in ihrer Komplexität vom Gemeinwesen her nach einer wohl nur gesetzlich zu sichernden Ordnung ruft, damit nicht kommerzielle Interessen oder Monopolisierungen den Informationsfluß erneut unterbinden.

Entsprechend ist diese Kommunikationsstruktur als ein für die demokratische Staatsform wesentliches Subsystem aufzubauen und zu schützen, gerade weil es dauernd in Gefahr steht, von Machtträgern in Politik, Wirtschaft oder Kirche als Träger einer als störend empfundenen Kritik mundtot gemacht oder vereinnahmt zu werden. Während gegen die Unterdrückung der freien Meinungsäußerung seitens des Staates die Gewährleistung einer wirklichen Pressefreiheit ohne willkürliche Sanktionen ausreicht, ist die Vereinnahmung wesentlich schwieriger abzuwenden, ja oft sogar nicht einmal leicht festzustellen. Finanzieller Druck (z.B. über Werbebudgets), Monopolisierung durch Aufkauf oder Zusammenschluß u.ä. lassen sich oft erst spät ausmachen. Meinungssteuernde "Voraussetzungen" für eine interne berufliche Karriere, welche die Meinungsfreiheit von Mitarbeitern vor allem großer Medien mit wenig Alternativen hemmen, sind sogar kaum je nachweisbar. Um so wichtiger ist die sorgfältige Sicherung einer "vielfältigen Medienlandschaft", die allein gegenseitige Kontrolle ermöglicht.

Dies bedingt aber auch seitens des Gemeinwesens die Schaffung von unabhängigen Kontrollstellen, die vor allem auch bei Monopolmedien ein Gegendarstellungsrecht gesetzlich durchsetzten können. Wo allgemeine Interessen berührt werden, gilt es schließlich, eine entsprechende Informationspflicht durchzusetzen. Die Sicherung einer freien und kritischen Information ist aber nicht nur sozialethische Pflicht des Gemeinwesens als solches, sie betrifft stets auch den einzelnen Bürger, für den eine möglichst umfassende Information ebenfalls zur ethischen Pflicht wird, obwohl diese kaum je auf dem billigsten und bequemsten Weg zu haben ist. Ebenso verlangt sie von ihm die Bereitschaft, Kritik an sich selber bzw. an dem Subsystem, zu welchem er sich zählt, zuzulassen und anzunehmen. Weil die befreiende Botschaft des Evangeliums aus innerer Konsequenz jede Unterdrückung, Verfälschung und Manipulation von Information als Beschränkung der freien Persönlichkeit des Menschen ablehnen muß, hat dem Christen die Bewahrung der freien Meinungsäußerung in der Gesellschaft allgemein wie in der Kirche selber (und da trotz aller Mängel im Verlauf der Kirchengeschichte) ein besonderes Anliegen zu sein.

Verstärkte sozialethische Aufmerksamkeit ist in diesem Zusammenhang aber auch allen Versuchen gezielter Manipulation gegenüber gefordert, wie sie in der Konsumwerbung wie in der politischen Propaganda im Schatten der gesicherten Meinungsfreiheit immer wieder auftauchen. Zwar ist nicht jede Werbung und schon gar nicht jede Reklame als Anzeichen und Anpreis einer Ware auch schon Manipulation. Es ist aber offensichtlich, daß über sozialwissenschaftlich genaue Markt- und Bedürfnisanalysen nicht nur echte, sondern auch unterschwellige Bedürfnisse erhoben werden, um dann über eine suggerierte Scheinbefriedigung dieser Bedürfnisse den Verkauf eines Produkts bzw. die politische Unterstützung durch den einzelnen zu erlangen. Das Geschäft mit dem Bedürfnis nach Sicherheit oder Erfolg, aber auch das Geschäft mit der Angst gehören zu den Schattenseiten der heutigen Informationsgesellschaft, denen zudem über gesetzliche Maßnahmen kaum etwas entgegenzusetzen ist. Berufsethische Richtlinien im Werbegeschäft[11] sowie die gegenseitige Kontrolle durch Konkurrenz mögen einige Exzesse vermeiden helfen und sind daher sozialethisch zu fördern. Vor allem aber ist es die wache Bewußtseinsbildung und die entsprechende Aufmerksamkeit der Bürger selber, die den Einfluß manipulativer Versuche wenn nicht völlig verhindern, so doch mäßigen können. Die Bildung eines solchen medienkritischen Gewissens gehört daher ebenfalls zur sozialethischen Aufgabe des einzelnen wie vor allem auch aller pädagogischen Bildungsinstitutionen. Denn ohne ein solches Bewußtsein werden die eigentlich zur Bewahrung von demokratischer Freiheit und damit zur Sicherung der Menschenrechte gedachten Medien allzu leicht zu besonders subtilen Mitteln von Unterdrückung und Entmenschlichung.

2.3 Die politischen Parteien

Politische Parteien sind Vereinigungen, deren Mitglieder und Anhänger einen gemeinsamen Einfluß auf die Staatsgestaltung und die staatliche Willensbildung erstreben. Unter einem gemeinsamen Teilziel als "pars" (= Teil) des Ganzen wollen sie am Gesamtziel, dem Gemeinwohl, mitwirken. So definiert gehören Parteien zu jedem Gemeinwesen, das nicht totalitär die Meinungsvielfalt unterdrückt. Sie erhalten ihre eigentliche Bedeutung aber erst in der plebiszitären Demokratie, in welcher sie sich vor allem bei Wahlen, aber auch bei Sachabstimmungen als Meinungsbrücke zwischen Individuum und Gesamtheit erweisen, Einzelmeinungen und -interessen bündeln und so politisch wirksam werden lassen. Ihre Bedeutung mißt sich dementsprechend daran, inwiefern sie der Sicherung des Staatsziels, also dem Gemeinwohl dienen. Ihre konkrete Auffassung von Gemeinwohl, die für sie darin besonders interessanten Gesichtspunkte wie auch das dahinterstehende gemeinsame "Weltbild" hat sie zusammengeführt, und diese Sicht wollen sie politisch zur Geltung bringen.

Solche "Weltbilder" entstammen bei traditionellen Parteien meist aus einer bestimmten Interessenkonstellation, die seinerzeit ihr Entstehen bedingt hat. So hat sich etwa das landlose, sonst aber einflußreiche Bürgertum unter einem liberalen Weltbild zu einer Partei formiert, die diesem politische Bedeutung und weitere wirtschaftliche Entfaltung sichern sollte. Damit trat das Bürgertum notwendigerweise in Konkurrenz zu den traditionell etablierten Ständen der freien Bauern wie des Adels, die sich entsprechend in konservativen Gruppierungen zusammenfanden. Die in dieser Auseinandersetzung durchgesetzte wirtschaftliche Freiheit des Bürgertums brachte die Industrialisierung voran und bot landlosen und verarmten Menschen so zwar Arbeit, setzte diese aber zugleich der Ausbeutung des Unternehmers

---

[11] Vgl. dazu die von verantwortungsbewußten Agenturen der Produktewerbung 1955 erlassenen, aber leider wenig bekannten "Internationalen Verhaltensregeln für die Werbepraxis".

aus und ließ sie zum "Proletariat" degenerieren. Die damit gegebene Mißachtung der menschlichen Würde des Arbeiters und seiner elementaren Bedürfnisse führte zu Zusammenschlüssen in Arbeiterparteien und Gewerkschaften, jetzt mit dem Ziel, die menschlichen Bedürfnisse und Rechte der Arbeiter politisch durchzusetzen. Aber auch neu auftretende Interessen (wie etwa heute der Umweltschutz), regionale Bedürfnisse oder der Schutz und die Sicherung eines religiös-kirchlichen Glaubenslebens haben berechtigterweise und oft durch die Initiative dynamischer Einzelpersönlichkeiten zu neuen Parteigründungen geführt.[12] Unter der Voraussetzung der Anerkennung des Gemeinwohls und der politisch akzeptierten Spielregeln, die allerdings geschichtlich sehr verschieden sein können, ist solchen Gruppierungen keine Grenze gesetzt. Ja, hinsichtlich eines in den geschichtlichen Veränderungen dynamischen Gemeinwohls sind solche Gründungen im Interessengeflecht des Ganzen sogar wünschenswert, während Einparteiensysteme aller Regel nach sogar bei besten sozialen Absichten längerfristig zu totalitären Strukturen führen. Die Förderung von Parteien (bis hin zur finanziellen Unterstützung als eine Art Abgeltung der ordnungspolitisch erbrachten Leistungen) durch das Gemeinwesen als solches ist daher sozialethisch sinnvoll, vorausgesetzt, daß diese Maßnahmen neuen Gruppierungen nicht faktisch den Zugang zur politischen Mitgestaltung versperren.

Im Rahmen der Menschenrechte und der von diesen bestimmten Verfassung garantiert das Kräftespiel der verschiedenen Meinungen und die sich daraus ergebende gegenseitige Kontrolle zwischen den jeweils regierenden Gruppierungen und denen der Opposition die wohl bestmögliche Berücksichtigung aller in einem Gemeinwesen vorhandenen Interessen. Entgegen einer "idealistischen" (also auch platonischen Vorstellungen realitätsfernen und damit falschen) Staatsauffassung ist nämlich nicht die prästabilisierte Harmonie, die es unter verschiedenen Menschen mit verschiedensten Interessen stabil ohnehin nie geben wird, das Leitbild für das staatliche Gemeinwesen, sondern die faire Auseinandersetzung und die gegenseitige Kontrolle, durch welche bestehende Konflikte in Beachtung der Spielregeln und im Blick auf für alle tragbare Kompromisse ausgetragen werden.

Insofern das christliche Selbstverständnis die volle Harmonie erst in der Erfüllung des Reiches Gottes am Ende der Zeiten erwartet und damit innerweltlich das in Jesus Christus freilich schon angebrochene Gottesreich noch unter den von Sünde belasteten Strukturen verwirklichen muß, ist ihm eine solche politische Meinungsbildung und Entscheidungsfindung über faire Auseinandersetzungen durchaus angemessen. Gegenmeinung und Opposition sind damit keinesfalls eine nur zu duldende Störung, sondern die in der Jetztzeit eben noch nötige Kontrolle gegen die latente Versuchung zu Egoismus und Privilegien, d.h. zur Sünde. Sie erfüllen eine unverzichtbare

---

[12] Typisch für solche Konstellationen ist die Gründung katholischer Parteien im Gefolge des Kulturkampfes im 19. Jahrhundert, aber auch das Entstehen der ökologisch ausgerichteten "Grünen" in der zweiten Hälfte des 20. Jahrhunderts. Regionalen Interessen verpflichtet war bis in die 1970er Jahre etwa die "Deutsche Bayernpartei" oder die die kulturelle Identität einer Minderheit verteidigende "Südtiroler Volkspartei".

Funktion in der Wahrung der gerechten Mitte in jedem Gemeinwesen, während vorschnelle Harmonisierungen aller Regel nach nur die Stellung der Stärkeren festigen. Daß in einem so verstandenen politischen Kräftespiel dann auch ausdrücklich "christliche Parteien" als Vertreter der spezifischen Interessen der christlichen Bürger und ihrer kirchlichen Gruppierungen durchaus ihre Berechtigung haben, versteht sich dann ebenso wie die Feststellung, daß sie für die Vertretung der christlichen Ideale von Menschlichkeit und Gerechtigkeit keinesfalls ein Monopol beanspruchen dürfen. Da aber auch die Kirchen selber noch nicht in der eschatologischen Fülle stehen bzw. in dieser Welt und Zeit gesellschaftlich verfaßt sind, gelten diese sozialethischen Überlegungen zur Findung fairer Kompromisse unter den innerkirchlichen verschiedenen Gruppierungen auch für Leben und Organisation der Kirchen selber.

In Anbetracht der Bedeutung der Parteien für die Sicherstellung einer menschenrechtlich-demokratischen Staatsordnung stellt sich schließlich noch die Frage, ob es für den einzelnen dann nicht zur sittlichen Pflicht werden kann, sich als Bürger zugleich als Mitglied oder wenigstens als Anhänger einer Partei zu erklären. Obwohl die sozialethisch geforderte Mitarbeit des einzelnen an der Gesellschaftsgestaltung gezielt und realistisch meist nur über eine Parteizugehörigkeit zu verwirklichen ist, scheint eine solche Forderung dennoch übertrieben. Denn Parteiprogramme sind selber als Kompromisse entstanden, und mehr noch ist die jeweilige konkrete Politik davon geprägt. So würde es eine unberechtigte Beschränkung der Meinungsfreiheit darstellen, wenn von jedem Menschen eine Identifizierung mit einer bestimmten Partei verlangt würde. Eine aktive kritische Distanz zum Parteienwesen kann somit durchaus ebenfalls eine berechtigte politische Stellungnahme darstellen, sofern sie nicht ein Deckmantel für die Bequemlichkeit ist, sich um die oft mühsame politische Gestaltungsarbeit zu drücken bzw. sie anderen zu überlassen. Wer so handelte, würde die Machtkonzentration bei einzelnen fördern und so erneut eine menschenrechtlich-demokratisch geprägte Organisation des Gemeinwesens gefährden.

2.4 Die Interessenverbände

Ähnlich wie Parteien, aber anstelle eines allgemeinen politischen Gestaltungsinteresses unter bewußter Vertretung der Einzelinteressen ihrer Mitglieder stehen die sog. Interessenverbände wie etwa Gewerkschaften, Gewerbeverbände, Handels- und Industrievereine, Bauernverbände, Jugendverbände usw. im Kräftespiel der Politik. Da sie politisch wirksamen Einfluß ausüben, ihre Macht aber nicht der direkten politischen Kontrolle durch öffentliche Wahlen ausgesetzt ist, muß von ihnen eigens die Rede sein. Im Vordergrund stehen dabei die wirtschaftlichen Interessenverbände, welche einerseits ihre partikularen Interessen gegenüber der staatlichen

Gesellschaft vertreten, andererseits aber auch gegenläufige Interessen im vorstaatlichen Bereich ausgleichen können, wie dies etwa für Tarif- bzw. Gesamtarbeitsverträge unter Arbeitgebern und Arbeitnehmern als Sozialpartner zutrifft. Sozialethisch sind beide Bereiche gleicherweise bedeutsam.[13]

Gegenüber dem Staat vertreten die Verbände jene partikularen Interessen, in deren Umfeld sich das Gesamtwohl zu Lasten einer Gruppe auswirken kann und entsprechend ein sekundärer Ausgleich nötig wird.[14] Insofern in solchen Fällen Interessenverbände im Gegenzug die Anliegen einer u.U. leicht vergessenen Gruppe zur Sprache bringen und deren berechtigte Berücksichtigung durchsetzen helfen, sind sie ein unentbehrliches Korrektiv politischer Planung im Sinne des Gemeinwohls. Entsprechend ist es sozialethisches Postulat, die Gründung und Existenz solcher Interessenverbände zuzulassen und verfassungsmäßig zu sichern. Ihre Anhörung in der Gestaltung der Politik und in der Vorbereitung konkreter Gesetzgebungen ermöglicht zudem eine rechtzeitige und fachgerechte Berücksichtigung der Bedürfnisse und Interessen der verschiedenen Gruppierungen und verhindert dadurch rechtzeitig unnötige Konflikte und Auseinandersetzungen.

Sosehr daher solche Interessenverbände ein wichtiges Korrektiv im Sinne des Gemeinwohls darstellen und so unerläßlich solche Zusammenschlüsse zum Schutz der Interessen der Schwächeren auch sind,[15] sowenig darf man übersehen, daß auch sie nicht vor der Versuchung zum Gruppenegoismus auf Kosten des Gemeinwohls gefeit sind. Denn ähnlich wie in der Auseinandersetzung unter den politischen Parteien ist auch hier nicht die totale Harmonie, sondern die faire Regelung der Interessenkonflikte über Auseinandersetzung und Verhandlung das Ziel. Ohne die Möglichkeit solcher Konfrontation würden Benachteiligungen im Verborgenen wachsen und sich dann leicht zu einem für das Gemeinwesen bedrohlichen Unzufriedenheitspotential verdichten. Die Geschichte lehrt, wie leicht aus solchen Verdichtungen von Unzufriedenheit Revolutionen mit einer dem Gemeinwohl abträglichen, ja zerstörerischen Kraft entstehen können. Weil Interessenverbände solchen Entwicklungen vorbeugen, sind sie im Sinne des Gemeinwohls in der modernen komplexen Gesellschaft sozialethisch unerläßlich.

Dennoch darf auch diese Bejahung berechtigter Interessenwahrnehmung nicht außer acht lassen, daß mächtige Interessenverbände sich u.U. einen

---

[13] Vgl. zum Ganzen die gerade in ihrer kritischen Stellungnahme beachtenswerten Überlegungen von E. Nawroth, Interessenverbände und Gemeinwohl: Entwicklung und Subsidiarität, Melle 1986, 143-154.

[14] Man denke etwa daran, wie die Erhaltung günstiger Lebensmittelpreise für die Gesamtbevölkerung durch Importe aus klimatisch günstigeren Regionen dem örtlichen und zur Erhaltung einer ökologisch gesunden Landschaft unerläßlichen Bauernstand ungerechte Lasten aufbürden kann.

[15] Die Forderung nach dem berechtigten Zusammenschluß der Industriearbeiter zur Wahrnehmung ihrer Interessen, die Papst Leo XIII. 1891 in "Rerum novarum" als der ersten Sozialenzyklika der Kirche erhoben hat, zeigt deutlich, wie sehr dieses Anliegen seit je zum Grundbestand Katholischer Soziallehre gehört.

Einfluß sichern können, der es ihnen direkt oder indirekt erlaubt, die gesamte Politik als Gesellschaftsgestaltung zu ihren Gunsten zu verfälschen, ohne demokratischen Kontrollmechanismen analog den Parteien ausgesetzt zu sein. Die Mittel dazu können von Interessenverfilzungen über brutale Lobbies bis zur Bestechung oder Erpressung reichen. In all diesen Fällen wird aber nicht mehr in fairer Weise eigenes Interesse wahrgenommen und zur Diskussion gestellt, sondern eine Machtposition skrupellos ausgenutzt. Am Gemeinwesen ist es, solchen Eskalationen durch Kontrolle der inneren Demokratie der Interessenverbände wie auch durch entsprechende Gesetzgebung vorzubeugen. Nur darf die Gefahr zu solchen Mißbräuchen nicht dazu führen, in einem romantischen Harmonieverständnis von Gesellschaft diese Interessenverbände aufzuheben. Allenfalls unter der Schiedsaufsicht staatlicher Instanzen geht es darum, daß die Vertreter der verschiedenen Interessengruppierungen unter sich, also nach dem Subsidiaritätsprinzip nach fairem Ausgleich suchen. Die Sozialpartnerschaft im wirtschaftlichen Bereich, wie sie sich in sog. "sozialen Marktwirtschaften" in der zweiten Hälfte des 20. Jahrhunderts herauskristallisierte, ist ein eindrückliches Beispiel dafür, wie möglichst unter Vermeidung von Kampfmaßnahmen (Streik und Aussperrung) der Interessenausgleich weitgehend zu sichern ist.

Was sich aber bei diesem besonders brennenden Interessengegensatz der neuzeitlichen Industriegesellschaften so deutlich zum Vorteil des Gemeinwohls bewährt hat, könnte auf anderen Sektoren des menschlichen Zusammenlebens ebenfalls hilfreich sein. Zu denken ist etwa an die ja ebenfalls nicht konfliktfreie Dreiecksbeziehung zwischen Produzenten, Verteilern und Konsumenten, die dank der Einflußnahme von Verbrauchervereinigungen ohne direkte Intervention der staatlichen Autoritäten schon faire Lösungen von Interessengegensätzen zeitigte. Statt einen staatlichen Machtzuwachs zu fördern bzw. den Einfluß der Verwaltung zu vermehren, wird so die Rolle der öffentlichen Hand im Ausgleich von Interessenkonflikten eingeschränkt und im Sinne des Subsidiaritätsprinzips auf die Festlegung allgemeiner Rahmenrichtlinien bzw. auf eine minimale schiedsrichterliche Garantenstellung reduziert. Aus diesem Grund sind Interessenverbände gerade da, wo sie ohne staatliche Intervention aus freier Vereinbarung Interessengegensätze auszugleichen vermögen, eine sozialethisch bedeutsame und daher zu fördernde gesellschaftliche Institution. Sie würden aber diese sozialethische Gutheißung dann einbüßen, wenn sie die mit ihrer Rolle verbundene Machtposition ohne Rücksicht auf das Gemeinwohl selbstherrlich ausnutzen und in neuerlichem Gruppenegoismus der Gerechtigkeit, also dem Gemeinwohl entgegenzuwirken beginnen.[16]

---

16 Dies trifft etwa dann zu, wenn eine Gewerkschaft ihre wirtschaftliche Schlüsselstellung rücksichtslos zur Durchsetzung der Interessen ihres Berufsstandes, also auf Kosten des Gemeinwohls durchsetzt. Vgl. dazu die Ende der 1970er Jahre in England erfolgten Pressionen der Bergbaugewerkschaft, die eben dadurch den Rückhalt in der Bevölkerung und so ihren politischen Einfluß einbüßte.

2.5 Die Kirchen

Unbeschadet ihrer religiösen Zielsetzungen erscheinen im allgemeingesellschaftlichen Rahmen auch die Kirchen als ein eigenes Subsystem. Vom christlichen Inkarnationsverständnis her, nach welchem Kirche sich als "mystischer Leib Christi" (Kol 1,24) in dieser Zeit und Welt im geschichtlichen Reich Gottes verwirklicht und ausdrückt, umschreibt diese Sicht zwar in keiner Weise die Fülle ihrer heilsgeschichtlichen Bedeutung. Innergesellschaftlich ist sie aber durchaus angemessen. Das Schlagwort C. Montalemberts (gest. 1870) von der "freien Kirche im freien Staat" dürfte dann in der heutigen pluralistischen Gesellschaft das gegenseitige Verhältnis von Kirche und Staat als eine Art "religiöser Interessenverband" zum Gemeinwesen zutreffend umschreiben. Zwar ist diese Sicht aus der Geschichte weder selbstverständlich noch in ihrem Inhalt völlig klar. Sicher aber schließt sie die aus der Tradition bekannte und keineswegs bloß auf das Christentum beschränkte enge Verbindung von Staat und Religion aus, welche nach dem Vorbild der antiken Großreiche eine einheitliche Staatsreligion forderte. Ebensowenig steht jedoch hinter diesem Schlagwort eine völlige Trennung von Kirche und Staat, nach welcher diese auf den Status eines privaten Vereins reduziert würde. Vielmehr geht es, analog zum Verhältnis anderer Subsysteme zum staatlichen Gemeinwesen, um eine eigene Form von Beziehung und Aufgabenwahrnehmung. "Freie Kirche im freien Staat" meint weder Identifikation, was die Freiheit beider gefährden würde, noch Trennung, welche eine fruchtbare Ergänzung ausschließt, letztlich zum Schaden des Gemeinwohls und der Kirchen.

Wenn daher in der katholischen Kirche das kirchliche Lehramt vor allem seit dem II. Vatikanischen Konzil seitens des Staates zwar die Beachtung der menschenrechtlichen Garantie der Religionsfreiheit anmahnt, sich aber, anders als in früheren Jahrhunderten, keine Machtkontrolle über den Staat mehr anmaßt, ja nicht einmal mehr von einem "katholischen Staat" redet, in welchem die Kirche in den sie interessierenden Belangen die Gesetzgebung direkt mitbestimmen könnte, so zeigt dies, daß die Kirche nach ihrem eigenen Selbstverständnis keine politische Sonderstellung beansprucht. Durch den genuinen Vollzug ihres Glaubenslebens mißt sie sich jedoch eine eigene Bedeutung in der Gestaltung des Gemeinwesens zu. Natürlich erschöpft sich christlicher Glaubensvollzug in keiner Weise in dieser politischen Rolle; auch ist diese weder das Wichtigste noch das Eigentliche, was Kirche ausmacht. Dennoch ist ihre gesellschaftliche Bedeutung und damit ihre Stellung im staatlichen Gemeinwesen derart Teil ihres Heilsauftrags, daß die Vernachlässigung der Sorge um das Gemeinwohl in Staat und Gesellschaft einem Verrat an ihrem eigentlichen Heilsauftrag gleichkäme. Der Anspruch der Nächstenliebe und die damit verbundene besondere Beachtung der Schwachen und Benachteiligten verlangt vielmehr geradezu die Auseinandersetzung mit sozialen Strukturen.

Diesbezüglich steht Kirche grundsätzlich und wesentlich in Beziehung zum staatlichen Gemeinwesen, ohne deshalb von diesem einfach ins Schlepptau genommen werden zu dürfen. Ihre vornehmste Aufgabe bleibt es, dem einzelnen, sterblichen und damit in seinem Existenzsinn immer gefährdeten Menschen die Möglichkeit zu erschließen, in einer religiösen Gemeinschaft diese Sinnfrage zu stellen und im Glauben an eine letzte göttliche Macht Sinngrund und Ziel seiner Existenz im Glauben zu finden. Darin unterscheidet sie sich nicht von jeder anderen religiösen Gemeinschaft, die alle aus der Sicht des säkularen Gemeinwesens eben darin eine für das Gemeinwohl bedeutsame Aufgabe existentieller Sinnstiftung wahrnehmen. Als christliche bezeugt die Kirche diese Sinnstiftung im Glauben, daß in Jesus, dem Christus, Gott, der Schöpfer der Welt, sich dem Menschen trotz all seiner Schwächen und Gefährdungen als der gütige Gott erweist, der den Menschen gerade durch sein Leben in Zeit und Welt, in Geschichte, Kultur und Gesellschaft zu einer endgültigen Erfüllung seiner Existenz in Gottes eigenem Reich führen will. Sosehr sie als Glaubensgemeinschaft von dieser Heilsüberzeugung ausgeht und dafür auch Zeugnis ablegt, sowenig darf sie in der pluralen und säkularen Gesellschaft dafür einen ausschließlichen Heilsanspruch anmelden. Da sie die Freiheit der Religionsausübung für dieses Zeugnis selber beansprucht, hat sie im innerstaatlichen Raum anderen Bekenntnissen gegenüber die gleiche Toleranz zu üben. Indem sie im Zeugnis für den christlichen Glauben um die freie Zustimmung zur eigenen Überzeugung wirbt, achtet sie zugleich die Menschenwürde der freien Persönlichkeit des Menschen und bezeugt so ihr Verständnis vom Menschen als dem personalen Ebenbild Gottes in dieser Welt.

Neben dieser heilsbezeugenden Sinnstiftung als primäre Aufgabe der Kirche in der Gesellschaft kommt ihr aber vor allem über das stets auch sozialbezogene Liebesgebot sekundär eine direkte innerweltliche Bedeutung zu. So hat sie seit je aus dem dynamisch verstandenen Liebesgebot heraus immer wieder soziale Werke geschaffen, die situativer Not oder neu entstandenen Bedürfnissen rasch und flexibel Rechnung zu tragen vermochten. Sie hat Institutionen ins Leben gerufen, die später losgelöst von ihrer Initiative von der gesamten Gesellschaft und ihren staatlichen Trägern übernommen wurden. Ganz im Sinne des Evangeliums, nach welchem die Christen Sauerteig in der Welt zu sein haben, sind aus christlich-kirchlicher Initiative so die Anfänge des heutigen, vom Staat getragenen Bildungs- und Gesundheitswesens entstanden, haben Sparkassen wirtschaftlichen Fortschritt ermöglicht oder ist die Verantwortung für Entwicklungshilfe bzw. für die Durchsetzung weltweiter Gerechtigkeit so weit gewachsen, daß sie mittlerweile auch als Aufgabe der staatlichen Politik erkannt wird. Insofern Kirche in diesem Sinn stimulativ-kritisch ein soziales Ferment in der Gesamtgesellschaft darstellt, ist sie selber sozialethisch in Pflicht genommen, wie es umgekehrt eine sozialethische Forderung darstellt, daß Kirche in dieser Funktion ernst genommen wird.

Dazu gehört auch, daß sie, ähnlich wie andere Interessenverbände, im Hinblick auf die Gesellschaftsgestaltung und besonders auf die damit verbundene Gesetzgebung rechtzeitig angehört wird und ihre Meinung geltend machen kann. Daß ihr dazu auch die innerweltlichen Mittel einer freien Presse, der Mitarbeit ihrer Vertreter in Sachkommissionen und parlamentarischen Gruppierungen, aber u.U. auch das Mittel des demonstrativen Protestes im Rahmen der demokratischen Ordnung offenstehen muß, versteht sich eigentlich von selber, auch wenn immer wieder betont werden muß, daß Recht und Pflicht zu dieser Aufgabe nicht bloß von der Kirchenleitung und ihren vollamtlichen Funktionären und auch nicht immer von der Glaubensgemeinschaft als ganzer, sondern je nach Aufgabe und Stand von jedem Christen als Bürger wahrgenommen werden müssen.

Eine vom Evangelium getragene Sozialethik fordert so die kritische und aktive Mitgestaltung der politischen Ordnung durch die Christen und ihre Kirchen. Hier galt es, Menschlichkeit und Gerechtigkeit als schon wirksamen Ansatz des Gottesreiches voranzubringen. Daß diese Pflicht in einer pluralistischen Gesellschaft wohl wirksamer über die vielfältigen Kanäle der öffentlichen Meinung als über juristisch fixierte Staatsverträge (sog. Konkordate) oder machtmäßig gesicherten Einfluß auf die Gesetzgebung wahrgenommen wird, gehört zu den geschichtlichen Erfahrungen der Neuzeit, die denn auch die katholische kirchliche Verkündigung seit dem II. Vatikanischen Konzil deutlich prägen. Dies setzt freilich für die Glaubwürdigkeit solcher Einflußnahme voraus, daß die Argumentation der Kirche klar von den Idealen des Evangeliums, d.h. vor allem von der besonderen Sorge um die Armen und Benachteiligten, und nicht von eigenen Gruppeninteressen geprägt ist. Es setzt ferner voraus, daß die Probleme nicht kurzfristig hinsichtlich des Ist-Zustandes angegangen werden, sondern stets auch die möglichen langfristigen Folgen in sachlicher, wissenschaftlich möglichst sorgfältig belegter Weise einbezogen werden. Ferner muß sich die Kirche in ihrer eigenen inneren Organisation als die menschenrechtlichen Kriterien beachtend darstellen und diesbezüglich für Kritik offen und zu Verbesserungen bereit sein. Im Ton angemessen und taktvoll, im Vorgehen bestimmt, aber zurückhaltend können dann die Beziehungen der Kirche zur gesellschaftlichen und staatlichen Öffentlichkeit aller Erfahrung nach Wesentliches dazu beitragen, daß Vermenschlichung und Gerechtigkeit im Zusammenleben gerade auch in einer pluralistischen Gesellschaft glaubwürdig bezeugt und gefördert werden.

Damit stehen aber Kirche und Staat auch ohne Identifizierung und direkte Verflechtung in einem Beziehungsrahmen, welcher der Kirche die aktive und mitgestaltende Einflußnahme auf das gesellschaftliche Leben im Sinne der Ideale des Evangeliums ermöglicht und sie zugleich als eine dem Gemeinwesen im Sinne des Gemeinwohls nützliche Subsystem-Gruppierung erscheinen läßt. Wo der Kirche unter Verweigerung der Religionsfreiheit und des Rechts auf freie Meinungsäußerung dies verunmöglicht wird, wird sie diese Rechte immer wieder neu zu fordern haben und dafür u.U.

(nun weltanschaulich direkt gebundene) politische Gruppierungen ins Leben rufen können.[17] Normalerweise aber wird sie über ihre Glieder allgemein bzw. über deren Vereine und Verbände, aber auch über die Amtsträger als ihre legitimierten Sprecher und Interessenvertreter die normalen Kanäle politischer Meinungsbildung nutzen. Dabei wird sie auf die Qualität ihrer Motivation und ihrer Argumente und nicht auf irgendwelche besonderen Machtstellungen oder Privilegien bauen. Wo Recht und Menschlichkeit aber durch totalitäre Macht unter Druck kommen und die menschliche Würde bedroht ist, da wird sie auch vor dem klaren und dann oft gefährlichen Protest als einem Zeugnis im Sinn der griechischen "martyria" nicht zurückschrecken dürfen, wenn sie ihrem prophetischen Amt im Sinne des Evangeliums Christi treubleiben will.

2.6 Private Vereinigungen

Neben den das politische Geflecht des staatlichen Gemeinwesens deutlich tragenden Gruppierungen, den Trägern der öffentlichen Meinung, den politischen Parteien, Interessenverbänden und Kirchen, gibt es aber in jeder Gesellschaft zahlreiche weitere, lockere, aber für das gesunde Soziabilität des Menschen und damit auch für das Gemeinwohl nicht weniger bedeutsame Gruppierungen, nämlich die Vereine, Verbände und Bürgerinitiativen aller Art. Größe, Organisationsform, Bindungsgrad usw. sind dabei ungemein verschieden. Die Zielsetzungen sind es nicht weniger. Während aber in den bisher genannten politisch direkt relevanten Gruppierungen relativ allgemeine menschliche Belange eingebracht werden, sind es hier die verschiedensten Interessen menschlicher Selbstverwirklichung vom Kartenspiel bis zum Sport, von kulturellen Vorlieben bis zu Bildungsfragen. Damit ist eine klare Trennung zwischen eher allgemeinen und mehr privaten Vereinigungen praktisch unmöglich. Selbstverständnis wie Anerkennung durch die Gesellschaft spielen dabei eine Rolle, Ermessenskriterien sind bedeutender als objektive Merkmale.

Trotz dieser wenig faßbaren gemeinsamen Eigenschaften bilden aber diese Vereinigungen eine unerläßliche Grundstruktur für die freie und spontane Entfaltung des Menschen in sozialen Bezügen. Ohne sich schon auf das Ganze zu erstrecken, ermöglichen sie den Zusammenschluß und die Verwirklichung partikularer Interessen, die stets latent auch die gesamte Gesellschaftsgestaltung als Politik stimulierend wie kritisch betreffen kön-

---

[17] Aus solchen Gründen erfolgte nicht nur im 19. Jahrhundert die Gründung christlicher (katholischer) Parteien zur Sicherung der kirchlichen Glaubensinteressen gegenüber dem bürgerlich-laizistischen Staat und seiner kulturkämpferischen Kirchenunterdrückung. Auch die Entstehung der polnischen freien Gewerkschaft "Solidarnosc" Ende des 20. Jahrhunderts geschah aus ähnlichem Bedürfnis nach Sicherung einer christlich bestimmten Identität.

nen.¹⁸ Wie bedeutsam ihre Funktion im größeren Sozialkörper ist, zeigt nichts so deutlich wie die Tatsache, daß totalitäre Regime die Möglichkeit zu solchen freien Zusammenschlüssen meist sehr rasch hintertreiben und durch staatliche Verbände zu ersetzen versuchen.

Aber nicht nur in den Bereichen von Freizeit und Kultur, auch in einer für die Not des Nächsten feinfühligen Gemeinnützigkeit bewähren sich solche kleinen und freien Vereinigungen wie die im Spätmittelalter entstandenen Bruderschaften, die Vinzenzvereine oder die neuzeitlichen Selbsthilfegruppen. Zusammengenommen bilden sie eine zwischenmenschliche, oft christlich-religiös motivierte Infrastruktur, die flexibel und angepaßt konkrete Hilfe bietet, meist lange bevor die Gesellschaft als solche aktiv zu werden vermag. Daß gerade auf dieser Ebene die christliche Ethik besonders angesprochen ist, versteht sich vom evangelischen Liebesgebot her ebenso wie aus der geschichtlichen Tradition. Entgegen allen rational-planerischen Konzeptionen sind daher solche spontan initiierten Vereinigungen in einem echt menschlichen Gemeinwesen nicht bloß zu dulden, sondern wegen ihrer höheren Flexibilität, ihrer größeren Nähe zu den Problemen, ihrer leichteren Korrekturfähigkeit, aber auch wegen ihrer erheblich geringeren Kosten aktiv zu fördern. Eine reichhaltige Vereinsstruktur ist daher nicht nur unter dem Gesichtspunkt einer wirklich humanen Ethik zu begrüßen. Sie ist zugleich Zeichen einer gesunden und lebendigen Gemeinschaft, die es nicht nötig hat, private Initiativen zentralplanerisch zu vereinnahmen und damit oft weitgehend und rasch zu ersticken, nicht zuletzt, weil sie sich stark genug weiß, allfällige Übergriffe rechtzeitig abzuwehren.

Mit diesen Hinweisen auf die freien Gruppierungen schließt diese sozialethisch motivierte Übersicht über die organisatorischen Elemente einer demokratischen Staats- und Gesellschaftsstruktur. Sie distanziert sich dabei von der Idee des Einheitsstaates mit Einheitspartei und zentralistischer Verwaltung, die höchstens in Ausnahmezuständen innerer und äußerer Not (und damit auch nur vorübergehend) als legitim betrachtet werden könnte, jedoch nicht dem Ideal eines humanitären Gemeinwohls in Solidarität und Subsidiarität zu entsprechen vermag. Wo immer sich ein solcher Ausnahmezustand dagegen verfestigt, wird er, wie die Geschichte nur allzu deutlich lehrt, zum unterdrückenden Totalitarismus, vor welchem zu bewahren Hauptzweck einer politisch orientierten christlichen Sozialethik ist. Weil diese als christliche außerdem besonders deutlich darum weiß, wie sehr alles Menschliche und so auch die an sich nötige politische Macht dem Mißbrauch durch Egoismus und Stolz ausgesetzt bleibt und folglich der Kontrolle bedarf, wird sie (so sehr sie um die primäre Bedeutung der Selbstkontrolle als der biblischen Sinnesänderung weiß) zugleich auch für einen Gesellschaftsaufbau eintreten, der solche gegenseitige Kontrolle, aber auch neue Initiativen zuläßt und fördert. Die Ermöglichung eines solchen Auf-

---

18 Vgl. die Bedeutung der Gesangs- und Turnvereine im 19. Jahrhundert für den Aufbau der Demokratie.

baus durch ein vielfältiges Geflecht von Subsystemen aufzuzeigen und deren Notwendigkeit argumentativ zu begründen, gehört daher zu den genuinen Aufgaben einer menschlichen Sozialethik.

Weiterführende Literatur

E.W. Böckenförde, Staat, Gesellschaft, Freiheit. Studien zur Staatslehre und zum Verfassungsrecht, Frankfurt 1976
ders., Der Staat als sittlicher Staat, Berlin 1978
C.J. Friedrich, Der Verfassungsstaat der Neuzeit, Berlin 1953
F. Furger, C. Strobel-Nepple, Menschenrechte und katholische Soziallehre, Bern 1984
G. Gundlach, Verantwortliches Christentum in Gesellschaft und Staat, Köln 1958
R. Hauser, Was des Kaisers ist - zehn Kapitel christlicher Ethik des Politischen, Frankfurt 1968
R. Herzog, Allgemeine Staatslehre, Frankfurt 1971
M. Imboden, Die Staatsformen, Berlin ²1964
M. Kriele, Einführung in die Staatslehre, Freiburg ²1981
ders., Befreiung und politische Aufklärung, Freiburg ²1986
H. Krüger, Allgemeine Staatslehre, Stuttgart ²1966
R. Morsey (Hrsg.), Katholizismus, Verfassungsstaat und Demokratie, Paderborn 1988
H. Maier, Kirche und Demokratie, Freiburg 1972
ders., Katholizismus und Demokratie, Freiburg 1983
O. v. Nell-Breuning, H. Sacher, Zur christlichen Staatslehre, Freiburg ²1957
M. Pilters, K. Wall, Menschenrechte in der Kirche, Düsseldorf 1980
G. Pulz, Wenn Christen um Menschenrechte ringen, Innsbruck 1991
H. Schmieden, Recht und Staat in Verlautbarungen der Katholischen Kirche seit 1878, Bonn 1959
F.M. Schmölz, Zerstörung und Rekonstruktion der politischen Ethik, München 1966
I. Schwartländer (Hrsg.), Menschenrechte, eine Herausforderung an die Kirche, München - Mainz 1979
A. Verdroß, Abendländische Rechtsphilosophie, Wien ²1963
E. Welby, Herders Sozialkatechismus (2. Hauptteil), Freiburg 1953
R. Zippelius, Allgemeine Staatslehre, München ⁷1980

VIII. Sozialethik - heute gefragt?
Der sozialethische Dialog mit Politik, Wirtschaft und Wissenschaft

1. Personenbezogenes Gemeinwohl - Elemente sozialethischer Zielsetzung

Die fundamentale Zielsetzung jeder Gesellschaftspolitik ist das Gemeinwohl, also die größtmögliche Entfaltung aller am Gemeinwesen beteiligten Personen. Dies gilt in besonderer Weise für den Staat als den die Gesellschaft am stärksten prägenden Faktor. Diesem Gemeinwohl müssen dementsprechend in subsidiärer Gegenseitigkeit auch alle Untergruppierungen in Staat und Gesellschaft dienen. Ob die verschiedenen Aspekte des Gemeinwohls dann eher von einzelnen Gruppierungen oder vom Staat als Ganzem gewährleistet werden, ist nicht von vornherein theoretisch auszumachen. Je nach der geschichtlichen Entwicklung werden sich verschiedene Formen einer eher zentralistischen oder eher föderalistischen Organisation anbieten, von denen (die Beachtung des Subsidiaritätsprinzips stets vorausgesetzt) nicht von vornherein schon klar ist, welche Form besser geeignet und noch weniger, in welcher Richtung möglicherweise eine Verbesserung zu suchen ist. Jedenfalls scheint die Maxime, daß der materielle zivilisatorische Fortschritt mit höherer Komplexität auch größere Zentralisierung mit entsprechender Planung und Steuerung bedinge, in manchem fragwürdig. Dezentralisation im politischen wie im wirtschaftlichen Bereich bleibt auch da durchaus denkbar. Dennoch scheinen gewisse soziale Zielsetzungen, wenigstens in ihren Rahmenbedingungen, nur durch zentrale, also staatliche Organisationen sichergestellt werden zu können. Kluges Unterscheidungsvermögen bzw. das, was die mittelalterlichen Ethiker mit "discretio" oder "prudentia" als ethischer Tugend umschrieben, ist unerläßlich.

Unsere Epoche mit ihrer raschen technologischen Entwicklung und den dadurch bedingten großen gesellschaftlichen Veränderungen ist hier besonders gefordert. Daher erstaunt es wenig, wenn bei den Fragen nach Organisation, Gestaltung, aber auch Veränderung von sozialen Strukturen sozialethische Gesichtspunkte zunehmend zur Sprache gebracht werden. Wo scheinbar Altbewährtes in Frage gestellt werden muß und in Anbetracht menschheitsgefährdender Folgen wenn nicht ein Abbruch der bisherigen Entwicklung, so doch ein radikales Umdenken gefordert zu sein scheint, genügen traditionelle Verhaltens- und Entscheidungsmuster nicht mehr. Die Sicherstellung von Gerechtigkeit und Menschlichkeit ist neu zur Diskussion gestellt; Sozialethik ist gefragt.[1]

---

[1] Deutliches Anzeichen dafür ist die Schaffung von wirtschaftsethischen Lehrstühlen oder entsprechenden Zusatzstudien an ökonomischen Fakultäten wie z.B. in Ingolstadt, Maastricht, Münster/Westf. oder St. Gallen, die Gründung von Ethikkommissionen in

Dabei ist ganz allgemein zu beachten, daß die Sicherung sozialer Zielsetzungen notwendigerweise auch Beschränkungen der individuellen Freiheit mit sich bringt als ein Preis, den das Individuum sozusagen für seine eigene Sicherheit zu zahlen hat. Freiheit ist, so paradox es klingt, nur durch Begrenzung von Freiheit zu sichern, und so schränkt gerade die soziale Sicherung in modernen Sozialstaaten den individuellen Freiheitsraum wesentlich mehr ein, als man gemeinhin annimmt. Dabei geht es nicht etwa um Auswüchse von Freiheitsbeschränkungen, die sachlich keine hinreichende Begründung haben, obwohl sich juristisch dafür sogar meist noch gute Gründe beibringen lassen. Es geht vielmehr um einschränkende Einzelverpflichtungen, wie etwa Einschränkungen in der Nutzung von Grundeigentum, Zwangsabgaben aller Art, eine allgemeine Schulpflicht, gesundheitspolizeiliche Maßnahmen u.a.m.,[2] die denn auch meist als selbstverständlich hingenommen werden. Nur bedeutet diese soziale Akzeptanz noch nicht, daß die Beschränkung persönlicher Freiheit damit auch schon ethisch berechtigt wäre. Bloße Bequemlichkeit oder auch nur konsequentere Ordnung als solche sind ohne sachliche Notwendigkeit kein hinreichender Grund für Beschränkungen. Hier hat Sozialethik stets neu auf den Grundsatz hinzuweisen: Soviel Beschränkung wie nötig, soviel Freiheit als möglich.

Dies vorausgesetzt, hat Sozialethik aber ihre Aufmerksamkeit vor allem jenen gesellschaftlichen Maßnahmen zuzuwenden, in welchen die Gesellschaft bzw. der Staat zugunsten des Gemeinwohls in konstitutive Lebensbereiche sozialer Selbstverwirklichung des Menschen ordnend eingreifen muß und dem einzelnen entsprechende Beschränkungen auferlegt. Obwohl von solchen ordnenden Eingriffen eigentlich kein Bereich menschlicher Selbstverwirklichung ausgenommen ist, stehen doch die Bereiche von Politik, Wirtschaft, Wissenschaft und Technologie gerade heute im Zentrum der diesbezüglichen Auseinandersetzung. Selbstverständlich kann es nicht Aufgabe einer Einführung in die Grundlagen der christlichen Sozialethik sein, diese Belange umfassend in einer ethischen Überlegung zu reflektieren. Dazu sind eigene Spezialstudien unerläßlich. Dennoch soll hier abschließend exemplarisch auf einige Probleme hingewiesen werden, um wenigstens anzudeuten, in welche Richtung die konkretisierende Weiterarbeit der christlichen Soziallehre gehen und vertieft werden müßte.

2. Sicherung von Frieden in Gerechtigkeit - der politische Schwerpunkt

2.1 Friedenssicherung

Friede als ein Zustand, in welchem Politik als Gesellschaftsgestaltung Interessengegensätze ohne Anwendung von Gewalt in fairer Auseinanderset-

---

der Spitzenforschung oder der Ruf nach Ethikvorlesungen im Medizinstudium, wie sie in den Niederlanden schon seit einiger Zeit eingeführt sind.
2 Vgl. G. Hug, Wo liegt die Grenze der persönlichen Freiheit?, Zürich 1976.

zung und mit dem Ziel eines gerechten Ausgleichs ordnet, ist für ein gedeihliches Zusammenleben der Menschen eine unabdingbare Voraussetzung. Bewahrung solchen Friedens im Innern als eine "tranquilitas ordinis", aber auch die Verhinderung von Störungen von außen ist daher erste Aufgabe jeden Gemeinwesens. Solange internationale Ordnungsstrukturen dazu noch zu schwach sind und eine Weltorganisation trotz aller sozialethischen Erwünschtheit noch fehlt,[3] betrifft die Sicherung von Frieden vor allem die Staaten, die allein über die dazu nötigen Mittel verfügen. Dabei darf Friede hier keinesfalls bloß negativ als Schweigen der Waffen verstanden werden. Sosehr dies eine erste Voraussetzung dafür ist und das dem Staat in Polizei und Armee zugestandene Machtmonopol diesen Schutz vor gewalttätigen Übergriffen von außen wie von innen zu gewährleisten hat, sowenig ist damit Friede im vollen Sinn - vor allem auch im Sinn des biblischen Begriffs "Shalom" - schon gesichert.

Hier geht es vielmehr um Frieden in Gerechtigkeit, der weltweit allen Menschen als prinzipiell gleichen ein geordnetes Wohlergehen in Chancengleichheit bestmöglich zu sichern sucht und der eben dadurch (christlich gesprochen) etwas von der endzeitlichen Heilserfüllung im Gottesreich vorwegnimmt.

Stetes Bemühen um weltweite Gerechtigkeit auf der innerstaatlichen Ebene wie im internationalen Bezug gehört damit zur sozialethischen Aufgabe der Friedenssicherung genauso wie die Bereitschaft zur gütlichen Regelung von Konflikten und die Bereitstellung der dazu notwendigen Mittel. Das geflügelte Wort vom Krieg als einer "Fortsetzung der Politik mit anderen Mitteln" muß daher von einer gerechten, also auf Friedenssicherung bedachten politischen Ethik scharf zurückgewiesen werden. Dennoch gehören neben politischen Maßnahmen, neben Dialog und Diplomatie, auch Polizei und Verteidigungsmaßnahmen als letzte Mittel zur Eindämmung rücksichtsloser Gewalt zum Bereich der Friedenssicherung, und wäre es auch nur, um nicht durch einen romantischen, aller geschichtlichen Erfahrung widersprechenden Pazifismus einer expansiven und usurpatorischen Politik geradezu Einladung zu Gewalt und Erpressung zu bieten. Deshalb muß sich eine christliche Sozialethik auch mit diesen extremen Mitteln der Friedenssicherung befassen, und zwar gerade weil sie unter dem Anspruch der Bergpredigt und ihrer Seligpreisung der Friedfertigen auf möglichste Gewaltminimierung bedacht ist. Daß Gewaltanwendung dann niemals Selbstzweck, sondern immer nur Sicherung gegen Gewalt, also Notwehr sein darf, versteht sich von selbst. Nicht Abschreckung als Gewaltvermeidung über größtmögliche Drohung, sondern allein die Dissuasion, welche Gewaltanwendung zur Erreichung eines Ziels irrational und daher sinnlos

---

[3] Vgl. dazu den von I. Kant schon 1795 veröffentlichten "Philosophischen Entwurf: Zum ewigen Frieden", der durch die Errichtung einer Weltgesellschaft zu garantieren wäre und so gerade den stets menschheitsweit verstandenen sozialen Zielsetzungen einer christlichen Ethik besonders nahesteht.

erscheinen läßt, ist daher die allein ethisch zu verantwortende Maxime.[4] Dies bedingt auf der internationalen Ebene gleichzeitig die Verpflichtung zum Bemühen um größtmöglichen Abbau von Waffenbedrohung, also um Abrüstung mit entsprechender gegenseitiger Rüstungskontrolle.

Es bedingt gleichzeitig die wache Aufmerksamkeit der Bürger und anderer politischer Instanzen, daß die Gewaltträger in einem Staat stets der politischen Kontrolle unterstellt bleiben und ihre Bewaffnung und Ausrüstung für eine offensive Anwendung zur Durchsetzung eigener politischer Ziele ungeeignet sind. Konfliktforschung zum besseren Verständnis aggressiver Spannungen unter einzelnen Menschen und unter ihren Gemeinschaften wie auch die Untersuchung internationaler Spannungsherde gehören nicht weniger zu einer friedenssichernden Politik. Denn durch das Verständnis konfliktträchtiger Zusammenhänge etwa zwischen Angehörigen unterschiedlicher ethnischer Gruppen oder Mehrheiten und Minderheiten kann einer Eskalation rechtzeitig begegnet werden. Jede auch nur andeutungsweise Glorifizierung von Gewalt, etwa in Kinderspielen oder als Symbol für die Hoheit des Staates (wie etwa die Ehrenkompanien bei Staatsempfängen u.ä.), muß dagegen als einer konsequenten Friedensethik widersprechend denunziert werden. Vor allem aber gilt es, über vielfältige Kontakte und Beziehungen zwischen den Völkern und ihren verschiedenen Gruppen und unter der Zielsetzung größtmöglicher Gerechtigkeit möglichst intensive und vielfältige internationale Beziehungen zu pflegen.

Weiterführende Literatur

Deutsche Bischofskonferenz (Hrsg.), Gerechtigkeit schafft Frieden, Bonn 1983
Deutsche Bischofskonferenz (Hrsg.), Bischöfe zum Frieden, Bonn 1983
EKD (Hrsg.), Frieden wahren, fördern und erneuern, Gütersloh ^{6}1984
F. Furger, Bewaffnet gewaltlos?, Freiburg (Schweiz) 1981
T. Hoppe, Friedenspolitik mit militärischen Mitteln, Köln 1986
H. Mader (Hrsg.), Quellen zum Friedensverständnis der Katholischen Kirche seit Pius IX., Wien 1985
E.J. Nagel, H. Oberhem, Dem Frieden verpflichtet, München - Mainz 1982

2.2 Internationale Beziehungen

Immer mehr wird die Weltbevölkerung zu einer Schicksalsgemeinschaft, die allgemein politisch, vor allem aber auch wirtschaftlich in großer gegenseitiger Abhängigkeit lebt. Die Idee von einem autarken Staat, der allen Bedürfnissen seiner Bevölkerung allein zu genügen vermag, ist undenkbar geworden. Die Ausführung dieser Idee von Autarkie zu Beginn des Indu-

---

[4] Der Begriff "Dissuasion" (von lat. dissuadere = abraten) steht hier im Gegensatz zu "deterrence" (von lat. terrere = abschrecken) und meint eine Verteidigungsbereitschaft, die einen möglichen Angreifer nicht einfach zu zerstören droht, den Angriff wegen zu hoher Kosten als nicht ratsam erscheinen läßt.

striezeitalters, wo man sich durch die Sicherung von Rohstoffen aus "überseeischen Kolonien" diese Selbständigkeit zu bewahren suchte, führte zu einem weltumfassenden Kolonialsystem und damit trotz einiger guter Nebeneffekte (z.B. in der Befriedung gewisser Stammeskonflikte oder im Aufbau von Gesundheitseinrichtungen) letztlich zu ungerechter Ausbeutung und Unterdrückung. Autarkie kann damit keine politische Zielsetzung mehr darstellen. Gleichberechtigte internationale Beziehungen sind eine notwendige Lebensbedingung, zumal neben den diplomatischen Kontakten der staatlichen Autorität die internationalen Handelsbeziehungen zunehmend an Gewicht gewinnen. Enge internationale Beziehungen sind aber nicht nur ein Erfordernis für jedes moderne staatliche Gemeinwesen, sie helfen zugleich auch den gewaltlosen Verkehr, also die Voraussetzung für wahren Frieden zu gewährleisten. Solche internationalen Beziehungen auf allen Ebenen der Diplomatie wie des Handels, aber auch des kulturellen Austauschs und der internationalen sportlichen Kontakte zu pflegen, ist daher, wie gerade auch neuere kirchliche Verlautbarungen hervorheben, nicht weniger sozialethisches Erfordernis als die zur Behebung von sozialen und wirtschaftlichen Ungleichgewichten unerläßliche internationale gegenseitige Hilfeleistung. Gerechtigkeit in Solidarität fordert gerade die letztere in Anbetracht des internationalen Wohlstandsgefälles besonders gebieterisch. Sowenig wie die Almosen des Mittelalters stehen Maßnahmen der Entwicklungshilfe, einer angemessenen Schuldentilgung oder des technologischen Austauschs in der Frage des freien caritativen Ermessens; sie sind eine schlichte Forderung sozialer Gerechtigkeit. Wenn die Christen mit ihren Hilfswerken als einzelne wie als Kirchen in dieser Hinsicht Pionierdienste geleistet haben, so entspricht dies der globalen Dynamik des Evangeliums und seines Liebesgebotes, das den Glaubenden zudem dazu verpflichtet, "Salz der Erde" und "Sauerteig der Menschlichkeit" zu sein. Die Pflege internationaler Beziehungen als Kontaktnahme von Mensch zu Mensch wie von Volk zu Volk, vor allem aber die gegenseitige Unterstützung zur Mehrung von Gerechtigkeit in kultureller Vielfalt gehören daher zu einer auf die staatspolitischen Belange ausgerichteten Sozialethik. Diese Erfordernisse in interdisziplinären Kontakten mit Fachleuten der verschiedenen Human- und Politikwissenschaften herauszuarbeiten und den einzelnen Bürgern (und hier vor allem den Politikern) nahezubringen, ist daher Teil ihrer konkret anwendungsbezogenen Forschung und Bewußtseinsbildung.

2.3 Rechtssicherheit und Rechtsschutz

Während Friedenssicherung und die Pflege internationaler Beziehungen politisch eher die Außenbeziehungen eines Gemeinwesens betreffen, gehört es seit jeher zu dessen die Menschenrechte nach innen sichernden Aufgaben, den Rechtsschutz des einzelnen zu gewährleisten. Die Anerkennung des einzelnen als Rechtsperson, die Gleichheit vor dem Gesetz und der Rechtsschutz vor Übergriffen der Staatsmacht werden daher nicht nur in vielfältiger Weise in den alttestamentlichen Schriften angemahnt. Sie sind nicht weniger integrierender Teil der UNO-Menschenrechtscharta, welche die willkürliche Haft verbietet, dem Angeklagten ein billiges und öffentliches Verfahren vor einem unabhängigen Richter sichern will, aber auch rückwirkende Gesetze oder voreilige Schulderklärungen als rechtswidrig ausschließt.[5]

Ein Gemeinwesen, das als Rechtsstaat für diese Grundsätze eintreten will, muß folglich die dafür nötigen Mittel bereitstellen. Ein geordnetes und unabhängiges Gerichtswesen, Schutzpolizei zur Ahndung von Verbrechen und Gewalttat, eine wirksame Verwaltungskontrolle gegen Übergriffe der Behörden, aber auch ein die volle behördliche Kontrolle der Person verunmöglichender Datenschutz sind als institutionelle Mittel unerläßlich und entsprechend sozialethisch gefordert, während Femegerichte, Spontansanktionen, private Personaldateien usw. als unsittlich abzulehnen sind. Ebenso unerläßlich ist es, daß alle zivil- wie strafrechtlichen Gerichtsverfahren durch klare Prozeßordnungen geregelt sind, die Verfahren prinzipiell öffentlich bleiben (bzw. Verhandlungen hinter "verschlossener Tür" nur für klar umschriebene Ausnahmen zugelassen sind), die Bestellung der Richter rechtlich transparent und unparteiisch erfolgt und schließlich, daß jedem, auch dem Mittellosen, Rechtsweg und Verteidigung zur Wahrnehmung seiner personalen Rechte offenstehen. Informelle Sanktionen wie etwa die Ächtung in der öffentlichen Meinung bzw. vor der Sensationslust des Publikums, die gesellschaftliche Marginalisierung ehemals Straffälliger usw. sind dagegen weitestmöglich auszuschließen.

Für die Durchsetzung des Rechtsschutzes und der inneren Sicherheit muß das staatliche Gemeinwesen allerdings über ausreichende Druckmittel verfügen. Diese sind zwar nicht als normales Instrument zur Erfüllung der Leitungsfunktion zu verstehen (dazu muß die Autorität der von den Bürgern bejahten Ordnung und der von ihnen bestellten Amtsträger ausreichen), sondern als letztes Mittel gegen den Rechtsbrecher, der seine Interessen skrupellos auf Kosten anderer durchzusetzen gewillt ist. Der Polizeistaat, der die Mittel staatlicher Macht präventiv einsetzt, um alle Risiken auszuschalten, mag zwar scheinbar Ruhe und Ordnung optimal schützen. Wahrer Menschlichkeit aber entspricht er keinesfalls. Eine die menschliche Person achtende, also sozialethisch zu verantwortende Ordnung fordert dagegen, polizeiliche Kompetenzen eng zu begrenzen, diese dann aber auch gegebenenfalls klar anzuwenden. Schwäche wie ungebührliche Härte in der öffentlichen Ordnung zeitigen aller Erfahrung nach gleicherweise belastende Folgen. Dennoch gilt auch in diesem Bereich der Grundsatz möglichster Gewaltminimierung. Daß unter diesen Voraussetzungen die Folter als Mittel zur Durchsetzung von Recht und Ordnung in ihrer die menschliche Per-

---

5 Vgl. dort die Art. 6-10.

son grundsätzlich verachtenden Vorgehensweise als mit dem Rechtsstaat völlig unvereinbar abzulehnen ist, versteht sich, muß aber in Anbetracht ihres weltweit geübten Einsatzes dennoch deutlich betont werden.[6]
Vor allem unter christlichen Vorzeichen bzw. unter dem Worte Jesu: "Richtet nicht, damit ihr nicht gerichtet werdet" (Mt 7,1) muß darüber hinaus grundsätzlich darauf hingewiesen werden, daß alle menschliche Rechtspraxis stets nur im Dienst zur Erhaltung der öffentlichen Ordnung und Menschlichkeit steht. Maßnahmen zum Schadensausgleich und vor allem zur Resozialisierung von Delinquenten, die dann durchaus als geregelte Sanktionen empfunden werden, liegen in der Kompetenz menschlicher Ordnungsmacht. Strafe im Vollsinn des Wortes, also als von Menschen auferlegte Sühne, die meint, über den sittlichen Gehalt einer menschlichen Tat urteilen zu können, übersteigt das dem Menschen zustehende Maß. Wo ein solcher Eindruck dennoch erweckt und u.U. durch das äußere Erscheinungsbild der Gerichte (z.B. das Tragen von Roben usw.) unterstrichen und von der öffentlichen Meinung auch so anerkannt wird, werden menschliche Kompetenzen sakralisiert und eben damit überschritten. Daß Todesurteile dann sittlich ebenfalls nicht mehr zu verantworten sind, versteht sich. Gerade eine christliche Sozialethik wird auch dies zu betonen haben.[7]

Weiterführende Literatur

G. Kaiser, Strafvollzug im europäischen Vergleich, Darmstadt 1983
K. Larenz, Richtiges Recht - Grundzüge einer Rechtsethik, München 1979
D. Lorenz, Der Rechtsschutz des Bürgers und die Rechtsweggarantie, München 1973
U. Schambeck, Richteramt und Ethik, Berlin 1982
E. Wiesnet, Die verratene Versöhnung, Düsseldorf 1988
R. Zippelius, Rechtsphilosophie, München 1982

2.4 Chancengleichheit dank Bildung

Bildung ist für den in seinem Verhalten kaum instinktmäßig festgelegten Menschen zu seiner Selbstverwirklichung unerläßlich. Während sie aber in einfach strukturierten Gesellschaften im Sippenverband spontan hinreichend gewährleistet war, verlangen die hochkomplexen modernen Gesell-

---

[6] Vgl. dort A. Ricklin (Hrsg.), Internationale Konvention gegen die Folter, Bern 1979; L. Velez-Serrano, La torture, Freiburg/Schweiz 1985.
[7] Sozialprävention wie Einschärfung der "Minima moralia" im öffentlichen Gewissen mögen zwar gelegentlich nützliche Folgen strafrechtlicher Rechtspflege sein. Als ihre direkte Zielsetzung aber sind sie sozialethisch abzulehnen, weil der Straffällige so zum Mittel für die Rechtserziehung gemacht und damit in der Achtung seiner Personwürde herabgesetzt würde. Die ihm auferlegten Beschränkungen können daher nur aus der Absicht, tat- und täterbezogen (letzteres vor allem durch Reedukation bzw. Resozialisierung) unschuldige Dritte zu schützen, verantwortet werden. So ist diese Tötung eines Verbrechers ethisch auch nur dann überhaupt erwägensmöglich, wenn der Schutz Dritter auf andere Art völlig unmöglich ist, wie dies etwa bei Nomadenstämmen, die über keine Gefängnisse verfügen, zugetroffen haben mag.

schaften eigens organisierte Institutionen, also ein Schulwesen, um die notwendige Bildung sicherzustellen. Entsprechend fordert denn auch die UNO-Charta der Menschenrechte diese Bildungsmöglichkeiten zur "vollen Entfaltung der menschlichen Persönlichkeit unter Stärkung der Achtung der Menschenrechte und Grundfreiheiten" als ein vom Gemeinwesen zu gewährleistendes Recht der Person ein.[8] Die Tradition der christlichen Kirchen, gerade auch für ärmere Bevölkerungsschichten Bildungsmöglichkeiten bereitzustellen, zeigt, daß der in diesem Menschenrecht ausgedrückte Anspruch von der Glaubensmotivation des Evangeliums her längst als sozialethische Forderung erkannt worden ist. Ebenso gehört es zu dieser Tradition, daß Bildung nicht bloß intellektuell oder handwerklich-technisch, sondern ganzmenschlich verstanden wurde. Sie soll "Kopf, Herz und Hand" (H. Pestalozzi, gest. 1827) umfassen, und als solche ist sie sozialethisch gefordert.

Wie jede soziale Maßnahme des Gemeinwesens steht aber auch der Bildungsanspruch unter dem Prinzip der Subsidiarität. Ein zentralistisch organisiertes, einheitliches Schulwesen, das zudem in totalitären Staaten den Einfluß der Eltern möglichst ausschaltet bzw. kontrolliert,[9] ist daher ebenso abzulehnen wie ein die privilegierten Schichten besonders begünstigendes und damit die Solidarität belastendes reines Privatschulsystem. Was sozialethisch angestrebt werden muß, sind den konkreten geschichtlich-kulturellen Umständen angepaßte, irgendwie föderative Mischformen, die gerade auch die besonderen Bedürfnisse von Behinderten oder sonstwie Benachteiligten nicht vernachlässigen dürfen. Das Gemeinwesen hat die zur Verwirklichung dieses sozialen Menschenrechts nötigen Mittel bereitzustellen, ohne deswegen für die konkrete Durchführung als einziger Träger aufzutreten. Gleichzeitig aber gilt es, darüber zu wachen, daß die Chancengleichheit für den Zugang zum Bildungswesen (und damit auch die größtmögliche Chancengleichheit für Existenzsicherung und Entfaltung in einer konkreten Gesellschaft) gewahrt bleibt. Dies bedingt Richtlinien für die Minimalanforderung an die einzelnen Bildungsinstitutionen wie auch die Festlegung von Rahmenbedingungen für die Lehrpläne und ihre Zielsetzungen. Es bedeutet aber nicht notwendigerweise eine bis ins einzelne gehende Regulierung des Bildungswesens durch den Staat.

Da Bildung und Kultur aufs engste zusammengehören, können für die konkrete Organisation des Bildungswesens niemals global gültige Direktiven erarbeitet werden. Allgemein sozialethisch muß es daher genügen, die Forderung aufzustellen, daß die Bildung als Ermöglichung von menschlicher Entfaltung in Chancengleichheit gewährleistet ist und dabei die kulturelle und geschichtliche Vielfalt der Völker berücksichtigt wird.

---

8 Vgl. Art. 26, wobei Art. 27.1 die freie Teilhabe an den Kulturgütern präzisierend hinzufügt.
9 Vgl. dazu etwa die Anweisungen des Bildungsministeriums der DDR von 1989.

Weiterführende Literatur

R. Dahrendorf, Bildung ist Bürgerrecht, Hamburg ³1968
I. Richter, Bildungsverfassungsrecht, Stuttgart 1973

3. *Gewährleistung von Lebensunterhalt und materieller Sicherheit*

3.1 Soziale Sicherheit

Der Anspruch des Menschen, "durch innerstaatliche Maßnahmen und internationale Zusammenarbeit unter Berücksichtigung der Organisation und der Hilfsmittel jedes Staates in den Genuß der für seine Würde und die freie Entwicklung seiner Persönlichkeit unentbehrlichen wirtschaftlichen, sozialen und kulturellen Rechte zu gelangen" gehört nach der UNO-Charta zu den unveräußerlichen Menschenrechten.[10] Obwohl damit hinsichtlich der Gewährleistung sozialer Sicherheit primär der Staat angesprochen ist, bleibt der Rahmen für die konkrete Verwirklichung weit. Sowohl die Organisation wie die materiellen Möglichkeiten differenzieren die Lösungen. In jedem Fall aber bedingt diese Inpflichtnahme des Gemeinwesens wenigstens die Einführung und Durchsetzung eines rechtlichen Rahmens, der dafür sorgt, daß das Recht auf soziale Sicherheit gewährleistet bleibt. Inhaltlich wird dieses Recht, welches Würde und Entfaltung der Person im wirtschaftlichen Bereich sichern soll, präzisiert durch das Recht auf Arbeit, auf angemessenen Lohn und Freizeit[11] sowie durch das schon genannte Recht auf Bildung. Dies soll zusammengenommen eine Lebenshaltung garantieren, die dem Menschen Gesundheit und Wohlbefinden ermöglicht, d.h. Nahrung, Kleidung, Wohnung, ärztliche Betreuung und die notwendigen Leistungen der sozialen Fürsorge umfaßt. Er hat zudem das Recht auf Sicherheit im Fall von Arbeitslosigkeit, Krankheit, Invalidität, Alter und von anderweitigem Verlust seiner Unterhaltsmittel durch unverschuldete Umstände.[12] Auch sind Mutter und Kind unabhängig von der Ehelichkeit der Geburt des Kindes zu schützen.

Was hier in der Form sozialer Menschenrechte festgehalten ist, hat die christliche Ethik seit je beschäftigt. Die eindringlichen Mahnungen eines Johannes Chrysostomus (gest. 407) wie die mittelalterliche Lehre von den "Sieben Werken der leiblichen Barmherzigkeit" zeigen, wie ernst man es damit nahm: Ein Zehntel seiner Einkünfte dafür aufzuwenden, galt als unbedingte sittliche Pflicht. Nur genügte in den damals noch einfachen sozialen Strukturen eine direkte Hilfeleistung von Mensch zu Mensch, während eine solche private Organisation zur Gewährleistung sozialer Sicherheit im komplexen Sozialgeflecht moderner Gesellschaften nicht mehr ausreicht.

---

[10] Vgl. Art. 22.
[11] Vgl. Art. 23-24.
[12] Vgl. Art. 25.

Ein soziales Auffangnetz für Notfälle ist hier nur mehr über sozialstaatliche Maßnahmen durchgängig und umfassend zu sichern, die nicht mehr über freiwillige Beiträge, sondern über Steuern finanziert werden müssen. Die ethische Pflicht zum Werk der Barmherzigkeit wird so zudem auch rechtlich einforderbar. Allerdings bedingt dies einen relativ großen und damit auch anonymen Verwaltungsapparat, der trotz der Kosten, die er verursacht, seine Hilfeleistungen wenig flexibel und unpersönlich erbringt.

Bei aller prinzipiellen sozialethischen Bejahung solcher sozialstaatlicher Maßnahmen bedeutet dies gemäß dem Subsidiaritätsprinzip erneut, daß diese nur dort vorgesehen werden, wo die Sicherung allgemeiner Grundbedürfnisse auf dem Spiel steht. Wo immer dagegen eine Delegation an private Träger möglich ist, erweisen sich diese als flexibler (d.h. eher fähig, auf neue Notlagen angepaßt einzugehen) und damit auch als persönlicher und als wirtschaftlich wirkungsvoller, weil sie ein rücksichtsloses Anspruchsdenken einzelner besser unter Kontrolle halten. Solche Initiativen über Rahmengesetzgebungen und entsprechende finanzielle Unterstützung zu fördern, wo immer möglich, sie jedenfalls in ihrer Tätigkeit nicht zu behindern, ist daher ein sozialethisches Erfordernis für eine menschengerechte Organisation sozialer Sicherheit in einem Gemeinwesen. Dies gilt um so mehr, als verschiedene private Träger, die dennoch in den Rahmen eines gesamtgesellschaftlichen Lastenausgleichs einbezogen sind, unter sich in einem gewissen Konkurrenzverhältnis stehen und sich daher auch weitgehend gegenseitig kontrollieren. Christliche Sozialethik wird daher einerseits auf der politischen Ebene den Aufbau einer sozialen Rahmengesetzgebung fordern, innerhalb dieser aber zugleich die Realisierung durch vielfältige private Träger befürworten. Glaubwürdig wird dies freilich nur dann geschehen können, wenn sich die Christen selber sozial engagieren und vor allem auch für neue Bedürfnisse (man denke an Drogenprobleme, Betreuung von AIDS-Kranken, Sterbebegleitung usw.) aus der Glaubensmotivation des Evangeliums aktiv offen sind. Denn soziale Sicherheit ist immer dort am besten gewährleistet, wo eine institutionelle Infrastruktur sich paart mit aktiver und phantasievoller Initiative der einzelnen bzw. kleinerer Gruppen. Auch hier gilt es daher, Solidarität mit den Benachteiligten in größtmöglicher Subsidiarität zu verwirklichen.

3.2 Wirtschaftsordnung

Neben der Sozialpolitik kommt hinsichtlich der Gewährleistung von Lebensunterhalt, Wohlstand und Vollbeschäftigung in modernen Industriestaaten besonders der Wirtschaftspolitik vordringliche Bedeutung zu. Noch weniger als in den anderen hier angesprochenen Problemfeldern kann allerdings zu dieser äußerst komplexen und weltweit vernetzten Problematik in einer sozialethischen Einführung auch nur die Skizze eines Überblicks gegeben werden. Gerade weil die großen ökonomischen Ungleichgewichte zwischen Nord und Süd mittlerweile eindeutig als eine auch ethisch bedingte Problematik erkannt sind und die Wirtschaftsprobleme noch deutlicher als zu Beginn der Soziallehre im 19. Jahrhundert einen ausgesprochenen Schwerpunkt darstellen, muß es genügen, an einige wenige wirtschaftsethische Grundsätze zu erinnern.

Im wirtschaftlichen Bereich wirkt sich trotz aller prinzipiellen Gleichheit der Menschen Ungleichheit stets besonders deutlich aus. Hier ist die Gefahr von Mißbrauch und Ausbeutung besonders groß. In einer hochgradig international vernetzten, arbeitsteiligen Industriezivilisation, wo hoher Kapitaleinsatz die Arbeitskraft des Menschen zu einem "Produktionsfaktor" unter anderen macht und damit Macht und Einfluß besonders ungleich verteilt sind, trifft dies noch besonders zu. So erstaunt es wenig, daß sich eine am Liebesgebot des Evangeliums ausrichtende christliche Ethik im Verlauf der Geschichte immer wieder mit wirtschaftlichen Fragen konfrontiert sah. Die Ächtung der Sklaverei als christlicher Brüderlichkeit grundsätzlich widersprechend, die Zinsverbote des Mittelalters, die verhindern wollten, daß jemand aus der Notlage des Mitmenschen Profit schöpft, und die gleichzeitig von wachen Christen angeregte Gründung von Spar- und Leihkassen zur Deckung von Investitionskrediten sind Beweis dafür. Aber auch die Vorgeschichte der Entstehung der Katholischen Soziallehre[13] zeigt, wie bereits zu Beginn der Industrialisierung die Notlage der Proletarier bei engagierten Christen sozialethische Überlegungen zu deren Behebung zeitigten. Wie die Enzyklika "Rerum Novarum" von 1891 deutlich machte, hat man auch damals schon gespürt, daß Appelle an Menschlichkeit und Gerechtigkeit an die Wirtschaftsführer nicht zu genügen vermögen. Es bedarf institutioneller Maßnahmen wie etwa der Schaffung von Eigentum in Arbeiterhand und vor allem der Möglichkeit zum Zusammenschluß im Hinblick auf die gemeinsame Wahrung und Durchsetzung der eigenen Interessen.

Konkret stehen dabei nach wie vor die klassischen Fragen der Nationalökonomie, also die Frage nach Verfügbarkeit über bzw. Eigentum an Produktionsmitteln, also die Frage nach Kapitalismus oder Sozialismus oder diejenige nach der Organisation des Güteraustauschs, also Marktwirtschaft oder Planwirtschaft, Fragen des Arbeitsschutzes, der Arbeitsplatzgarantie, der Regelung von Arbeit und Freizeit wie vor allem die vertraglichen Abmachungen zwischen "Kapital und Arbeit", bzw. zwischen den Sozialpartnern weiterhin zur Diskussion. Unter den sich verändernden sozialen Bedingungen müssen sie hinsichtlich der Achtung der Personwürde wie des Gemeinwohls weiter bedacht werden. Keinesfalls aber dürfen sie isoliert als Einzelprobleme und noch weniger beschränkt auf eine einzelne Nationalökonomie aufgegriffen werden. In Anbetracht der globalen Vernetzung der Wirtschaft müssen wirtschaftsethische Fragen immer mehr im Horizont einer möglichen Weltwirtschaftsordnung, und zwar unter bestmöglicher Mitwirkung aller Beteiligten, also in "Partizipation", aufgegriffen werden.

---

[13] S. oben Abschn. III.1.1.

Daß der Staat sich an diesen Problemen nicht einfach als "Nachtwächterstaat" mit der Berufung auf die "Selbstregulierungskräfte des Marktes" desinteressieren kann aus dem einer aufklärerischen optimistischen Sicht gemäßen Glauben, daß sich so alles von selbst zum Besten wende, versteht sich angesichts der geschichtlichen Erfahrung mit dem radikalen Wirtschaftsliberalismus von selbst. Auch Verfechter einer liberalen Wirtschaftsordnung anerkennen heute die Notwendigkeit rechtsverbindlich gesicherter Rahmenbedingungen. Was sich als sog. "soziale Marktwirtschaft"[14] in der zweiten Hälfte des 20. Jahrhunderts in vielen Industrienationen in unterschiedlicher Form, aber mit gleicher Zielsetzung durchgesetzt hat, kann daher auch als die einer christlichen Sozialethik angemessene Ordnungsvorstellung gelten. Die Bejahung von Markt und Wettbewerb unter der Voraussetzung von deren Einordnung in eine soziale Rahmenordnung mit entsprechendem Schutz für den Arbeitnehmer, die Regelung der sozialen Konflikte durch vertragliche Absprache in einer Sozialpartnerschaft sowie die größtmögliche Partizipation in den Entscheidungsprozessen wie am erwirtschafteten Ertrag sind dabei als Kernelemente einer solchen sozialen marktwirtschaftlichen Ordnung zu nennen. Obwohl die christliche Sozialethik selber wesentlich zum Aufbau dieser Ordnungsvorstellungen beigetragen hat und es daher wenig erstaunlich ist, daß diese in den neueren kirchlichen Sozialdokumenten auch bejaht werden, darf sie nie übersehen, daß selbst dort, wo das "Soziale" der Marktwirtschaft theoretisch als Leitprinzip der Wirtschaftspolitik gilt, deren Verwirklichungsformen (vor allem hinsichtlich der bestmöglichen Partizipation aller am Arbeitsprozeß Beteiligten) noch manche Wünsche offen lassen.

Aufgabe christlicher Sozialethik wird es daher gerade in diesem Bereich sein müssen, ebenso kritisch wie stimulativ ordnungspolitische Überlegungen zu begleiten. Dies ist besonders dort unerläßlich, wo es gilt, die Grenzen nationaler Wirtschaftssysteme zu übersteigen und - was in den industriellen Fertigungsprozessen wie im wirtschaftlichen Austausch längst Tatsache ist - die weltweiten Dimensionen einzubeziehen und auf dieser Ebene nach Lösungen zur Behebung der globalen wirtschaftlichen Ungleichgewichte wie der einzelnen sozialen Mißstände zu suchen. Das Anliegen einer gerechteren Weltwirtschaftsordnung, das irgendwie dem Modell sozialer Marktwirtschaft auf nationaler Ebene, nun aber im globalen Rahmen entsprechen müßte, aufzugreifen, wird daher zu vordringlichen Aufgaben einer christlichen Wirtschaftsethik gehören müssen.[15] Daß sie als solche dabei

---

14 Vgl. dazu Div. Vf., Das Soziale der Marktwirtschaft, Zürich 1989. Neben dem "Realisator" Ludwig Erhard (gest. 1977) sind als "ordo-liberale" Theoretiker dieser Sicht vor allem Walter Eucken (gest. 1950), Alfred Müller-Armack (gest. 1978) und Wilhelm Röpke (gest. 1966), aber auch Goetz Briefs (gest. 1974) zu nennen, während die sog. "Institutionen-Ökonomik" eines James Buchanan u.a. eine aktuelle Weiterführung dieses Verständnisses darstellt.

15 Trotz aller sachlichen (allerdings oft genug auch interessenbedingten) Kritik an einzelnen Vorschlägen ist es das Verdienst des Wirtschaftshirtenbriefes der USA-Bischöfe von 1986 wie der Päpstlichen Enzyklika "Sollicitudo rei socialis" von 1987, auf die globale Problematik als Aufgabe christlicher Sozialethik hingewiesen zu haben.

keine fertigen Lösungen anbieten kann, sondern nur im interdisziplinären Diskurs die ethischen Impulse einzubringen hat, versteht sich von selber. Da christliches Glaubensverständnis die Gottesbeziehung des Menschen aber nie losgelöst von seinem Weltbezug versteht, sondern die Sorge um Welt und Gesellschaft als Teil der Schöpfung Gottes wesentlich das Verhältnis zu Gott mitbestimmt, kann sie gar nicht anders, als diese Momente wahrzunehmen und die in ihnen latent und strukturell verborgenen Ungerechtigkeiten "gelegen oder ungelegen" (2 Tim 4,2) beim Namen zu nennen.

Weiterführende Literatur

G. Enderle, Wirtschaftsethik im Werden, Stuttgart 1988
F. Hengsbach (Hrsg.), Gegen Unmenschlichkeit in der Wirtschaft - der Wirtschaftshirtenbrief der USA-Bischöfe, Text und Kommentar, Freiburg 1987
W. Lachmann, Wirtschaft und Ethik, Neuhausen - Stuttgart 1987
R. Lay, Ethik für Wirtschaft und Politik, Herbig 1983
A. Rauscher (Hrsg.), Selbstinteresse und Gemeinwohl, Berlin 1985
A. Rich, Mitbestimmung in der Industrie, Zürich 1973
ders., Wirtschaftsethik, Bd. II, Gütersloh 1990

3.3 Verantwortung für die Umwelt

In enger Beziehung zu solchen wirtschaftsethischen Überlegungen stehen schließlich auch die ökologischen Belange. Während nämlich Umweltzerstörung in früheren Jahrhunderten (wie etwa das Abholzen von Wäldern) punktuell und begrenzt vorkam, hat die globale Nutzung der Ressourcen und Energieträger durch die Industrialisierung in den letzten Jahrzehnten ein Ausmaß angenommen, das eine globale Gefährdung für das Überleben der Menschheit, ja der Lebenswelt schlechthin darstellt. Die schrankenlose Nutzung vor allem von Luft und Wasser oder auch die Übernutzung von Böden, die Ausbeutung von Bodenschätzen und Wald sowie die Gefahren, die von neuen Technologien (wie Kernkraft oder Genmanipulation) ausgehen, haben ein Potential geschaffen, dessen weiteres Wachstum existenzbedrohende Ausmaße angenommen hat. Eine schrankenlose Bejahung des technischen Fortschritts und der technologisch immer weiter zunehmenden Machbarkeit, wie sie dem Aufklärungsoptimismus des 18. und 19. Jahrhunderts eigen war, enthüllt sich immer mehr als gefährliche Illusion menschlicher Selbstüberheblichkeit.
"Grenzen der Wachstums"[16] zu beachten wird damit zu einem existentiellen sozialethischen Postulat. Dies bedingt, hier noch ganz auf der ökonomischen Ebene, zuerst einmal den möglichst sparsamen Umgang mit Rohstoffen und Energie, zusammen mit einer umsichtigen Entsorgung von Rest-

---

[16] So der Titel des Berichts des "Club of Rome" von 1972, der weltweit zu einem Fanal für die Notwendigkeit des Umdenkens in dieser Sache geworden ist.

stoffen und Abfällen sowie der Reinigung von Abwasser und Abluft. Dies sind Selbstverständlichkeiten, für deren Durchsetzung seitens des Gemeinwesens auf nationaler wie auf internationaler Ebene die nötigen gesetzlichen Institutionen mit entsprechenden Vorschriften und Verboten, aber mehr noch und soweit immer möglich mit angepaßten Impulsprogrammen vorzusehen und durchzusetzen sind. Auch wenn in der Durchführung diesbezüglich weltweit noch manches im argen liegt, so ist doch das Bewußtsein für diese ethische Verpflichtung in den letzten Jahren deutlich gewachsen. Im Unterschied zu anderen sozialethischen Problemen herrscht hier durchaus Verständnis dafür, daß Umweltschutz nicht bloß beim einzelnen einsetzen kann, sondern daß die Gesellschaft als solche Maßnahmen zur Eindämmung der Umweltprobleme ergreifen muß.[17] Was dagegen leicht übersehen wird, ist die Tatsache, daß in Anbetracht der wirtschaftlichen Ungleichgewichte auf der Welt dies für die reicheren Nationen unerläßlicherweise auch gewisse Einschränkungen in Lebensstil und Verbrauchermentalität bedingen wird. Bereitschaft für die Akzeptanz solcher Konsequenzen zu schaffen, gehört damit ebenfalls zu den Aufgaben einer kritischen Ökoethik.

Weiterführende Literatur

A. Auer, Umweltethik, Düsseldorf 1984
U. Krolzik, Umweltkrise - Folge des Christentums? Stuttgart ²1980
D. Meadows, Die Grenzen des Wachstums, Stuttgart 1972
C. Schnuckelberger, Aufbau zu einem menschengerechten Wachstum, Zürich 1979

4. Grenzen der Machbarkeit in Technologie und Forschung

Was schon hinsichtlich der Bewahrung der Umwelt angesprochen wurde, nämlich daß die technologischen Möglichkeiten von Machbarkeit alles andere als wertfrei und neutral sind, ist jedoch nicht nur in diesem Zusammenhang zu beachten. In manchen Fällen stößt diese Machbarkeit auch an sich schon an die Grenze, wo sie nicht mehr dem Aufbau von Menschlichkeit dient, sondern diese zerstört. Besonders deutlich ist dies in den letzten Jahren hinsichtlich der Fortschritte in der medizinischen Technologie geworden, wo - völlig anders als in früheren Jahrhunderten - der unbeschränkte Einsatz der möglichen Mittel für den kranken Menschen nicht nur keine Heilung, sondern auch keine Linderung mehr bringt und statt dessen unnötig sein Leiden in einem Sterbeprozeß verlängert. Ärztliche Kunst droht in eine "Tyrannis der Medizin" (A. Thielicke) umzuschlagen.

---

[17] Für einen umfassenden Literaturbericht dazu vgl. H. Halter, Theologie, Kirchen und Umweltproblematik, in: ThBer 14 (1985) 165-211, sowie H. Münk, Umweltschutz zwischen individualethischer Verantwortung, personal-zwischenmenschlichem Anspruch und strukturalen (legislatorischen) Maßnahmen, in: JCSW 30 (1989) 85-111.

Dies gilt auch für andere durch die biologisch-medizinische Forschung erschlossene Technologien, wie etwa die "In-vitro-Fertilisation", die nicht nur zur Überbrückung einer anders nicht behebbaren Sterilität einer Frau dient, sondern auch die Voraussetzung für Experimente am menschlichen Embryo in seinem Frühstadium und damit für beliebige gentechnologische Versuche schafft. Es gilt für die pränatalen Fruchtwasseruntersuchungen, über die es möglich ist, Behinderungen in Frühstadien zu erkennen und somit geschädigtes Leben zur Entlastung der Sozialversicherungen frühzeitig zu eliminieren. Es gilt für die Tierzucht, wo ohne Rücksicht auf das Wohlergehen des Geschöpfs aus rein wirtschaftlichen Interessen (Fleischproduktion, Milchleistung usw.) gentechnologisch Veränderungen herangezüchtet oder umgekehrt ohne Rücksicht auf Artenschutz und Arterhaltung ganze Tierstämme ausgerottet werden. Dazu kommen die Gefährdungen in der Energieproduktion, sei es durch eine zwar weniger im Betrieb als in der Entsorgung noch nicht völlig beherrschbare Kerntechnologie, sei es durch das bei jeder Verbrennung entstehende CO_2 und dessen klimabelastende Wirkung. - Die Beispiele lassen sich beliebig fortsetzen. Sie betreffen aber nicht nur die technologische Anwendung von Forschungsergebnissen. Sie betreffen auch diese Forschung selber, und zwar nicht nur in der Durchführung von einzelnen Forschungsvorhaben, wo es keineswegs ethisch belanglos ist, wie etwa mit Versuchstieren, mit Genmaterial, aber auch mit befruchteten Keimzellen umgegangen wird. Vielmehr muß sich der Forscher schon in seiner Forschung selber Gedanken darüber machen, welche Folgen die Anwendung seiner Forschungsergebnisse zeitigen könnten, zumal ja die Finanzierung von Forschungsvorhaben keineswegs bloß desinteressiert allein um der Mehrung von Wissen willen erfolgt, sondern meist manifeste wirtschaftliche Interessen dahinterstehen.

Ähnlich wie hinsichtlich technologischer Machbarkeit darf somit der Mensch auch hinsichtlich der Forschung nicht mehr einfach alles, was er kann. Wenn dies nicht bedeuten soll, daß weitere Forschung einfach abgebrochen oder doch durch zeitweilige Moratorien unterbrochen wird (was weltweit ohnehin kaum durchführbar wäre), dann kann nur eine maßvolle und verantwortungsbewußte Vorgehensweise als sozialethisch vertretbare Lösung in Frage kommen. Entsprechend ist es dann unerläßlich, daß einerseits gegen rücksichtslose und willkürliche Forschungsvorhaben gesetzliche Begrenzungen eingeführt und durchgesetzt werden, wie auch, daß bei der Vergabe von Forschungskrediten nur solche Projekte gefördert werden, die Gewähr für ein solches Verantwortungsbewußtsein geben. Die Schaffung von Ethikkommissionen aus Fachleuten verschiedener Disziplinen zur Überprüfung solcher Vorhaben ist daher ebenfalls sozialethisch zu fordern. Neben solchen vom Gemeinwesen vorzusehenden Maßnahmen sind es aber auch die Forscher selber, die in ihrer Verantwortung direkt in Pflicht genommen sind. Da der einzelne allein damit jedoch meist überfordert wäre, gilt es über berufsethische Richtlinien eine ethische Selbstverpflichtung der Forschergemeinschaft zu erreichen. Zahlreiche, vor allem die medizinische Forschung betreffende Richtliniensammlungen dieser Art sind in den letzten Jahren erschienen.[18] Sie zeigen, daß die Erstellung solcher Ehrenkodizes, die nur sehr begrenzt vom öffentlichen Recht sanktioniert werden können, trotzdem ihre Wirkung zeitigen. Zudem sind sie, weil von den Forschern selber direkt erarbeitet, stets auf dem neuesten Stand und als im eigenen Kreis gewachsene auch viel eher angenommen, als es von außen auferlegte Normen je sein könnten. Neben dem Appell an das Verantwortungsbewußtsein und Gewissen des einzelnen Forschers und der Forschung nach gesetzlichen Rahmenbedingungen wird daher Sozialethik gerade auch die Bedeutung solcher "mittleren" ethischen Normen für ein maßvolles Vorgehen zu fördern haben.

Weiterführende Literatur

A.J. Buch, J. Splett (Hrsg.), Wissenschaft, Technik, Humanität, Frankfurt 1982
G.M. Teutsch, Soziologie und Ethik der Lebewesen, Bern 1975
ders., Tierversuche und Tierschutz, München 1983
M. Türkauf, Wissenschaft und moralische Verantwortung, Schaffhausen 1977

5. Sozialethik - heute gefragt?

Die unter den Stichworten Politik, Wirtschaft und Wissenschaft hier zusammengestellten sozialethischen Problemfelder stehen derzeit ohne Zweifel im Mittelpunkt des öffentlichen Interesses. Sowenig sie hier erschöpfend dargestellt oder auch nur lückenlos benannt werden konnten, so deutlich zeigen sie doch, wie die hier vorgestellten grundsätzlichen Überlegungen einer christlichen Sozialethik dazu dienen können, die Problemlage kritisch zu erfassen und auf den Begriff zu bringen, aber auch die Wege zu ihrer Lösung wenigstens grundsätzlich offenzulegen. Die Erfahrung lehrt, daß eine so verstandene Sozialethik von seiten der Politiker, der Wirtschaftsfachleute, aber auch der Wissenschaftler als Dialogpartner zur Klärung der mehr oder weniger deutlich empfundenen und in der Öffentlichkeit (wenn auch oft in mannigfacher Verzerrung) schon aufgegriffenen Probleme gerne beigezogen wird. Was vom Ethiker dabei verlangt wird, ist nicht eine ins einzelne gehende Fachkenntnis der sachlichen Fragen, sondern eine präzise Vorstellung der handlungsleitenden sittlichen Prinzipien und der Methoden ihrer Anwendung auf eine konkrete Problemlage.
Wo Menschlichkeit als solche in Gefahr steht, und das ist bei zahlreichen der anstehenden Probleme heute tatsächlich der Fall, gehört zwar auch der Ethiker zu den emotional Betroffenen. Um aber in einen kritisch-klärenden Dienst im Gespräch mit direkt mit Lösungsalternativen konfrontierten

---

[18] Vgl. dazu als Beispiel die Sammlung der "Medizinisch-ethischen Richtlinien der Schweizerischen Akademie der medizinischen Wissenschaften", Basel 1981 (mit Ergänzungen von 1983 und 1985).

Fachleuten in Politik, Wirtschaft und Wissenschaft treten zu können und bei der Findung der Kompromisse, welche die mit Lösungen immer verbundenen Lasten gerecht zu verteilen suchen, einen Beitrag leisten zu können, darf er sich nicht allein von dieser Betroffenheit leiten lassen und vorschnelle oder radikale Vorschläge einbringen. Vielmehr hat ihm diese Betroffenheit, die dann nicht nur von Emotionen, sondern bewußt vom christlichen Glaubensverständnis von der Welt als der zu bewahrenden Schöpfung Gottes auszugehen hat, Motivation zu sein für eine umsichtige und sorgfältige Argumentation, die ihre Begründung in den Prinzipien der Sozialethik und des ihr zugrundeliegenden Menschenbildes hat. Dafür die Grundlagen aufzuzeigen und ihre Zusammenhänge zu klären, ist daher die Aufgabe auch dieser Einführung in die Grundlagen und Zielsetzungen einer christlichen Sozialethik.

Sachregister

(Die kursiv gedruckten Zahlen weisen auf Anmerkungen hin)

Altes Testament s. Evangelium/Bibel/Hl. Schrift; s. Dekalog
Anthropologie s. Menschenbild
Antimodernismus 33
Arbeit/Kapital-Arbeit 27, 29, 31, 41, 81, 91, 190
Arbeiterpriester 22, 33, 36f
Arbeiterverein 29, 30
Arbeitgeber 31, 41, 60, 172
Arbeitnehmer/Arbeiter 31, 133, 169, 172, 191
Arbeitsplatz 41, 91, 190
Armutsbewegung 18
Aufklärung 19, 23, 60, 66, *70,* 72, 75, 80f, 101, 107, 136, 141, 148f, 151, 159, 162
Autonomie 73
  theonome A. 105, 108
Autorität
  kirchliche, päpstliche A. 32, 34, 110
  staatliche, politische A. 17, 20, 45, 114, 123, 138f, 147, 153, 162, 159, 160, 184f

Befreiungstheologie *8,* 13, 40f, 49f, 54-62, 73, *103,* 111-113, *122,* 123, 131, 133
Behaviorismus 66
berufsethische Richtlinien 86, *169,* 194, *195*
berufsständische Ordnung 29, 32, 36
Bioethik 15
Böse, das 60, 74
Bund 11, 85, 101f, 144
Bund religiöser Sozialisten 48, 51

Caritas/Liebestätigkeit 12, 18f, 22f, 30, 44, 104, 110, 114

Christen für den Sozialismus 51
Christus s. Jesus Christus

Dekalog *84,* 85, 102, 106, 125, 141-145
Delegationstheorie 159
Demokratie 24, 33, 85, 152, 158-179
Dependenztheorie 57, 112
Designationstheorie 159
Determinismus 98
Dritte Welt 39, 40, 54-58

Eigentum/Privateigentum 28, 31f, 35, 38, 42, 49, 56, 85, 142, 190
Entscheidung(s)
  -findung 68, 162, 170
  -hilfe 104, 116
Erstes Vatikanisches Konzil 32
Eschatologie 47, 51f, 103, 108, 122, 131, 134, 144, 151, 155f, 170f, 182
Ethos 58, 63-66, 69, 71-73, 75, 78, 82f, 85-87, 105, 119, 142, 145
Eudaimonismus s. Utilitarismus
Evangelium/Bibel/Hl. Schrift 11-14, 17, 19, 22, 41f, 46, 50, 53, 59, 61, 82f, 85f, 103f, 108f, 111, 113, 118f, 127, 131, 143, 153, 168, 175f, 184, 187, 189, 190

Freiheit 21, 68, 71-74, 80f, 98f, 101, 131, 136f, 158, 181
Freiheitsrechte 18, 131, 140, 146f, 151-154, 163, 167, 171, 174-179

Frieden 15, 43, 48, 84f, 95, 157, 181-183

Gaudium et spes 40
Gebot/Sittengesetz 28, 41, 80, 82, 84, *119,* 121
Gemeinschaftsethik s. Befreiungstheologie
Gemeinwohl(prinzip) 19f, 28, 32, 42, 56, 59, 81, 116, 121, 129, 134-138, 153, 158-170, 172-176, 177f, 180f, 190
Gerechtigkeit 12, 18, 20, 30, 43, 47-51, 59, 61, 69, 71f, 84, 86, 102, 105f, 112f, 117, 121, 122, 125, 129-134, 139, 142-146, 153-156, 158, 160-162, 171, 173, 175f, 180-182, 190
Gesellschaftsvertrag 31
Gesetz 71f, 73, 121, 185
 -gebung (Sozial-) 28, 31, 33, 46f, 85, 104, 189, 172-175, 189
 Gott als Gesetzgeber 74, 84, 106, 143
Gewaltentrennung 152, 161-163
Gewerkschaft 29, 31f, 93, 95, *117,* 166, 169, 171, 173
Gewissen(s) 52, 80, 169
 -bildung 39
 -freiheit s. Freiheitsrechte

Gleichheit 17, 21, 74, 81, 100-102, 131, 182, 190
Goldene Regel 64, 68f, 87, 129
Gottebenbildlichkeit 11, 17, 73, 84, 100, 102, 105, *119,* 120, 124, 135, 153, 160, 163, 175
Gottesvolk 11, 85, 125, 135, 141, 144
Grundrechte 20, 70

Heil(s) 100, 125, 182
 -ordnung 108
 -geschichte 63, 120, 122, 144, 155, 174

-zusage 11, 105f, 120, 130, 154, 156
Heilige Schrift s. Evangelium

Individualethik 61, 114
Individuum s. Mensch als personales Wesen
Industrialisierung 14, 22, 24, 27, 43, 89, 95, 103, 108, 114, 136, 169, 190, 192
Industriegesellschaft 29, 37, 68, 89-93, 166, 173
Institution 12, 18f, 70, 90, 96, 104, 122, 135, 145, 154f, 166, 169, 173, 175, 187, 189
Interessen 95, 169
 -verbände 31, 42, 93, 96, 166, 171-173
 -vertretung 31f, 162

Jesus Christus 11, 17, 51, 62, 78, 83-85, 100-102, 109, 120, 127, 131, 133f, 156, 175

Kategorischer Imperativ 72-75, 77, 80, 125, 135
Katholische Aktion 32f
Kirche 86, 91, 94f, 103, 110, 118, 123, *139,* 141, 145f, 148-152, 163, 165f, 168, 171, 174-177, 184, 187, 193
Kollektivismus 36, 49, 94, 136, 138f
Königswinterer Kreis 35

Laborem exercens 41
Laborismus 38, 41
Lex naturae/aeterna 105
Liberalismus (Wirtschafts-) 60, 70, 81, 101, 136f, 191
Liebe 11, 48f, 59, 76, 84, 112, 117, 127, 133f, 153
Liebesgebot 17, 41f, 46, 61, 83, 100, 104, 113, 133, 153, 175, 178, 184, 190

Mängelwesen 99, 124
Marktwirtschaft 39, 42, 56, 68, 173, 190f
Marxismus 34, 36, 49f, 55, 57, 78-82, 87, *88*, 101, 112, *123*
Mater et magistra 38-43, 55, 138, 162
Medien/Informationsethik 16, 90, 162, 166, 167-169
Meinungsbildung 68, 96, 110, 166, 167-170, 176f
Meinungsfreiheit s. Freiheitsrechte
Mensch als personales Wesen 11, 15, 36, 41, 99, 102f, 131, 139, 146, 153
Mensch als soziales Wesen 11, 15, 36, 41, 64, 99, 102f, 120, 124, 131, 139, 153
Menschenbild 15, 98-104, 120-125, 129f
  christliches M. 11, 84, 99-104, 115f, 124, 135, 140, 160, 165, 196
Menschenrechte 19, 21f, 39, 50, 59f, 64, 70-74, 80, 87, 107f, 110, 123, 125, 129, 140-165, 170, 184
Menschenrechtscharta/ -deklaration 20f, 68, 71, 131, 140-145, 150-154, *158,* 160, 163, 167, 185, 187f
Menschenwürde s. Würde
Menschlichkeit 15, 18, 20, 42, 59, 66, 74, 78, 80, 85, 89-94, 107, 112, 117f, 122, 130, 134, 136f, 140-145, 150, 152, 154-156, 158, 161f, 164, 166, 171, 176f, 180, 185f, 190, 193, 195
Metaethik 52f, 65, 144, 154
Mitbestimmung s. Partizipation
Mitmenschlichkeit s. Menschlichkeit
Moraltheologie 41, 45, 62, 72, 104, 108, 114-118

Nächstenhilfe 12, 44
Nächstenliebe 17, 114, 146, 174
Nationalsozialismus 24, 34, 36f, 49-51, 77, 139
Naturrecht 34, 39, 45, 52, *59*, 72f, 119-127
  primäres/sekundäres N. 106, 125, 154
Naturrechtslehre 20, 36, 107, 110, 122, 142, 147, 152
Neues Testament s. Evangelium
Norm 59, 64, 66f, 70f, 73f, 85, 87, 106, 110, *115,* 116f, 119, 125, 137, 143f, 150, 152, 195
  normative Theorie 20, 73
  Handlungs- 15, 66
  Normenethik 61, 108

Ökologie s. Umwelt
Ökumene *24,* 43, 49, 50-54

Paränese 17, 126
Partei 32, 37, 94, 96, 166, 169-170, *177*
Partizipation 38, 41, 92f, 140, 152, 158, 162, 190f
Personalismus 35, 77
Personprinzip s. Personwohl
Personwohl 129, 134-137, 165, 190
Personwürde s. Würde
Philosophie 35f, 73, 101f, 105, 119, 142f
philosophische Begründung 15, 51, 119f, 126-128, 154
Planwirtschaft 94, 190
Pluralismus/pluralistische Gesellschaft 24, 36, 42f, 50, 62-64, 73, 83, 85-88, 92, 110, 114, 118, 127, 154, 176
Populorum progressio 40
Pragmatismus 65-69, 88, 98, 113, 158
Privateigentum s. Eigentum
Protestantische Ansätze 21, 23f, 44-54, 84, 94, 123, 147, 150f

Quadragesimo anno   34-38, 49, 50, 138

Recht(s)   72, 96, 100, 147, 158, *186,* 195
-ordnung   20, 82, 130
-sicherheit   20, 71, 163, 184-186
Recht auf Arbeit   s. soziale Rechte
Recht auf Bildung   s. soziale Rechte
Rechte, personale   s. Freiheitsrechte
Relativismus, ethischer   64f, 67f, 73
Religionsfreiheit   s. Freiheitsrechte
Religionskritik   46, 83
Rerum Novarum   14, 24, 30-35, 37, 40f, 113, 118, *172,* 190

Schöpfung(sordnung)   52, 59, 84, 100, 105-107, 110, 124-126, 142f, 146, 192, 196
Sinn(stiftung)   98, 175
Sittengesetz   s. Gebot
Solidarität(sprinzip)   11f, 35f, 38-42, 56, 59, 100, 115f, 129, *137,* 138-140, 151f, 153, 164f, 178, 184, 187f
Sollicitudo rei socialis   13, 40-42, 100, 112, *191*
Soziale Frage   14, 22f, 26-29, 40, 48, 107f, 151
Soziale Marktwirtschaft   s. Marktwirtschaft
Soziale Rechte   131, 140, 151-154, 163, 186-189
Sozialeudaimonismus   s. Utilitarismus
Sozialgesetzgebung   s. Gesetzgebung
Sozialisierung   38, 42, 49, 81, 137
Sozialismus   27, 37, 51f, 57, 81, 113, 137, 190
  religiöser S.   23f, 44-53

Sozialismus-Christentum   32, 45, 48, 58
Sozialisten, religiöse   s. Bund religiöser Sozialisten
Sozialordnung   41, 130
Sozialpflichtigkeit   35, 38, 42, 111
Sozialreform   29f, 46, 57
Sozialstaat   51, 56, 155, 181, 188f
Sozialwissenschaft   15, 35, 50, 52, 113, 116
  christliche S.   34, 105, *106,* 108
Staat   13, 22f, 27f, 31f, 34, 82, 89f, 93-97, 102f, 148, 158, 160, 172, 174, 176, 180, 181, 183, 187f, 190
Staatsinterventionismus   28
Staatsvertragstheorie   20
Struktur   60-62, 131, 158, 166
  Besitz-/Machtstruktur   58, 72
  gesellschaftliche S.   12, 15, 60, 75, 93, 102-104, 146, 166-179
  Sozialstruktur   12, 23, 91, 102f, 118, 175, 188
  -veränderung   18, 26, 92, 180
Unrechtsstruktur/Unrechts-/ungerechte S.   17, 55, 58
Subsidiarität(sprinzip)   36, 38f, 41f, 53, 56, 59, 116, 129, 131, *137,* 138-140, 152f, 164f, 173, 178, 180, 187f
Sünde/sündige Struktur   60f, 74, 85, 101, 106, 111, 117, 122, 136, 156, 170f
Systeme (Sub-)   92, 94, 96, 166-179
  totalitäre S.   90

Theologie d. Befreiung   s. Befreiungstheologie
Trugschluß (naturalistischer)   56, 65, 72, 86, 107, 112, 122, 124, 143

Umwelt(ethik)   15, 78, 81, 89, 91f, 125f, 157, 170, 192f

Ungerechtigkeit   15, 55, 57, 60f, 81, 88, *92,* 111, 126, 137, 192
Union de Fribourg   30, 34
Universalität   17, 59f, 74, 90, 103, 110, 119, 125, 136, 158
UNO   s. Vereinte Nationen
Unterdrückung   39, 61, 184
Unternehmensethik   36
Unternehmer/Unternehmen   29, 36, 41, 111, 133, 167, 169
Utilitarismus   65-71, 73, 80, 83, 87, 158

Verantwortung   12, 19, 22, 27, 31, 34, 39-41, 54, 91, 164, 194
Vereinte Nationen   90, 95
Verfassung   121, 149, 163f
Vernunft   74f, 77, 106f, 114f, 118, 120f, 140f, 141f, 149f
Völkerrecht   19f, 45, 107, 123, 147, 159
Volksverein f. d. katholische Deutschland   29

Voluntarismus   s. Nominalismus

Wertethik   75-78
Werturteil   15, 35, 77, 93, 112, 115, 125
Wirtschaft   12, 28, 35, 39, 57, 83, 90, 95, 162f, 166f, 181, 189-192
Wirtschaftsethik   15, 85, *180,* 190f
Wirtschaftsliberalismus   s. Liberalismus
Würde   38, 49, 56, 59, 65, 71-74, 105, 107, 114, 116f, 130, 134f, 153, 160, 163f, 166, 177, 188

Zwei-Reiche-Theorie   45f, 51f, 109, *123*
Zweites Vatikanisches Konzil   21, 32, 34, 40, 43, 51, 56, 139, 142, 150, 152, 174, 176

Namenregister

(Die kursiv gedruckten Zahlen weisen auf Anmerkungen hin)

Abaelard, P.   74, 84
Abel   101
Abraham   *84*
Adam   100
Adorno, T.   *81*
Ahab   *103*
Allende, S.   51
Althusius, J.   *160*
Altner, G.   *51*
Anselm von Canterbury   119
Apel, K.O.   102
Aristoteles   11, 114, 121
Arrow, K.J.   70
Auer, A.   84, 117, *134*
Augustinus   61, 108

Baader, F. von   27f.
Bandzeladze, G.D.   *80*
Barth, K.   45, 48, *130*
Bayer, K.   *66*
Beck, J.   30
Benedikt XV.   23
Bentham, J.   67, *67*
Bernhard von Clairvaux   109
Bernhardin von Feltre   19
Bigo, P.   38
Billot, L.   *85, 143*
Bismarck, O. von   23
Blum, E.   *48*
Blumhardt, Ch.   44, 45, 47f.
Blumhardt, J.Ch.   44
Böckle, F.   74
Bodelschwingh, F.   44
Bonaventura   76
Booth, W.   44
Bosniak, B.   *81*
Brandt, F.   29
Briefs, G.   *191*
Brienne, L. de   *149*
Buchanan, J.   70, *191*

Cardijn, J.   *112*, 118
Casas, B. las   118, *147*
Cathrein, V.   *85, 143*
Chenu, M.D.   38
Cicero, M.T.   124f., 129

David   101
David, J.   39
Davidow, J.N.   *80*
Decurtins, C.   30
Dehm, G.K.   48
Dewey, J.   *66*
Don Mazzi   51
Durkheim, E.   *66*, 89
Dürrenmatt, F.   97
Dussel, E.   *60*, 61

Eckert, E.   48
Ehlen, P.   *80*
Ehrenfels, C. von   76
Elisabeth I.   20
Epikur   67
Erhard, L.   *191*
Eucken, W.   *191*
Eugster-Züst, H.   48
Feigenwinter, E.   30
Feuerbach, L.   83
Florentini, T.   30
Frankena, W.K.   *66*
Franz von Assisi   18, 118
Franzoni, G.   51
Frisch, M.   96
Fuchs, E.   50

Gardavsky, V.   *81*
Gehlen, A.   99
Girardi, G.   51
Grégoire, H.   *149*
Gregor XVI.   21, *21, 150*
Gregor der Große   118

Groot, H. de 20
Grotius, H. 107, 147
Guardini, R. *160*
Gundlach, G. 31, 35f., 38, 118, *135, 137, 139*
Gutiérrez, G. *112*
Guttenberg, K.T. von 164

Habermas, J. *81*
Harth, W. *137*
Hartmann, N. 76, 83
Hegel, G.W.F. 60, *60,* 78
Heinrich IV. *21, 149*
Heinrich VIII. 20
Helder Camara 118
Hertling, G. 31
Hess, M. 46
Hesse, H. 63
Hessen, J. 76f.
Hildebrand, D. von 76f.
Hippias *121*
Hitze, F. 28f.
Hobbes, T. 20
Höffe, O. 69, 154
Höffner, J. *137*
Honecker, M. 51, *51*
Horaz 67
Horkheimer, M. *81*
Hübner, J. *51*
Hugo, V. 27
Husserl, E. 76
Hutcheson, F. *67,* 72, 137

James, W. *66*
Jefferson, T. 20
Jesaja *103*
Johannes XXIII. 13, 21, *27, 33,* 34, 38f., 56, 110, *123,* 138, 150, 162
Johannes Chrysostomus 18, 118, 188
Johannes Paul II. 13, 21, 25, 40f., 43, *60,* 78, 111f., 150

Kain 101
Kant, I. 46, 69, *70,* 71-75, 77f., 84, 90, 98, 107, 135, 141, *182*
Karl I. 20
Ketteler, W. von 28f.
Kierkegaard, S. 74, 84
Kolakowski, L. *81*
Kolping, A. 29
Konstantin 18
Kriton 121
Kutter, H. 47

Lamennais, F. de 27
Lebret, L.J. 38, 40
Ledochowski, V. 34
Lefèbvre, M. *33, 122, 150*
Lenin 79, 83
Leo XIII. 14, 23, 27, 30, 114, 118, *172*
Lévy-Bruhl, L. *66*
Liénard von Lille, A. *33*
Locke, J. 20, *70*
Lorenzen, P. 102
Löwenstein, K. zu 29
Ludwig XIV. *21, 149*
Lukrez 67
Luther, M. 51, *85,* 100, 106, *130*
Luther King, M. 47, 109

Machiavelli, N. 61, 109
Machovec, M. *81*
Manning, H.E. 26
Mao Tse Tung 80
Mark Aurel *119,* 146
Marcuse, H. *81,* 82
Maritain, J. 21
Marx, K. 26, 29, 31, 46f., 79-81, 134
Marx, W. 76
Mason, G. 20
Mermillod, G. 30
Messner, J. 67, 118, 160
Mill, J.St. 67, *68*
Milner-Irinin, J. *80*
Montalembert, C. 174

203

Montesquieu, Ch. de *70,* 161
Montini, G.B. (= Paul VI.) 25, 33, 40
Moore, G.E. 66
Mose 141, 143, 145
Müller-Armack, A. *191*
Mun, A. de 27
Müntzer, T. 46
Mutter Teresa 118

Nell-Breuning, O. von 34f., 118, *137f.,* 160
Nietzsche, F. 101
Nikolaus von Flüe 118

Onesimus 17, 63, 146, 156
Oppen, D. von 51
Owen, R. 46
Ozanam, A.F. 27

Pacelli, E. (= Pius XII.) 25, 36
Pannenberg, B. *51*
Papen, F. von *159*
Paul VI. 25, *33,*37, 40f., 150
Paulus 11, 17, *18,* 63, *84,* 87, 119, 143, 145f.
Pavan, P. 38, 40
Périn, Ch. 28
Pesch, H. 35
Pestalozzi, H. 187
Petrovic, G. *81*
Philemon 146, 156
Philo von Alexandrien 143
Pius VI. 149
Pius IX. 21, *21,* 23, 150
Pius X. 23, 32f.
Pius XI. 34, 111, *137,* 138, *139*
Pius XII. 13, 25, 32, 34, 36f., 56, 111, *139,* 150
Plato 121, 129
Portmann, A. 99
Pufendorf, S. von 72, 107

Ragaz, L. 47
Radini-Tedeschi, G.M. *27, 33*

Rauschenbusch, W. 46
Rauscher, A. *137*
Rawls, J. 69-71, 73, 75, 88, 130
Reiner, H. 76f.
Rendtorff, T. 51,*51*
Rich, A. 48, 50, *51*
Ritschl, D. *51*
Roncalli, A.G. (= Johannes XXIII.) *33,* 37
Röpke, W. *191*
Rosmini, A. *132*
Rousseau, J.J. 66, *70,* 74, 102, 147, 159

Saint Simon, C.H. de 27
Sartre, J.P. 98
Schafft, H. 48
Scheler, M. 76f.
Schiller, F. 75
Schiller, F.C. *66*
Schopenhauer, A. 75
Seneca *119*
Shaull, R. 51
Simonides 129
Smith, A. 102, 137
Sokrates 76, 121
Sölle, D. 51
Sombart, W. 35, *106*
Soto, D. 107
Spinoza, B. de 46
Starbatty, J. *69*
Steinbüchel, T. 46, *57*
Stevenson, C.L. 76
Suarez, F. 107, *147*
Suenens, J. 40

Taparelli, L. *132*
Teilhard de Chardin, P. 21
Thielicke, A. 193
Thomas Morus 61, 109
Thomas von Aquin 28, 59, 72-74, 76, 86, 105, 107, 112, 122, 158, *159*
Tillich, P. 48f.
Tocqueville, C.A.H.C. de *161*

Todt, R.   45
Toniolo, G.   27
Tönnis, F.   103

Ulpian   129
Urias   101
Utz, F.   *143*

Vázquez, G.   107, *147*
Videla, J.R.   *122*
Vitoria, F. de   107, *147*
Vogelsang, K. von   28f., 36
Vranici, P.   *81*

Wallraff, H.J.   13, 34, 127
Watson, J.B.   *66*
Weber, M.   *106*
Welty, E.   *135, 137*
Wendland, H.D.   51, *51*
Wilhelm II.   31
Wilhelm III. von Oranien   20, 161
Wilhelm von Ockham   84
Windthorst, L.   29
Wojtyla, K. (= Johannes Paul II.)   76-78
Wolff, C.   72f., 107

Zenon von Elea   143
Zenon von Kition   121

Grundkurs Philosophie

Bd. 1: Gerd Haeffner
Philosophische Anthropologie
2. Auflage. 180 Seiten
Kart. DM 20,–
ISBN 3-17-010612-0

Bd. 2: Albert Keller
Allgemeine Erkenntnistheorie
2. Auflage. 185 Seiten
Kart. DM 22,–
ISBN 3-17-011071-3

Bd. 3: Béla Weissmahr
Ontologie
182 Seiten. Kart. DM 20,–
ISBN 3-17-008460-7

Bd. 4: Friedo Ricken
Allgemeine Ethik
2. Auflage. 174 Seiten. Kart. DM 20,–
ISBN 3-17-010774-7

Bd. 5: Béla Weissmahr
Philosophische Gotteslehre
174 Seiten. Kart. DM 18,–
ISBN 3-17-007958-1

Bd. 6: Friedo Ricken
Philosophie der Antike
234 Seiten. Kart. DM 20,–
ISBN 3-17-008370-8

Bd. 8: E. Coreth/H. Schöndorf
**Philosophie des
17. und 18. Jahrhunderts**
2. Auflage. 176 Seiten. Kart. DM 20,–
ISBN 3-17-010813-1

Bd. 9: E. Coreth/P. Ehlen/
J. Schmidt
Philosophie des 19. Jahrhunderts
2. Auflage. 190 Seiten
Kart. DM 20,–
ISBN 3-17-010743-7

Bd. 10: E. Coreth/P. Ehlen/
G. Haeffner/F. Ricken
Philosophie des 20. Jahrhunderts
232 Seiten. Kart. DM 20,–
ISBN 3-17-008462-3

Bd. 11: Edmund Runggaldier
Analytische Sprachphilosophie
192 Seiten. Kart. DM 22,–
ISBN 3-17-010613-9

Bd. 13: Walter Kerber
Sozialethik
Ca. 200 Seiten. Kart. ca. DM 24,–
ISBN 3-17-009967-1
(Erscheint ca. Herbst '91)

Bd. 14: Norbert Brieskorn
Rechtsphilosophie
187 Seiten. Kart. DM 22,–
ISBN 3-17-009966-3

Bd. 15: Emil Angehrn
Geschichtsphilosophie
194 Seiten. Kart. DM 24,–
ISBN 3-17-010623-6

*Alle Bände erscheinen in der Reihe
„Urban-Taschenbücher".*

 Verlag   Postfach 80 04 30
W. Kohlhammer 7000 Stuttgart 80

Ethische Theologie

Trutz Rendtorff
Ethik
Grundelemente, Methodologie und Konkretionen einer ethischen Theologie

Band 1:
2., überarbeitete und erweiterte Auflage
184 Seiten. Kart. DM 25,–
ISBN 3-17-010750-X
Theologie Wissenschaft, Band 13,1

„... Rendtorff will Ethik als eine Grunddimension der Theologie begreifen und den eigenständigen ethischen Sinn von Theologie erkennen lehren ... Der Leser folgt gespannt den Schritten, Wendungen und Stufen der vorzüglichen Abhandlung..."
Reformierte Kirchenzeitung

Band 2:
2., überarbeitete und erweiterte Auflage
264 Seiten. Kart. DM 28,–
ISBN 3-17-011366-6
Theologische Wissenschaft, Band 13,2

„... Dieses Buch ist ein Gewinn für die evangelische Theologie und die evangelische Kirche."
Deutsches Pfarrerblatt

 Verlag   Postfach 80 04 30
W. Kohlhammer   7000 Stuttgart 80